W0285176

Die Bonus-Seite

Ihr Vorteil als Käufer dieses Buches

Auf der Bonus-Webseite zu diesem Buch finden Sie zusätzliche Informationen und Services. Dazu gehört auch ein kostenloser **Testzugang** zur Online-Fassung Ihres Buches. Und der besondere Vorteil: Wenn Sie Ihr **Online-Buch** auch weiterhin nutzen wollen, erhalten Sie den vollen Zugang zum **Vorzugspreis**.

So nutzen Sie Ihren Vorteil

Halten Sie den unten abgedruckten Zugangscode bereit und gehen Sie auf **www.galileocomputing.de**. Dort finden Sie den Kasten **Die Bonus-Seite für Buchkäufer**. Klicken Sie auf **Zur Bonus-Seite/Buch registrieren**, und geben Sie Ihren **Zugangscode** ein. Schon stehen Ihnen die Bonus-Angebote zur Verfügung.

Ihr persönlicher **Zugangscode**

yrnx-5f4i-ptju-w2c3

André Willms

Spielend C++ lernen

oder wie man Käfern Beine macht

Galileo Press

Liebe Leserin, lieber Leser,

Programmieren können ist nicht nur eine gefragte Fähigkeit, es macht obendrein auch noch viel Spaß. Dass es allerdings auch den Ruf hat, eine schwierige Angelegenheit zu sein, liegt vor allem an der Art, wie es traditionell vermittelt wird. Es geht aber auch ganz anders:

So wird der Leser dieses Buchs in die spannende Geschichte eines jungen Pärchens verwickelt, das sich in einer Pyramide im alten Ägypten einer Reihe von Aufgaben stellen muss, um den Weg nach Hause zu finden. Die Aufgaben muss der Leser dabei mit C++ lösen, das zu diesem Zweck nach und nach erlernt wird. Das Besondere ist dabei, dass durch die jeweilige Situation sofort intuitiv klar ist, warum beispielsweise eine Schleife oder ein Wenn-Dann-Konstrukt benötigt wird. So ganz nebenbei wird also vor allem auch das algorithmische Denken geschult.

Für das Buch wurde eigens eine Umgebung entwickelt, innerhalb derer die Programme grafisch in Form von Spieleparcours umgesetzt werden, durch die ein Käfer gesteuert werden muss. War das Programm des Lesers korrekt, gelangt der Käfer an sein Ziel – der Leser lernt also programmieren, indem er spielt.

Konzipiert wurde das Buch für Kinder und Jugendliche ab etwa zwölf Jahren, es eignet sich aber natürlich auch für Erwachsene, die einen besonders intuitiven Zugang zur Programmierung im Allgemeinen oder speziell zu (Visual) C++ suchen.

Dieses Buch wurde mit großer Sorgfalt geschrieben, geprüft und produziert. Sollte dennoch einmal etwas nicht so funktionieren, wie Sie es erwarten, freue ich mich, wenn Sie sich mit mir in Verbindung setzen. Ihre Kritik und konstruktiven Anregungen sind uns jederzeit herzlich willkommen!

Viel Spaß beim Programmieren und Spielen wünscht Ihnen nun

Ihre Christine Siedle
Lektorat Galileo Computing

christine.siedle@galileo-press.de
www.galileocomputing.de
Galileo Press · Rheinwerkallee 4 · 53227 Bonn

Auf einen Blick

Der Name Galileo Press geht auf den italienischen Mathematiker und Philosophen Galileo Galilei (1564–1642) zurück. Er gilt als Gründungsfigur der neuzeitlichen Wissenschaft und wurde berühmt als Verfechter des modernen, heliozentrischen Weltbilds. Legendär ist sein Ausspruch *Eppur se muove* (Und sie bewegt sich doch). Das Emblem von Galileo Press ist der Jupiter, umkreist von den vier Galileischen Monden. Galilei entdeckte die nach ihm benannten Monde 1610.

Gerne stehen wir Ihnen mit Rat und Tat zur Seite:
christine.siedle@galileo-press.de bei Fragen und Anmerkungen zum Inhalt des Buches
service@galileo-press.de für versandkostenfreie Bestellungen und Reklamationen
britta.behrens@galileo-press.de für Rezensions- und Schulungsexemplare

Lektorat Christine Siedle
Korrektorat Marlis Appel
Cover Daniel Kratzke
Titelbild Daniel Kratzke
Illustrationen Corinna Koth
Typografie und Layout Vera Brauner
Herstellung Steffi Ehrentraut
Satz Typographie & Computer, Krefeld
Druck und Bindung Bercker Graphischer Betrieb, Kevelaer

Dieses Buch wurde gesetzt aus der Linotype Syntax Serif (9,25/13,25 pt) in FrameMaker. Gedruckt wurde es auf chlorfrei gebleichtem Offsetpapier.

Bibliografische Information der Deutschen Nationalbibliothek
Die Deutsche Nationalbibliothek verzeichnet diese Publikation in der Deutschen Nationalbibliografie; detaillierte bibliografische Daten sind im Internet über http://dnb.d-nb.de abrufbar.

ISBN 978-3-8362-1441-4

1. Auflage 2010

Inhalt

Anhang

Vorwort

Programmieren ist eine tolle Sache. Und eigentlich auch gar nicht so schwer. Leider vermittelt ein Großteil der Literatur mit übertriebenen Mathematisierungen und Abstraktionen einen ganz anderen Eindruck. Dabei ist Programmieren nicht nur etwas für Erwachsene und Spielen nicht nur etwas für Kinder.

Dieses Buch nimmt dich mit auf eine Reise durch das alte Ägypten und zeigt, wie viel einfacher es mit den Göttern gewesen wäre, wenn es damals schon C++ gegeben hätte. Führe einen Sterblichen in Käferform über Wege und Fallen sicher zum Ziel. Vergleiche mit Freunden, wer die kürzere Lösung gefunden hat. Halte einen kleinen Drachen mit selbst entworfenen Spielen bei Laune. Hilf einer verzweifelten Frau beim Zeichnen geometrischer Formen. Und am Ende des Abenteuers kannst Du C++ programmieren, ohne es vielleicht gemerkt zu haben.

Ja, so einfach kann programmieren sein. In diesem Buch wird eine eigens entworfene Erweiterung eingesetzt, die eine intuitive und realitätsnahe Herangehensweise an die typischen Themen der Programmierung erlaubt. Anstatt nur Zahlen und Texte als Ergebnis deiner Programmieraktivitäten zu erhalten, steuerst du hier Käfer und zeichnest Bilder. Die Programme, die du dazu schreiben wirst, sind typische C++-Programme, nur eben mit einer hübscheren Ausgabe.

Das Buch richtet sich an absolute Anfänger der Programmierung. Außer dem sicheren Umgang mit dem Computer werden keinerlei Vorkenntnisse vorausgesetzt. Aus diesem Grund wird ein erfahrener Programmierer vielleicht tiefergehende Themen vermissen. Der Einstieg in die Programmierung ist dafür umso ausführlicher.

Ich wünsche dir viel Spaß beim spielerischen Lesen und frohes Krabbeln!

André Willms

Dieses Kapitel erklärt die Installation der Programmierumgebung auf dem PC und das Erstellen von C++-Projekten.

1 Das Abenteuer beginnt

»Ich habe da kein gutes Gefühl bei.«

Der klare Sternenhimmel tauchte den Wüstensand in silbriges Licht. Vor ihnen verdeckte der Leib einer enormen Pyramide den Horizont. »Was soll schon passieren?«, flüsterte Nedjem. »Der Händler sagte, es sei eine sichere Sache.«

Neferu blickte auf ihren vorausschreitenden Verlobten. Er hielt die Fackel vor sich und beleuchtete den Wüstensand. Manchmal war er wirklich naiv. »Wenn es so sicher ist, warum macht es der Händler nicht selbst?«

Unbeirrt trottete Nedjem auf den Fuß der Pyramide zu. »Er sagte, er sei selbst schon dort gewesen.« Er beugte sich vor, hielt die Fackel vor die unterste Steinreihe und fuhr mit der Hand über die raue Oberfläche.

Neferu stellte sich hinter ihn und schüttelte den bereits merklich abgekühlten Sand aus ihren Sandalen. »Wonach suchst du denn?« Nedjem ging in gebeugter Haltung die Steine entlang und tastete mit den Fingern die Fugen ab. »Hier irgendwo muss eine kleine Öffnung sein.«

Unsicher blickte Neferu um sich und erwischte ihren Schatten dabei, wie er ängstlich auf dem kargen Wüstenboden flackerte. Sie hatte wirklich kein gutes Gefühl. Es gab einfach keinen sinnvollen Grund, warum ein nur auf Profit bedachter Händler eine angeblich sichere Sache einem Fremden schenken sollte. *Schenken*. Wenn er wenigstens noch etwas für die Karte verlangt hätte. Aber so? Es roch nicht nur, es stank schon nach einer Falle. Doch der manchmal etwas weltfremde Nedjem glaubte noch an das Gute im Menschen und vermutete keine Arglist.

»Hier ist es!«, jubelte Nedjem und ließ Neferu erschrocken zusammenzucken. Sie blickte über seine Schulter und sah im unruhigen Licht der Fackel, wie er seinen Zeigefinger in eine kleine Öffnung schob, die kaum sichtbar in einer Fuge verborgen war. »Da drinnen ist etwas.« Er stöhnte vor Anstrengung, während er seinen Finger tiefer in den Hohlraum presste. Bis es urplötzlich leise klickte. Entgeistert zog Nedjem den Finger aus der Öffnung und starrte gebannt auf die Fuge.

Stille.

Doch dann, ein dumpfer Schlag fuhr durch die Steine und war noch am Boden spürbar. Die groben Quader vibrierten, der Sand auf ihnen tanzte wie Springbohnen. Und dann begannen sich zwei Steine mit reibenden Geräuschen langsam abzusenken und gaben im Zeitlupentempo den Blick auf ein schwarz gähnendes Loch in der Pyramide frei.

Neferu klammerte sich verängstigt an Nedjem, der ihr beruhigend den Arm tätschelte. »Genau das hatte der Händler erzählt, es läuft alles nach Plan.« Sie beobachteten, wie das Loch in der Pyramide knirschend wuchs. Bei der Größe von etwa einem Meter kam die Bewegung zum Stillstand, Ruhe kehrte ein. Nichts ließ mehr darauf schließen, was passiert war. Bis auf die Öffnung.

»Und jetzt?«, flüsterte Neferu.

»Und jetzt«, antwortete Nedjem, »gehen wir rein, was sonst?« Offenbar ohne Furcht krabbelte er auf allen vieren durch die enge Öffnung, bis er darin verschwunden war. Nur der Fackelschein verriet seine Position. Neferu folgte zögerlich. Der kahle Gang bildete eine quadratisch in den Fels geschlagene Röhre und fiel leicht ab. Eine beachtliche Staubschicht bedeckte den Boden.

So krochen sie durch den schmalen Tunnel und hatten bereits einige Meter zurückgelegt, als die Pyramide wieder zu zittern begann. Nedjem hielt inne und stützte sich auch noch mit der die Fackel tragenden Hand ab. Instinktiv blickte Neferu zurück. Sie konnte nichts erkennen, der Ausgang war schon zu weit entfernt, als dass er noch vom Licht der Fackel beleuchtet worden wäre. Lediglich einige Sterne leuchteten durch die schwarze Öffnung. Trotzdem hatte Neferu eine furchtbare Ahnung. Und tatsächlich, Stern um Stern verschwand, als wäre er ausgeknipst worden. »Oh nein, die Öffnung verschließt sich wieder«, schrie sie.

»Schnell, kriech zurück«, brüllte Nedjem ängstlich. Aber Neferu sah, dass es sinnlos war. Der Gang war zu schmal, um sich drehen zu können, und rückwärts wäre sie niemals schnell genug gewesen. »Zu spät«, seufzte sie und musste hilflos zusehen, wie auch der letzte Stern verschwand. »Gehört das auch zum Plan?«, fragte sie.

Nedjem war die Spitze darin nicht entgangen, aber er beschloss, sie zu ignorieren. »Wenn der Gang von außen zu öffnen war, dann ist er es bestimmt auch von innen. Lass uns erst mal sehen, wohin er führt.«

Während sie ihm resigniert hinterherkroch, wurde ihr eins erneut klar: Manchmal war er *wirklich* naiv.

1.1 Die Programmierumgebung installieren

Während sich die beiden weiter in das Innere der Pyramide vorwagen, wollen wir uns eine vernünftige Reiseausrüstung zulegen, mit der wir später, wenn es nötig ist, helfend eingreifen können. Sie bietet sich uns in Form einer Programmierumgebung an, mit der wir später die rettenden C++-Programme schreiben werden.

Auf dem Markt existieren viele solcher Programmierumgebungen, die alle ihre Daseinsberechtigung haben. Für unsere Reise habe ich Visual C++ 2008 Express gewählt, weil es zum einen kostenlos verfügbar ist und diesem Buch auf DVD beiliegt und zum anderen weitverbreitet ist.

Um Visual C++ zu installieren, musst du die DVD in dein DVD-Laufwerk einlegen und dort den Ordner *Visual Studio Express 2008* aufrufen. Falls sich die DVD nicht von alleine öffnet, starte den Windows-Explorer. Das geht am einfachsten über die Tastenkombination [Windows]-Taste + [E]. Dann wählst du in der linken Spalte dein DVD-Laufwerk aus. In der rechten Spalte wird daraufhin der Inhalt der DVD angezeigt, unter anderem der genannte Ordner. Darin findest du die

Datei *setup.hta*, mit der du über einen Doppelklick den in Abbildung 1.1 dargestellten Startbildschirm öffnest.

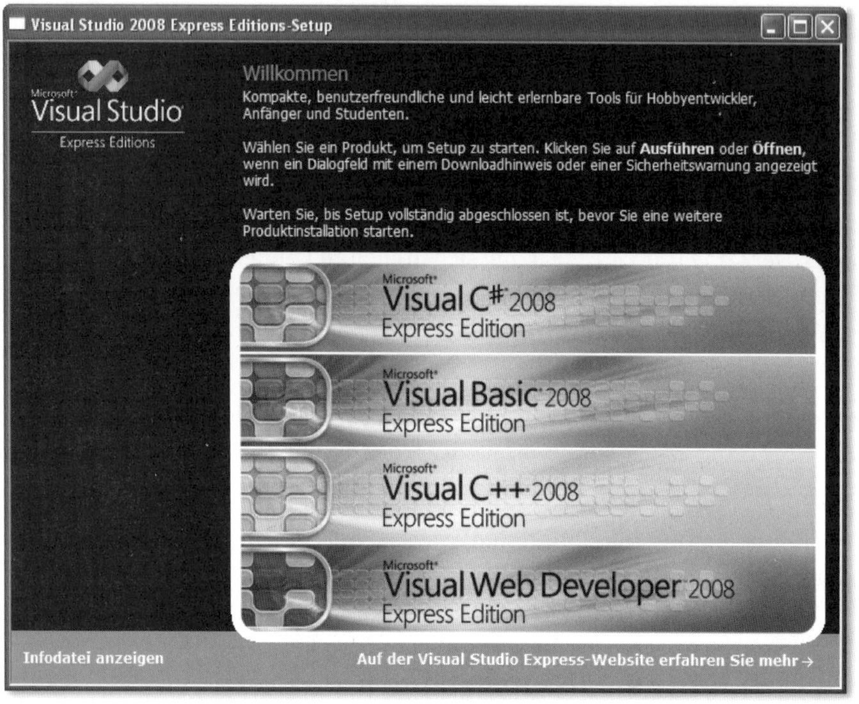

Abbildung 1.1 Das Setup von Visual Studio

Wie das Startfenster sehr schön zeigt, befindet sich auf der DVD nicht nur die Programmierumgebung für C++, sondern auch noch die Sprachen C# und Visual Basic. Wir konzentrieren uns aber nur auf C++ und klicken dazu auf den gelb unterlegten Bereich.

Nachdem einige Dateien, die für die Installation benötigt werden, kopiert wurden, zeigt sich das in Abbildung 1.2 dargestellte Fenster.

In diesem Fenster hast du die Möglichkeit, durch Setzen eines Häkchens vor dem entsprechenden Punkt Informationen über das Setup automatisch an Microsoft weiterzuleiten. Das muss aber nicht sein, du kannst auch einfach auf WEITER klicken.

Daraufhin erscheint das in Abbildung 1.3 zu sehende Fenster. Hier kommst du nur weiter, wenn du den Lizenzbedingungen zustimmst. Du kannst hier auch entscheiden, ob du bei jedem Start von Visual C++ die letzten Neuigkeiten zur Entwicklungsumgebung sehen möchtest.

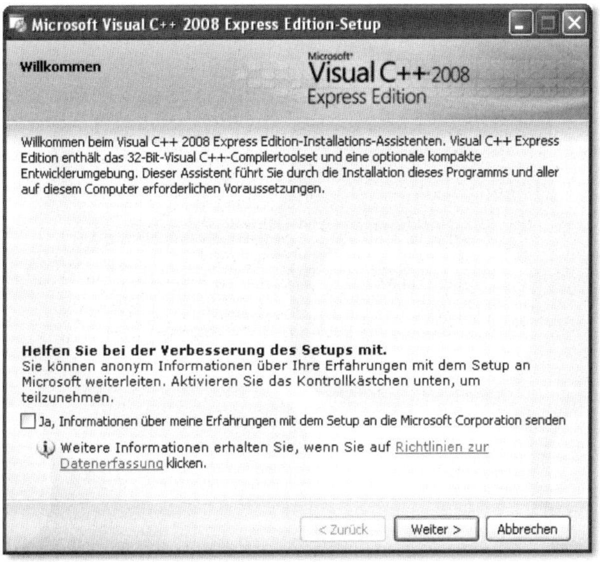

Abbildung 1.2 Die Installation von C++ beginnt.

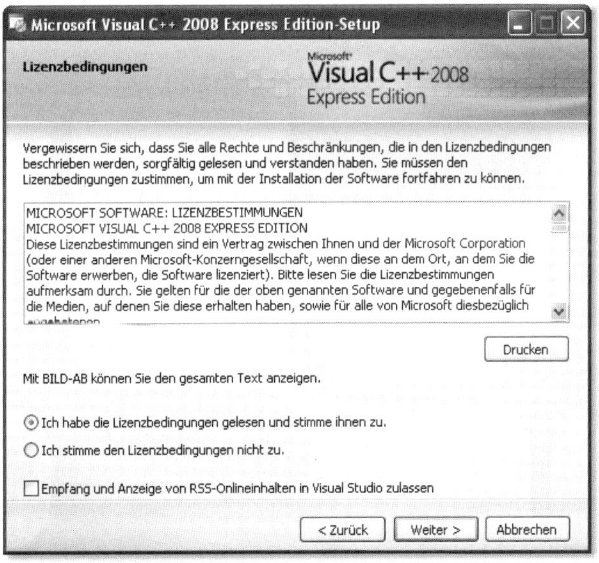

Abbildung 1.3 Den Lizenzbedingungen zustimmen

Weil dieser Service eine Verbindung mit dem Internet voraussetzt und ich nicht jedes Mal zum Programmieren ins Internet möchte, habe ich ihn hier deaktiviert. Über das Anklicken von WEITER fährt das Setup fort.

Das daraufhin erscheinende – und in Abbildung 1.4 dargestellte – Fenster ermöglicht die Auswahl von Komponenten, die zusätzlich installiert werden können. Hier ist für uns nur die MSDN Express Library interessant. Sie enthält die wichtigsten Elemente der Dokumentation. Um sie bei der Installation einzubinden, setzt du ein Häkchen vor dem Punkt MSDN EXPRESS LIBRARY FÜR VISUAL STUDIO 2008 Die vollständige Dokumentation steht online auf der Microsoft-Homepage unter *http://msdn.microsoft.com/de-de* zur Ansicht bereit.

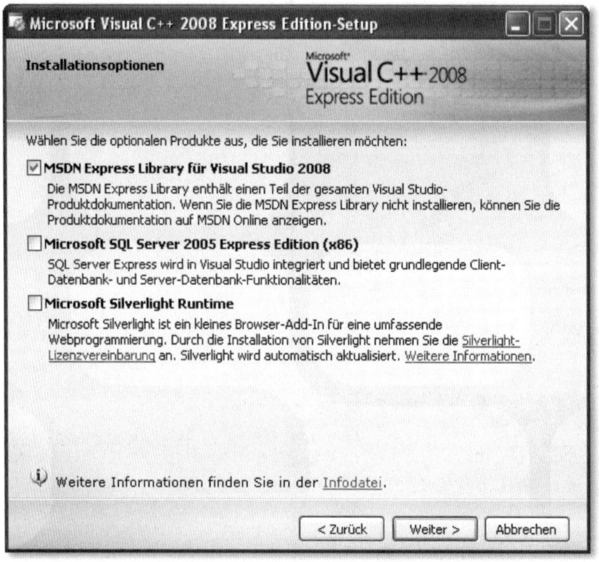

Abbildung 1.4 Die Auswahl der zu installierenden Komponenten

Der SQL-Server ist eine Datenbank, mit der wir in dieser Einführung in die Programmierung aber nicht arbeiten werden. Das Gleiche gilt für Silverlight. Wenn du es wegen der hübscheren Darstellung gerne in den Browser integriert haben möchtest, kannst du einen Haken davor machen. Für unsere Programmierung ist es jedoch nicht notwendig.

Wenn du alle gewünschten Einstellungen vorgenommen hast, kannst du mit einem Klick auf WEITER fortfahren.

Abbildung 1.5 zeigt den nächsten Schritt der Installation: die Auswahl des Installationsortes. Im Normalfall braucht dieser nicht verändert zu werden. In der aktuellen Auswahl benötigt die Installation von Visual C++ ca. 1,7 GB. Solltest du diesen Platz auf deiner C-Partition nicht mehr frei haben, müsstest du ein anderes Laufwerk wählen.

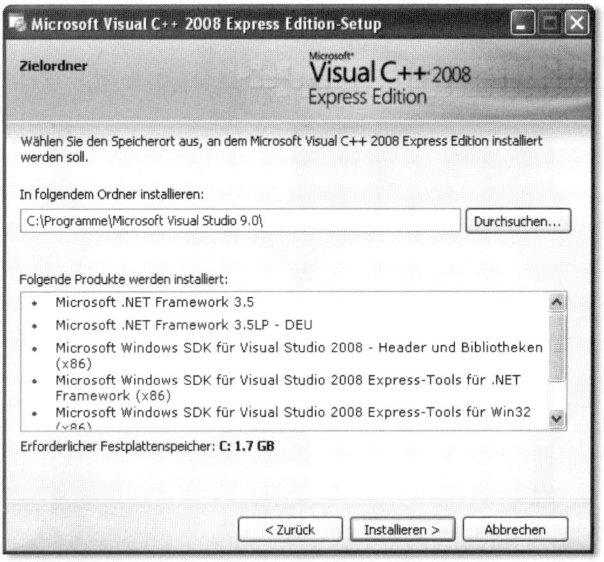

Abbildung 1.5 Die Auswahl des Installationsortes

Anschließend kannst du die Installation mit INSTALLIEREN beginnen.

Die Installation von Visual C++ nimmt einige Zeit in Anspruch. Das in Abbildung 1.6 gezeigte Fenster zeigt dir den aktuellen Stand der Installation an.

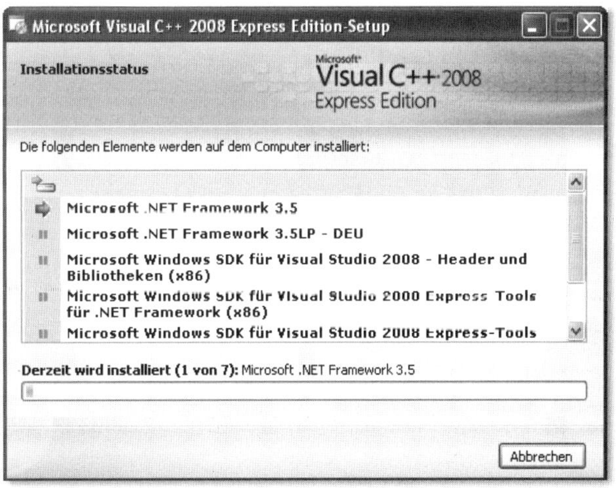

Abbildung 1.6 Visual C++ wird installiert.

Wenn die Installation endlich abgeschlossen ist, erscheint das in Abbildung 1.7 dargestellte Fenster. Nach einem Klick auf BEENDEN ist Visual C++ einsatzbereit.

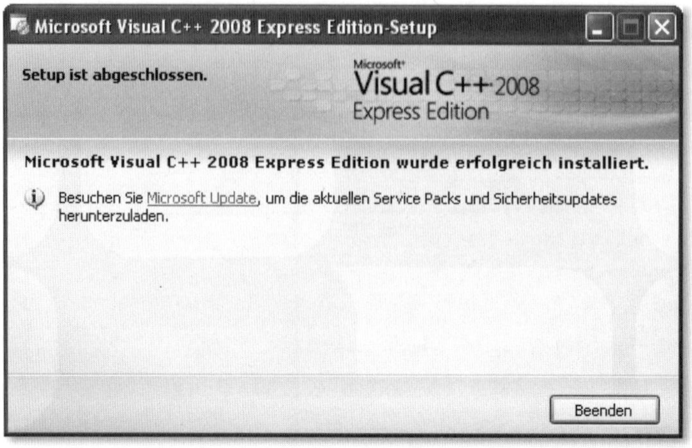

Abbildung 1.7 Die Installation ist abgeschlossen.

Womöglich ist das Fenster aus Abbildung 1.1 nun noch geöffnet. Da wir es nicht mehr brauchen, kannst du es einfach schließen.

1.2 Der erste Start

Nun wird es spannend, wir starten die Programmierumgebung zum ersten Mal. Nach erfolgreicher Installation sollte das Startmenü von Windows um den Ordner MICROSOFT VISUAL C++ 9.0 EXPRESS EDITION erweitert worden sein. Hier kannst Du über MICROSOFT VISUAL C++ 2008 EXPRESS EDITION STARTEN die eigentliche Programmierumgebung öffnen.

Wenn du Visual C++ zum ersten Mal startest, erscheint ein kleines Fenster, wie in Abbildung 1.8 zu sehen, das um etwas Geduld bittet, weil die Umgebung vorbereitet wird. Diese Konfiguration wird glücklicherweise nur beim ersten Start vorgenommen. Danach startet die Programmierumgebung weitaus schneller.

Abbildung 1.8 Visual C++ wird konfiguriert.

Nach Abschluss der Erstkonfiguration startet nun endlich die Entwicklungsumgebung und präsentiert sich wie in Abbildung 1.9. Die automatisch geöffnete Startseite enthält eine Auflistung der zuletzt geöffneten Projekte, die von hier aus bequem zur weiteren Bearbeitung wieder aufgerufen werden können.

Solltest du bei der Installation die RSS-Onlineinhalte aktiviert haben (die Möglichkeit dazu gab es in Abbildung 1.3), dann werden diese bei bestehender Internetverbindung ebenfalls in der Startseite angezeigt.

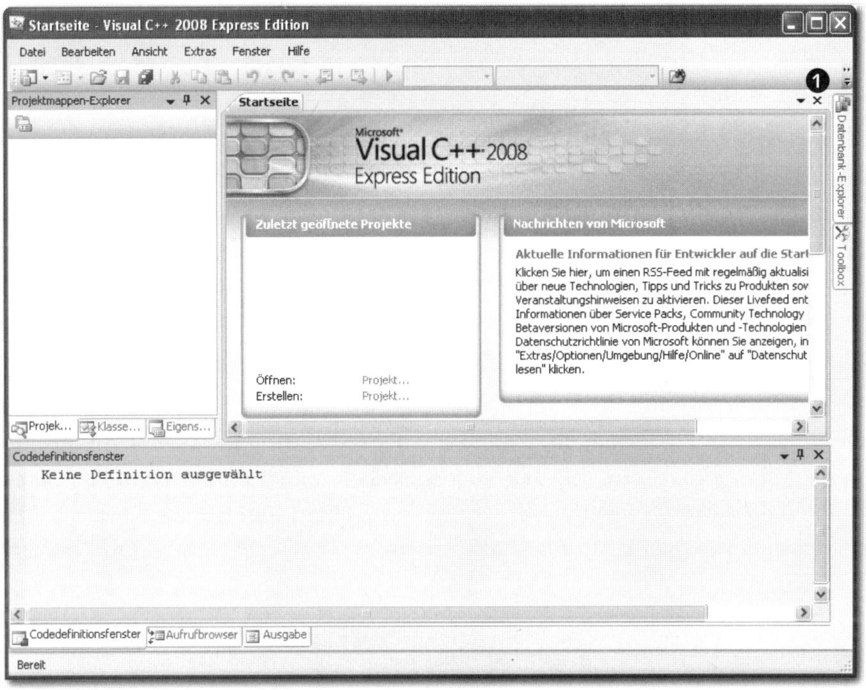

Abbildung 1.9 Die Entwicklungsumgebung

Für die weitere Erkundung von C++ kannst du die Startseite aber problemlos über das kleine Schließsymbol schließen, das in Abbildung 1.9 mit ❶ markiert ist.

An der rechten Seitenwand des Fensters befinden sich noch zwei »angedockte« Leisten für den Datenbank-Explorer und die Toolbox (siehe Abbildung 1.10).

Diese öffnen sich, wenn du die Maus auf die Leiste bewegst. Hier ist exemplarisch der geöffnete Datenbank-Explorer dargestellt. Für unsere Reise durch C++ benötigen wir aber weder den Datenbank-Explorer noch die Toolbox, insofern kannst du beide schließen, um mehr Platz auf dem Bildschirm zu haben.

Abbildung 1.10 Der geöffnete Datenbank-Explorer

1.2.1 Erste Einstellungen

Damit die Programme in deiner Entwicklungsumgebung so aussehen wie die hier im Buch abgedruckten Beispiele, solltest du noch einige Einstellungen vornehmen. Dazu öffnest du oben im Hauptmenü des Fensters den Punkt EXTRAS und darin den Unterpunkt OPTIONEN. Dann öffnet sich das in Abbildung 1.11 dargestellte Fenster. Die möglichen Optionen sind in Gruppen und Untergruppen aufgeteilt; du siehst sie in Form einer Baumstruktur im linken Teil des Fensters.

Die erste Einstellung, die wir benötigen, findest du unter TEXT-EDITOR • C/C++ (mit dem Punkt • zeige ich an, wenn es in einer Baum- oder Menüstruktur eine Ebene tiefer geht). Wenn du auf den entsprechenden Punkt im Baum klickst, erscheinen die Einstellungen dieser Gruppe im rechten Bereich des Fensters. Hier geht es lediglich darum, im Abschnitt *Anzeigen* ein Häkchen vor *Zeilennummern* zu setzen.

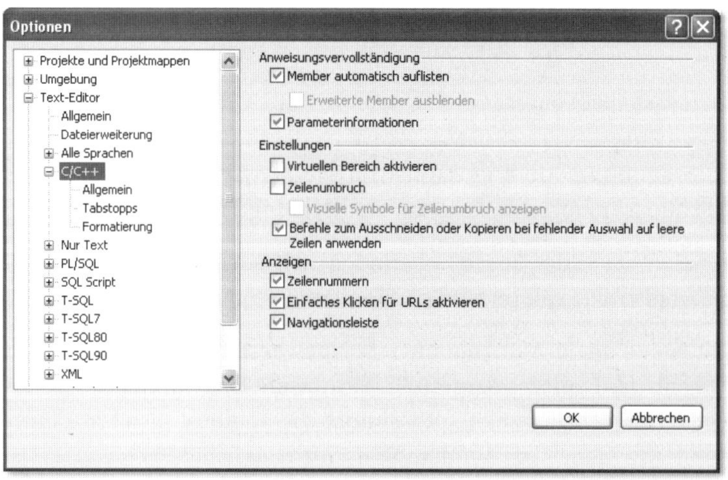

Abbildung 1.11 Das Aktivieren der Zeilennummern

Als nächsten Schritt wählst du wie in Abbildung 1.12 den Unterpunkt TABSTOPPS aus. Hier sollten sowohl *Tabulatorgröße* und *Einzugsgröße* auf »2« gesetzt und der Punkt *Leerzeichen einfügen* ausgewählt werden.

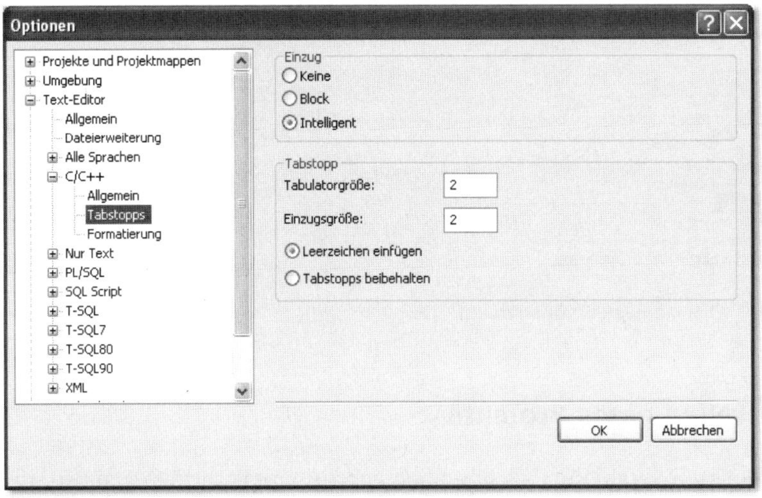

Abbildung 1.12 Das Einstellen der Tabulatoren

Mit dem Anklicken von OK werden die Einstellungen übernommen.

1.2.2 Einen Ordner vorbereiten

Es bietet sich an, für die weitere Arbeit einen eigenen Ordner anzulegen. Du kannst einen beliebigen Ort und einen beliebigen Namen wählen. Ich habe meinen Ordner *ProgrammierenLernen* genannt. In diesem werde ich alle Projekte speichern.

Damit wir Neferu und Nedjem auf ihrer abenteuerlichen Reise helfen können, benötigen wir noch einige Dateien, die auf der DVD im Ordner *Buchdateien* enthalten sind. In diesem findest du wiederum den Ordner *ScaraLibs*, den du in deinen Programmierordner kopieren solltest, damit beim Programmieren nicht immer die DVD im Laufwerk liegen muss.

Abbildung 1.13 zeigt die Ordnerstruktur, wie ich sie für mich angelegt habe. Mein Programmierordner *ProgrammierenLernen*, der den kopierten Ordner *ScaraLibs* mit der Datei *Scara.dll* enthält, liegt auf der Hauptpartition *C*.

Nun steht unserem ersten C++-Projekt nichts mehr im Wege.

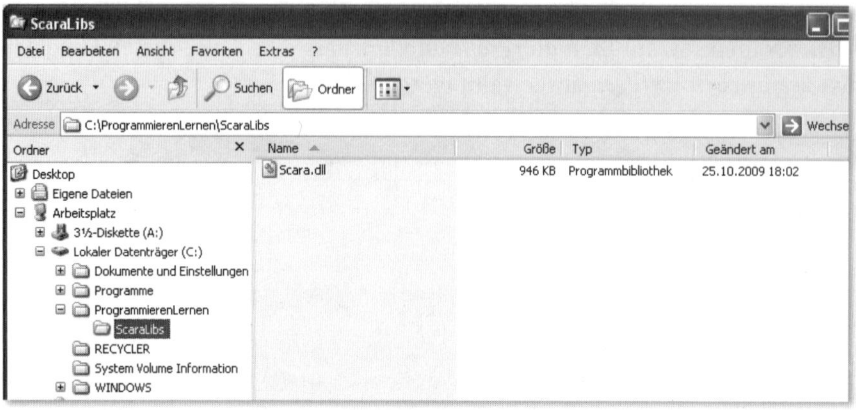

Abbildung 1.13 Die angelegte Ordnerstruktur

1.3 Erstellen eines Projekts

Bevor du die ersten Befehle in C++ schreiben kannst, musst du in Visual C++ ein entsprechendes Projekt anlegen. Dazu wählst du, wie in Abbildung 1.14 zu sehen, DATEI • NEU • PROJEKT.

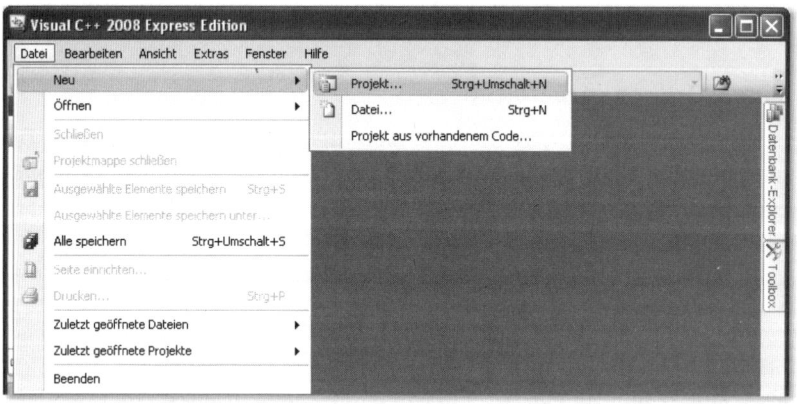

Abbildung 1.14 Ein neues Projekt anlegen

Daraufhin öffnet sich das in Abbildung 1.15 dargestellte Fenster NEUES PROJEKT. Dort kannst du die gewünschte Projektart wählen. In der linken Spalte sind die Projektarten nach Gruppen geordnet aufgeführt. Wähle dort den Punkt ALLGEMEIN und in der dann rechts erscheinenden Auswahl die Vorlage LEERES PROJEKT.

Als Projektname wird in der Abbildung exemplarisch der Name des Projekts angezeigt, das im nächsten Kapitel verwendet wird. Du kannst dort natürlich einen beliebigen Namen wählen. Über den Button DURCHSUCHEN legst du den Speicherort des Projekts fest. In Abbildung 1.15 habe ich den soeben erstellten Ordner *ProgrammierenLernen* gewählt.

Den Haken vor PROJEKTMAPPENVERZEICHNIS ERSTELLEN habe ich entfernt, damit die Projekte direkt am angegebenen Speicherort abgelegt werden und nicht als Unterordner einer Projektmappe. Abschließend klickst du auf OK, und das Projekt wird erstellt.

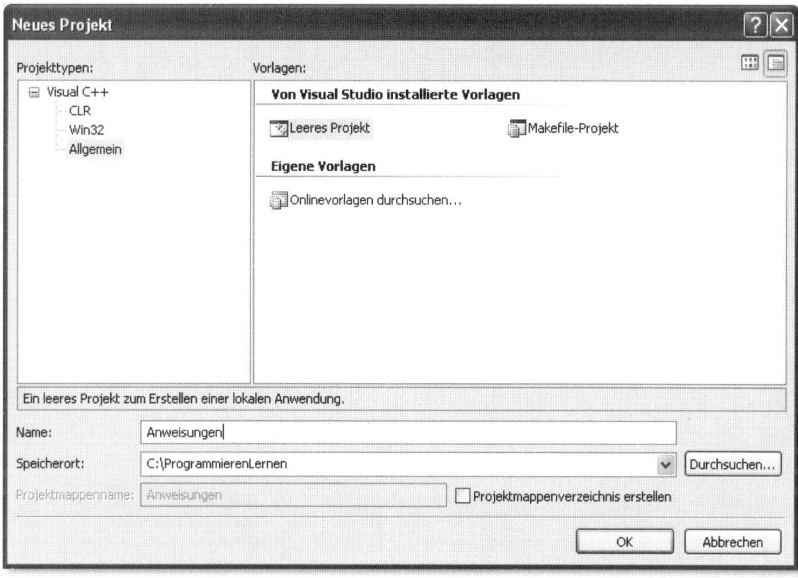

Abbildung 1.15 Eine Projektvorlage wählen

Abbildung 1.16 zeigt das angelegte Projekt im Projektmappen-Explorer. Mit diesem Projekt kannst du nun C++ Programme schreiben.

Abbildung 1.16 Das Projekt im Projektmappen-Explorer

1.4 Erstellen eines »ägyptischen Projekts«

Immer, wenn wir in C++ auf die ägyptischen Elemente des Buches zugreifen möchten, müssen wir diese zuerst in unser Projekt integrieren. Alles Notwendige dazu findet sich in der Datei *Scara.dll*, die wir in Abschnitt 1.2.2 bereits von der DVD in unseren Arbeitsordner kopiert hatten. Diese Datei musst du jetzt nur noch in das entsprechende C++-Projekt integrieren. Dazu nimmst du ein C++-Projekt, das du wie im letzten Abschnitt beschrieben erstellt hast.

Nun öffnest du die Eigenschaften des Projekts. Dazu klickst du im Projektmappen-Explorer mit der rechten Maustaste auf den Projektnamen (nicht auf die Projektmappe, die genauso heißt!) und wählst im Popup-Menü den Punkt EIGENSCHAFTEN. Abbildung 1.17 zeigt den Vorgang.

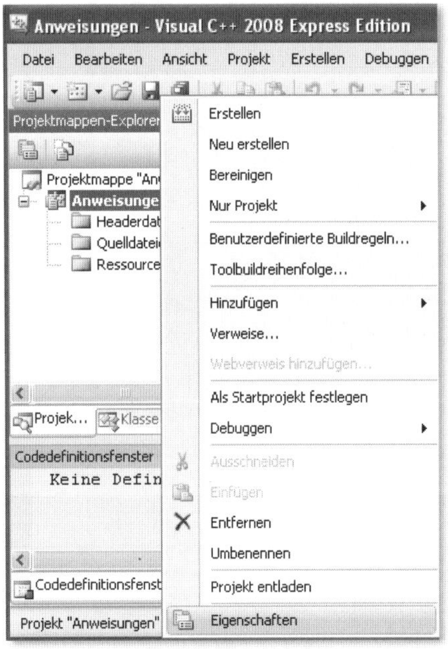

Abbildung 1.17 Das Öffnen der Projekteigenschaften

Daraufhin öffnet sich das in Abbildung 1.18 zu sehende Eigenschaftenfenster. Die verfügbaren Eigenschaften sind wieder in Form eines Baums in der linken Spalte gruppiert. Das ägyptische Add-on ist für das .NET-Framework geschrieben. Aus diesem Grund musst du in deinem Projekt die Unterstützung von .NET aktivieren.

Wähle dazu in der linken Spalte den Punkt Konfigurationseigenschaften und darin den Unterpunkt Allgemein. In den rechts erscheinenden allgemeinen Eigenschaften findest du in der vorletzten Zeile die Eigenschaft *Common Language Runtime-Unterstützung*. Wie du in der Spalte rechts daneben sehen kannst, ist momentan keine Unterstützung eingestellt. Um dies zu ändern, klickst du auf die Option und wählst *Common Language Runtime-Unterstützung*.

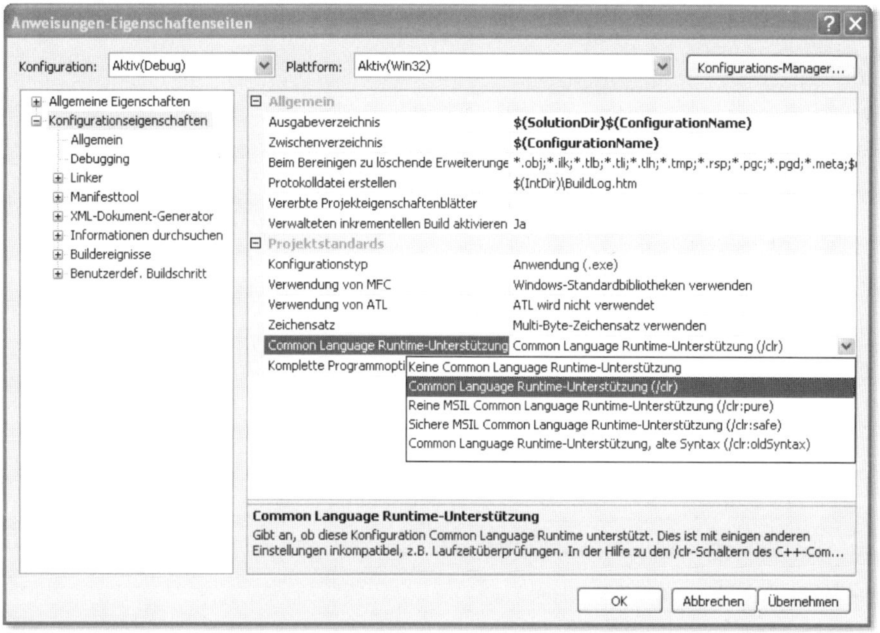

Abbildung 1.18 Die CLR-Unterstützung aktivieren

Damit diese Änderung auch vom Eigenschaftenfenster übernommen wird, musst du dieses mit OK schließen und dann wieder, wie in Abbildung 1.17 gezeigt, erneut öffnen.

Nachdem du die .NET-Unterstützung aktiviert hast, kannst du auch für .NET geschriebene Bibliotheken dem Projekt hinzufügen. Dazu wählst du wie in Abbildung 1.19 zu sehen in der linken Spalte den Punkt Allgemeine Eigenschaften und darunter den Unterpunkt Framework und Verweise. In den sich öffnenden Eigenschaften findest du eine Schaltfläche mit der Bezeichnung Neuen Verweis hinzufügen. Diese klickst du an.

Es öffnet sich ein neues Fenster, wie in Abbildung 1.20 zu sehen. Um *dll*-Dateien zum Projekt hinzuzufügen, wählst du die Registerkarte DURCHSUCHEN und dann unter *Suchen in:* den Ordner, in dem die Datei *Scara.dll* liegt. Diese Datei wählst du aus und klickst abschließend auf OK.

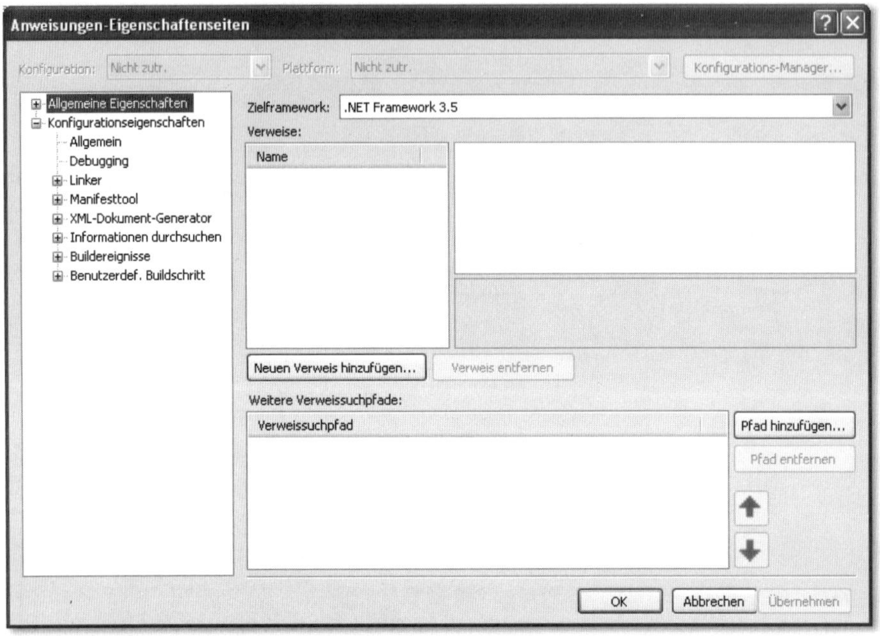

Abbildung 1.19 Verweise hinzufügen

Abbildung 1.20 Verweise auswählen

Die *dll*-Datei sollte jetzt wie in Abbildung 1.21 als Verweis im Eigenschaftenfenster eingetragen sein. Als letzten Schritt musst du nur noch das Eigenschaftenfenster durch Klicken auf OK schließen.

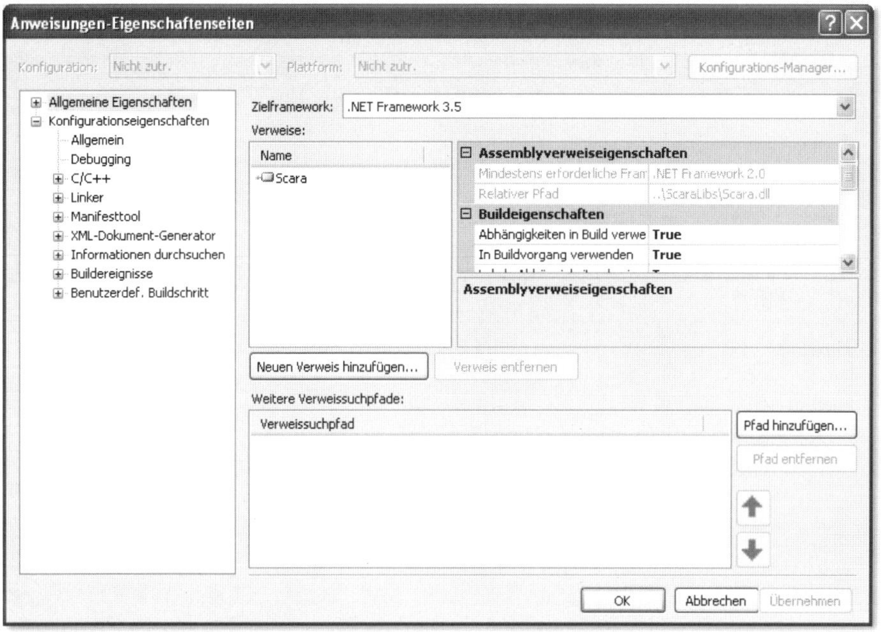

Abbildung 1.21 Übernommene Verweise im Eigenschaftenfenster

1.5 Schließen des Projekts

Wenn du ein Projekt in der Entwicklungsumgebung geöffnet hast und nun ein neues Projekt anlegen oder ein anderes Projekt öffnen möchtest, dann musst du das momentan geöffnete Projekt zuerst schließen. Das geht denkbar einfach, indem du im Hauptmenü den Punkt DATEI • PROJEKTMAPPE SCHLIESSEN auswählst. Abbildung 1.22 zeigt den Vorgang.

Es kann dann sein, dass sich ein Fenster ähnlich dem in Abbildung 1.23 öffnet. In diesem Fall stimmst du natürlich dem Speichern der Änderungen mit Klicken auf die Schaltfläche JA zu.

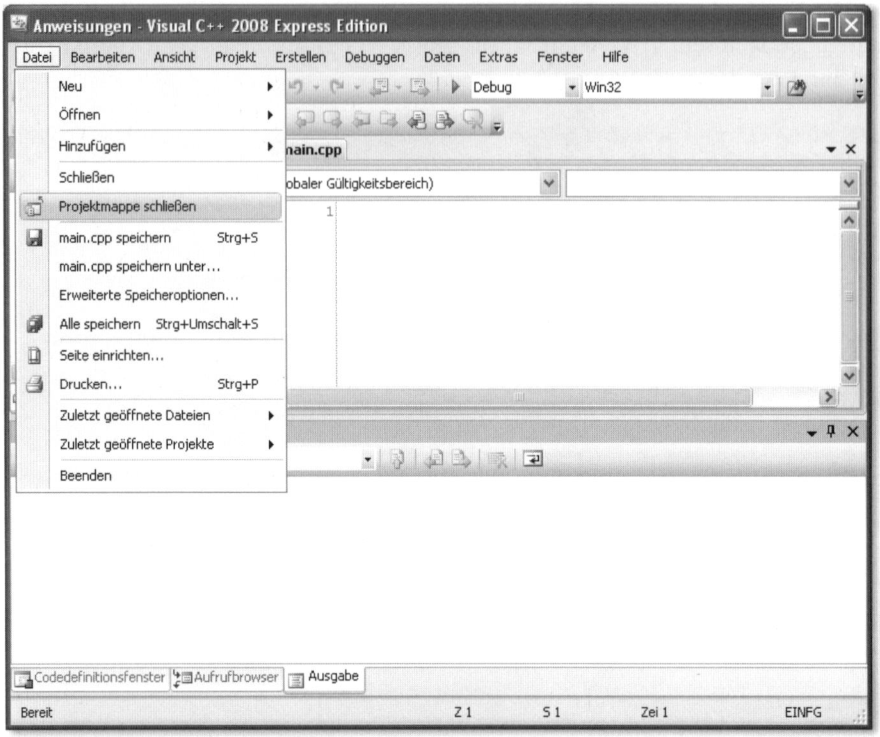

Abbildung 1.22 Das Schließen des aktuellen Projekts

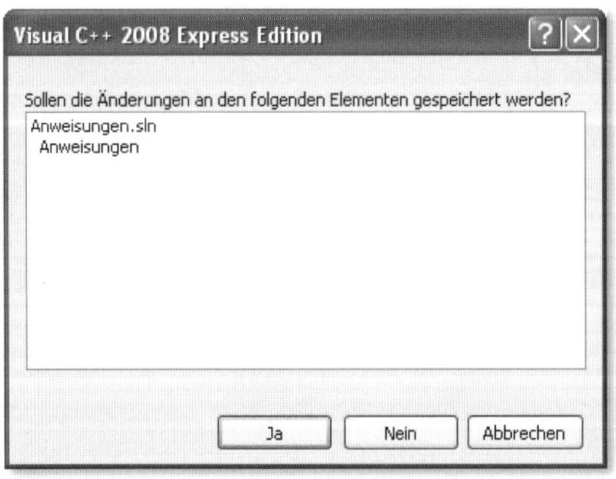

Abbildung 1.23 Die Frage, ob Änderungen gespeichert werden sollen

1.6 Öffnen eines bestehenden Projekts

Wenn du ein bestehendes Projekt öffnen möchtest – zum Beispiel, weil du die Entwicklungsumgebung gerade erst wieder neu gestartet hast –, kannst du zwischen verschiedenen Möglichkeiten wählen.

1.6.1 Projekt über Startseite öffnen

Wenn du die Entwicklungsumgebung gerade gestartet hast, ist die Startseite geöffnet wie in Abbildung 1.24 dargestellt. Dort in der Mitte findest du den Bereich ZULETZT GEÖFFNETE PROJEKTE. Möchtest du ein Projekt öffnen, an dem du vor nicht allzu langer Zeit gearbeitet hast, dann wird es hier aufgeführt sein, und du kannst es durch Anklicken direkt öffnen.

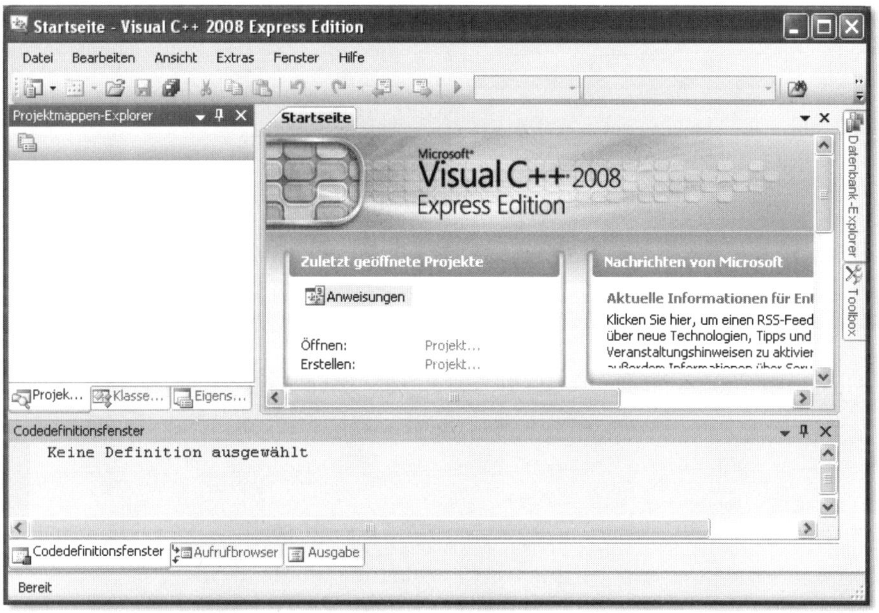

Abbildung 1.24 Ein Projekt über die Startseite öffnen

1.6.2 Projekt über »Zuletzt geöffnete Projekte« öffnen

Hast du gerade ein Projekt geschlossen und möchtest ein kürzlich bearbeitetes Projekt öffnen, kannst du dir im Hauptmenü unter DATEI • ZULETZT GEÖFFNETE PROJEKTE eine Liste der zuletzt geöffneten Projekte anzeigen lassen und das gewünschte Projekt auswählen. Abbildung 1.25 zeigt dir, wo der Menüpunkt zu finden ist.

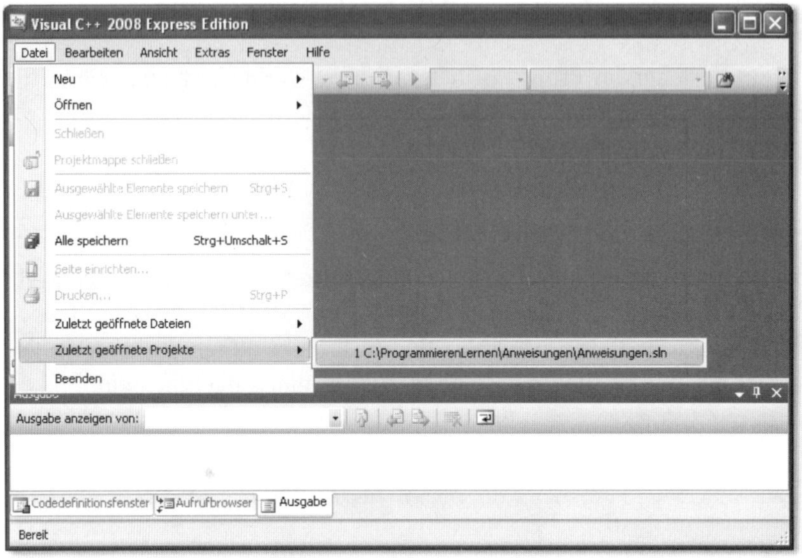

Abbildung 1.25 Die Liste der zuletzt geöffneten Projekte

1.6.3 Projekt öffnen über den Menüpunkt »Öffnen«

Möchtest du eines deiner älteren Projekte oder die Projekte auf der DVD öffnen, dann wählst du den in Abbildung 1.26 gezeigten Menüpunkt DATEI • ÖFFNEN • PROJEKT/PROJEKTMAPPE...

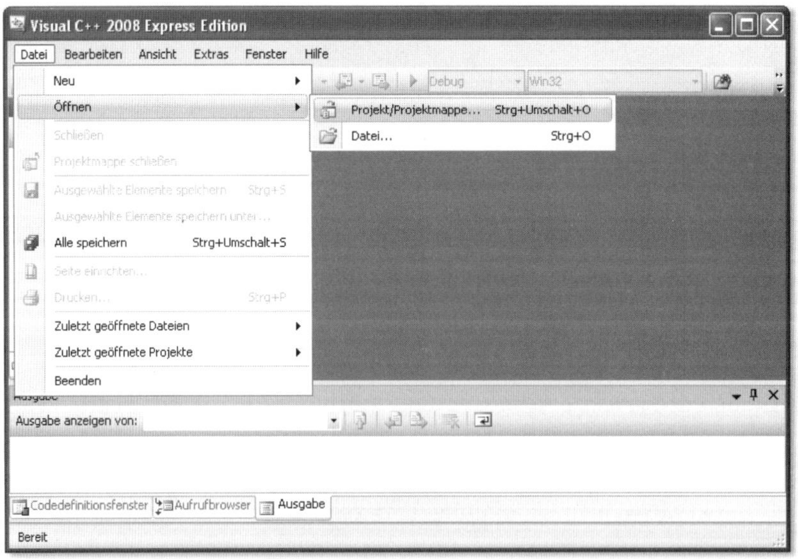

Abbildung 1.26 Ein Projekt über das Menü öffnen

Daraufhin öffnet sich das in Abbildung 1.27 dargestellte Fenster PROJEKT ÖFFNEN. Über den Punkt SUCHEN IN: wechselst du in den Ordner, der das Projekt enthält, das du öffnen willst. Dann wählst du die Datei mit der Endung *.sln* und klickst auf ÖFFNEN. Anschließend öffnet sich das Projekt.

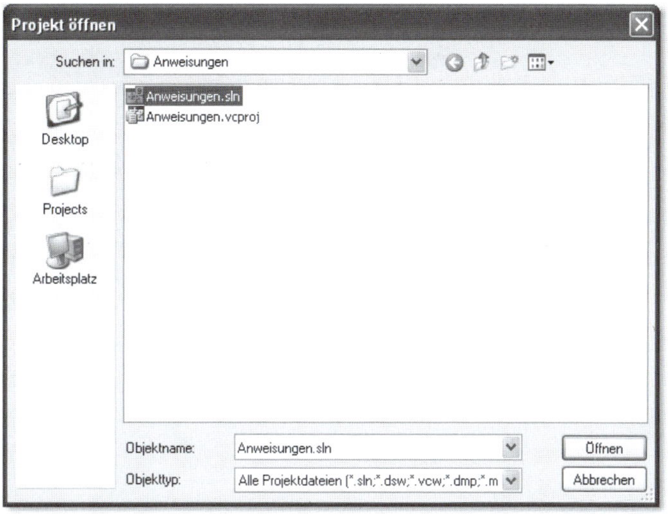

Abbildung 1.27 Das Fenster »Projekt öffnen«

1.7 Zusammenfassung

In diesem Kapitel wurden folgende Vorgänge erklärt:

- die Installation von Visual C++ 2008 Express
- das Erstellen von Projekten
- das Einbinden der für die Aufgaben notwendigen Dateien
- das Öffnen und Schließen von Projekten

Dieses Kapitel erklärt, was genau ein Algorithmus ist und wie Anweisungen in C++ formuliert werden – außerdem macht der Käfer seine ersten Schritte.

2 Anweisungen

Neferu hatte jegliches Zeitgefühl verloren. Ob sie erst seit zehn Minuten den monotonen steinernen Gang entlangkrochen oder schon seit zwei Stunden – sie wusste es nicht. Aber sie mussten schon eine ganze Weile diesem leicht abfallenden quadratischen Schacht folgen, denn ihre Hände und Knie schmerzten bereits. Der aufgewirbelte Staub mischte sich mit der abgestandenen Luft und erschwerte das Atmen. Nach ihrem Empfinden müssten sie doch schon längst wieder auf der anderen Seite der Pyramide herausgekrochen sein.

»Der Gang wird größer«, sagte Nedjem. Und tatsächlich, Neferus Rükken stieß nicht mehr an die Decke des Gangs. Sie war so beschäftigt gewesen mit dem möglichst schonenden Aufsetzen ihrer Hände und Knie auf dem rauen Boden, dass es ihr nicht aufgefallen war. Nach einigen Minuten konnten sie bereits aufrecht gehen. Die Decke schoss nach oben, und die Wände rückten merklich auseinander, je weiter sie in die Pyramide vordrangen. Bald säumten leere Fackelhalter an den Wänden ihren Weg. An vereinzelten Stellen waren verblasste Zeichnungen oder Hieroglyphen zu erahnen.

Es dauerte nicht lange, bis der Gang in einen großen Raum mündete. Die Fackel spendete gerade genug Licht, um dämmriges Licht an die Wände zu werfen, von der Decke war nichts zu sehen. Neferu blickte von Wand zu Wand durch die Halle. »Der Raum ist leer«, sagte sie. »Wo ist denn der Schatz, den der Händler versprochen hat?«

Nedjem betrachtete unsicher die kahlen Wände. »Vielleicht geht es hier noch irgendwo weiter.« Vorsichtig ging er auf die Mitte des Raums zu, die unendlich erscheinende Dunkelheit über ihm wirkte bedrückend.

Plötzlich, von irgendwo her, fegte ein kurzer Windstoß über ihn hinweg und blies die Fackel aus. Der Raum löste sich in Dunkelheit auf. Der Rauch der erloschenen Fackel stieg ihm in die Nase.

»Schön«, setzte er an, »das hat uns gera…« Ein lautes Zischen unterbrach ihn. Und mit einem Mal erstrahlte der gesamte Raum im Lichte von hunderten von Fackeln, die an den Wänden entlanggereiht waren. Die plötzliche Helligkeit blendete ihn kurz. Aber dann sah er, dass die Decke des Raums die Form einer Pyramide hatte.

»Was um Himmels willen geht hier vor?«, rief Neferu ängstlich vom Eingang zu Nedjem hinüber.

An den drei anderen Wänden öffneten sich Gänge, aus denen eine Horde von bewaffneten Kreaturen in den Raum quoll, die wie Menschen aussahen, aber einen Hundekopf besaßen. Mit Speeren in beiden Händen rannten sie in den Raum und stellten sich an den Wänden unter den Fackeln in mehreren Reihen auf.

Neferu lief instinktiv zu Nedjem und klammerte sich an ihn.

Die Soldaten standen still und begannen, rhythmisch mit dem Speerknauf auf den Boden zu klopfen. Unter diesem trommelgleichen Getöse betrat nun eine imposante Gestalt den Raum. Ihr Falkenkopf saß auf einem muskulösen menschlichen Körper, der die Soldaten um einiges überragte. Anmutig schritt sie auf Neferu und Nedjem zu und blieb kurz vor ihnen stehen.

»Was wagt ihr euch, meine Ruhe zu stören?« Der Falkenkopf sprach mit einer tiefen Stimme, die Augen fest auf Nedjem gerichtet.

»W-Wir haben diese K-Karte von ...«, stotterte Nedjem, wurde aber durch eine knappe Handbewegung seines Gegenübers unterbrochen.

»Das war eine rhetorische Frage«, antwortete der Falke sichtlich ungehalten. »Ich bin der Gott Ra. Ihr seid in mein Reich eingedrungen, und dafür werdet ihr bezahlen.«

Er streckte beide Hände seitlich aus und hob sie über den Kopf. Der Schnabel bewegte sich, aber es waren keine Laute zu hören. Doch dann wehte ein leichter Luftzug über den Boden und bewegte das ein oder andere Sandkorn. Der Wind nahm an Kraft zu, wirbelte immer mehr Sandkörner auf und ließ sie in einer Wolke rotieren. Das alles passierte nahezu geräuschlos. Der wirbelnde Sand hatte bereits eine Dichte erreicht, dass man nicht mehr durch ihn hindurchsehen konnte.

Gemächlich bewegte sich die lebendig erscheinende Wolke auf Nedjem zu. Wie gelähmt stand er da und konnte nicht verhindern, dass ihn die Wolke langsam umgab. Der Sand rieb ihm über die Haut, zwang ihn, die Augen schützend zu schließen. Er spürte, wie sich Neferus Griff lockerte und ihre Berührung dann vollends verschwand. Der Sand piekste, stach und drückte schmerzhaft. Er hörte seinen eigenen Schrei, der immer heller wurde und schließlich wie ein Fiepen klang. Dann bewegte sich die Wolke wieder von ihm weg. Er fühlte sich, als läge er auf dem Boden, seine Arme und Beine bewegten sich nicht mehr wie gewohnt. Irgendetwas stimmte nicht.

Neferu, die angsterfüllt von Nedjem gewichen war, als ihn die Wolke einhüllte, wurde von der Falkengestalt festgehalten und gezwungen, das Schauspiel zu beobachten. Die Wolke rotierte um Nedjem, der in ihr nicht mehr zu sehen war, herum. Sie schien zu pulsieren und auf ihn einzudrükken. Als sich die Wolke schließlich von Nedjem wegbewegte, war Nedjem verschwunden. An seiner Stelle saß ein fast handgroßer Käfer auf dem Boden.

Neferu starrte mit aufgerissenen Augen auf den Käfer, während die Wolke langsam an Kraft verlor und wieder in Sandkörner zerfiel, die sich auf dem Boden verteilten.

2.1 Der Algorithmus

Offenbar braucht Nedjem, jetzt verwandelt in den Käfer Scara, unsere Hilfe. Doch bevor wir ihm zeigen, wie er sich bewegen kann, müssen wir einen wichtigen Begriff in der Programmierung klären: den Algorithmus.

2.1.1 Vorsicht Fremdwort

Was genau ist eigentlich ein Algorithmus?

Die Antwort ist leicht.

Ein Algorithmus ist eine Folge von Anweisungen, deren schrittweise Abarbeitung ein bestimmtes Problem löst.

Nehmen wir als Beispiel das Problem »Wo ist die nächste Eisdiele?«. Ein ortskundiger Passant könnte den für die Lösung notwendigen Algorithmus nennen: »An der dritten Ampel rechts und dann die zweite Ampel links.«

Für uns Menschen ist dieser Algorithmus leicht zu verstehen. Wir zerlegen ihn im Kopf in entsprechende Anweisungen:

- Gehe bis zur dritten Ampel.
- Drehe dich nach rechts.
- Gehe bis zur zweiten Ampel.
- Drehe dich nach links.

Dieser Algorithmus wäre für einen Computer allerdings zu komplex. Er braucht noch simplere und grundlegendere Kommandos, denn von Natur aus können Computer nicht zählen. Begriffe wie »dritte« oder »zweite« sind erst mal böhmische Dörfer für ihn. Aber wie könnte der Ausdruck »bis zur dritten Ampel« einfacher formuliert werden? Eigentlich steckt in der Formulierung eine Wiederholung, denn tatsächlich würden wir dreimal bis zur nächsten Ampel laufen, bevor wir uns nach rechts drehen. Wir könnten den gesamten Algorithmus also vereinfachen, indem wir die Anweisungen zerlegen:

- Gehe bis zur nächsten Ampel.
- Gehe bis zur nächsten Ampel.
- Gehe bis zur nächsten Ampel.
- Drehe dich nach rechts.
- Gehe bis zur nächsten Ampel.

- Gehe bis zur nächsten Ampel.
- Drehe dich nach links.

Hier ist sehr schön zu sehen, dass die vorigen Anweisungen »bis zur dritten Ampel« und »bis zur zweiten Ampel« aus derselben Grundanweisung »bis zur nächsten Ampel« aufgebaut sind. Das ist übrigens ein Phänomen, das sich in allen Programmiersprachen wiederfindet: Je einfacher die Anweisungen der Sprache sind, desto weniger unterschiedliche Anweisungen werden benötigt. Stattdessen werden dieselben Anweisungen nur öfter verwendet.

Die Kunst des Programmierens besteht oft »nur« darin, den für die Lösung bekannten Algorithmus für den Computer verständlich zu formulieren, indem wir Anweisungen verwenden, die er kennt. Und genau das ist ein Programm.

Ein Programm ist ein Algorithmus, der für einen Computer verständlich formuliert wurde.

Prinzipiell versteht der Computer beziehungsweise der im Computer befindliche Prozessor (auch *CPU* genannt, als Abkürzung für »Central Processing Unit«, was auf Deutsch so viel heißt wie »Zentrale Verarbeitungseinheit«) nur eine Sprache: die Maschinensprache. Diese besteht nur aus Nullen und Einsen und ist für einen Menschen alles andere als angenehm zu lesen oder zu schreiben.

Deswegen gibt es sogenannte *Hochsprachen*, die einen für Menschen leichter verständlichen Befehlssatz besitzen. Der Prozessor kann mit diesen Befehlen jedoch nichts anfangen, er versteht ja nur Maschinensprache. Abhilfe schafft ein Übersetzer, der die von uns verwendete Hochsprache in die für den Prozessor verständliche Maschinensprache übersetzt. Diesen Übersetzungsvorgang nennt man *kompilieren*. Deshalb heißt der Übersetzer *Compiler*.

Visual C++ 2008 Express hat einen solchen Compiler eingebaut, der ein in der Hochsprache C++ geschriebenes Programm zu einem lauffähigen Maschinenprogramm kompiliert.

In diesem und den folgenden Kapiteln werden wir lernen, welche Anweisungen in C++ existieren und wie wir diese vernünftig einsetzen können.

2.1.2 Darstellung von Algorithmen

Damit wir eine Möglichkeit haben, den Ablauf eines Programms oder Algorithmus vom Computer unabhängig darzustellen, werde ich in diesem Buch Aktivitätsdiagramme von *UML* verwenden. UML ist die Abkürzung für *Unified Modelling Language*, was auf Deutsch so viel wie »Vereinheitlichte Modellierungssprache«

heißt. Es handelt sich hierbei um eine grafische Sprache, die bestimmte Sachverhalte eines Programms darstellt, ohne konkret auf das Programm selbst oder die verwendete Programmiersprache einzugehen. Auf diese Weise können sich mit Hilfe der UML Programmierer der unterschiedlichsten Programmiersprachen »unterhalten«, ohne das der Eine die Programmiersprache des Anderen kennen muss.

Wenn wir erst einmal so weit sind, dass du die ersten eigenen Programme entwickelst, solltest du versuchen, deine Lösung immer erst als ein solches Aktivitätsdiagramm zu zeichnen, bevor du das tatsächliche Programm schreibst.

In UML beginnt ein Algorithmus oder ein Programm mit dem grafischen Symbol eines ausgefüllten Kreises. Es ist in Abbildung 2.1 zu sehen.

Abbildung 2.1 Der Start eines Algorithmus in UML

Das Ende stellt wieder ein ausgefüllter Kreis dar, der zusätzlich von einem nicht ausgefüllten Kreis umgeben ist. Abbildung 2.2 zeigt ihn.

Abbildung 2.2 Das Ende eines Algorithmus in UML

Die Abarbeitungsrichtung des Algorithmus wird mit Pfeilen dargestellt. Ein Algorithmus, der nichts macht, läuft demnach direkt vom Anfang zum Ende. Abbildung 2.3 zeigt den »leeren« Algorithmus – einen Start- und einen Endknoten, die mit einem Pfeil verbunden sind.

Abbildung 2.3 Ein Algorithmus, der nichts macht

Eine Anweisung wird im Aktivitätsdiagramm als rechteckiger Kasten mit abgerundeten Ecken dargestellt, wie in Abbildung 2.4 zu sehen ist.

Abbildung 2.4 Eine Aktivität/Anweisung in UML

Mit diesen drei Elementen von UML lässt sich bereits die erste Fassung unseres Eisdielen-Algorithmus darstellen. Abbildung 2.5 zeigt ihn.

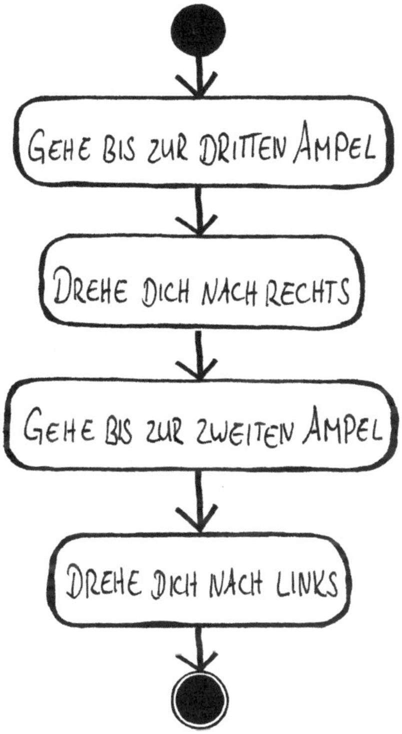

Abbildung 2.5 Das Finden der Eisdiele als Aktivitätsdiagramm

Im weiteren Verlauf des Buches werden wir Aktivitätsdiagramme verwenden, um Algorithmen, Programme und Lösungsansätze anschaulicher darzustellen.

2.2 Erstellen einer Programmcodedatei

Aber so langsam wollen wir endlich unser erstes wirkliches C++-Programm schreiben. Dazu solltest du ein C++-Projekt mit den ägyptischen Erweiterungen anlegen, wie ich es in den Abschnitten 1.3 und 1.4 erklärt habe, oder das dort erstellte Projekt wie in Abschnitt 1.6 gezeigt öffnen.

Ein Projekt ist zunächst einmal nicht mehr als die Entscheidung »Wir wollen ein Programm schreiben«. Das konkrete Programm, das auch Bestandteil des Projekts wird, existiert aber noch nicht. Willst du einem C++-Projekt Programmcode hinzufügen, musst du dazu eine Programmcodedatei erzeugen. Und wie das funktioniert, wird in diesem Abschnitt erläutert.

Abbildung 2.6 zeigt den ersten Schritt. Im Projektmappen-Explorer klickst du mit der rechten Maustaste auf den Projektnamen (nicht auf die Projektmappe!) und wählst dort den Punkt HINZUFÜGEN • NEUES ELEMENT...

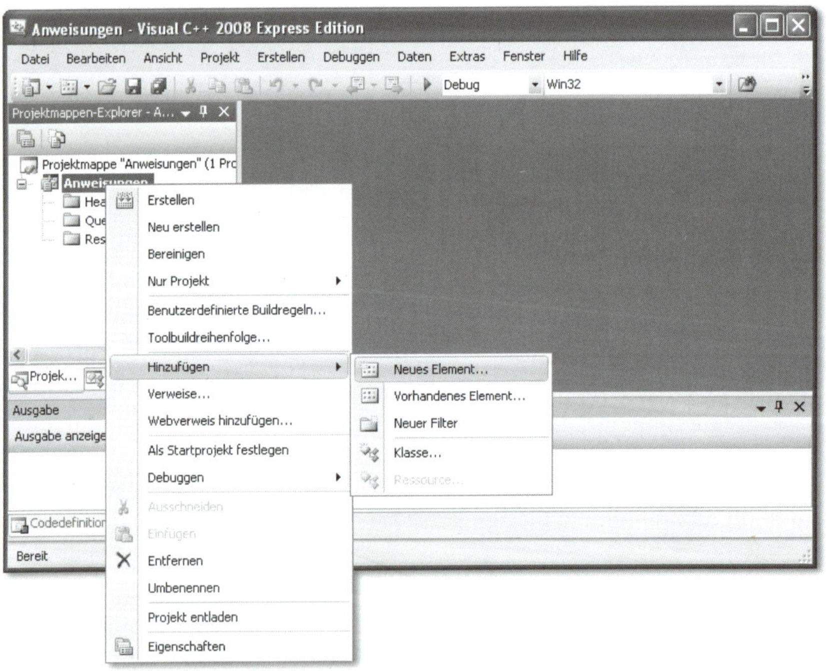

Abbildung 2.6 Ein neues Element dem Projekt hinzufügen

Daraufhin erscheint das in Abbildung 2.7 dargestellte Fenster. Die linke Spalte enthält die zur Verfügung stehenden Kategorien, dort wählst du CODE. Der rechte Bereich des Fensters zeigt dann alle möglichen Code-Vorlagen. Dort nimmst du C++-DATEI (.CPP).

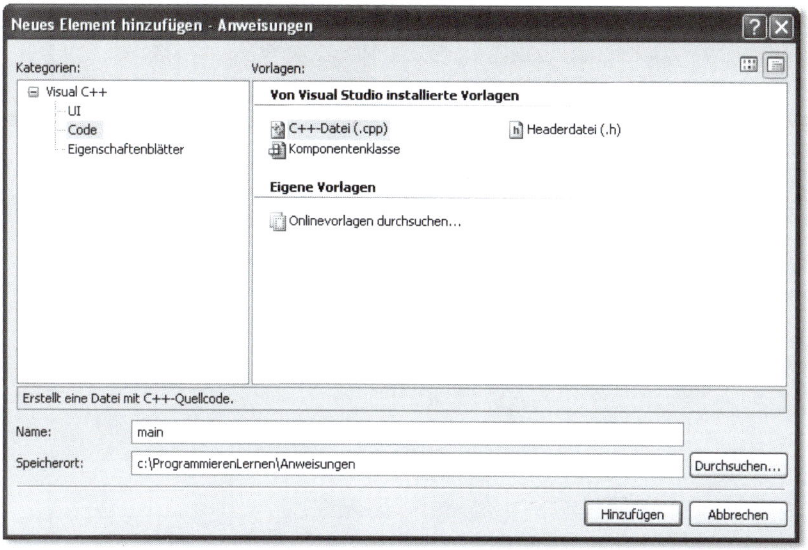

Abbildung 2.7 Das Erstellen einer Quellcodedatei

Wie dort zu sehen ist, besitzt eine C++-Datei üblicherweise die Endung *.cpp*. Die Entwicklungsumgebung hängt diese Endung aber automatisch an den Namen an, wenn du sie nicht selbst angibst.

Im unteren Bereich des Fensters musst du den Namen der anzulegenden Quellcodedatei angeben. Die Datei, die das Hauptprogramm enthält, wird meist *main* genannt. Diese Namensregel ist aber nicht zwingend. Du könntest die Datei auch *mirdochegal* nennen, aber wenn alle Dateien solch merkwürdige Namen haben, ist die spätere Suche nach dem Hauptprogramm etwas zeitaufwendiger.

Wir einigen uns also darauf, die Datei mit dem Hauptprogramm *main* zu nennen. Diesen Namen musst du dann neben NAME: eintragen.

Direkt unter dem Namen lässt sich der Speicherort bestimmen, der aber schon auf das Projektverzeichnis eingestellt ist. Von daher gibt es da keinen Handlungsbedarf. Konkret erstellt wird die Datei dann, indem du auf HINZUFÜGEN klickst.

Abbildung 2.8 zeigt die Entwicklungsumgebung, nachdem die Datei *main.cpp* hinzugefügt wurde. Links im Projektmappen-Explorer ist sie unter QUELLDATEIEN eingetragen und direkt im Editor zum Bearbeiten geöffnet.

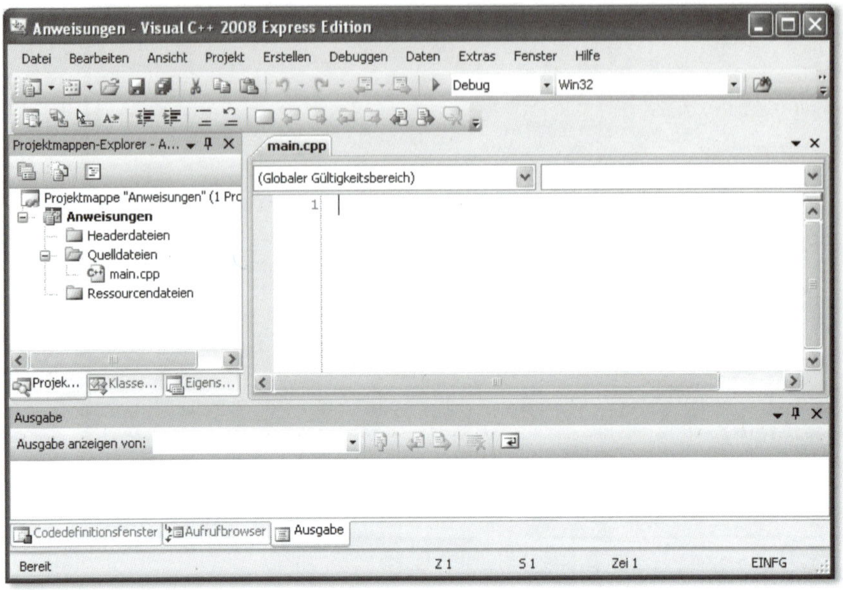

Abbildung 2.8 Die Entwicklungsumgebung mit Quellcodedatei

2.3 Kompilieren und Starten des eigenen Programms

Im vorigen Abschnitt hast du deine erste Quellcodedatei angelegt, die im weiteren Verlauf das Hauptprogramm aufnehmen soll. Um die weitere Bedienung der Entwicklungsumgebung zu besprechen, solltest du das in Listing 2.1 gezeigte Programm in den Editor eintippen. Die geschweiften Klammern erhältst du über die Tastenkombinationen [Alt Gr] + [7] und [Alt Gr] + [0].

```
int main()
{
}
```

Listing 2.1 Das kürzeste C++-Programm

Wenn du das Programm in den Editor der Entwicklungsumgebung eingegeben hast, sollte diese wie in Abbildung 2.9 dargestellt aussehen.

Der Registerreiter, der den Namen der momentan bearbeiteten Datei enthält, hat nun ein Sternchen hinter dem Dateinamen erhalten. Dieses Sternchen zeigt an, dass eine Änderung an der Datei vorgenommen wurde, die noch nicht gespeichert ist. Um die Änderung an der aktuellen Datei zu speichern, kannst du auf die in Abbildung 2.10 mit ❶ markierte Schaltfläche Speichern klicken.

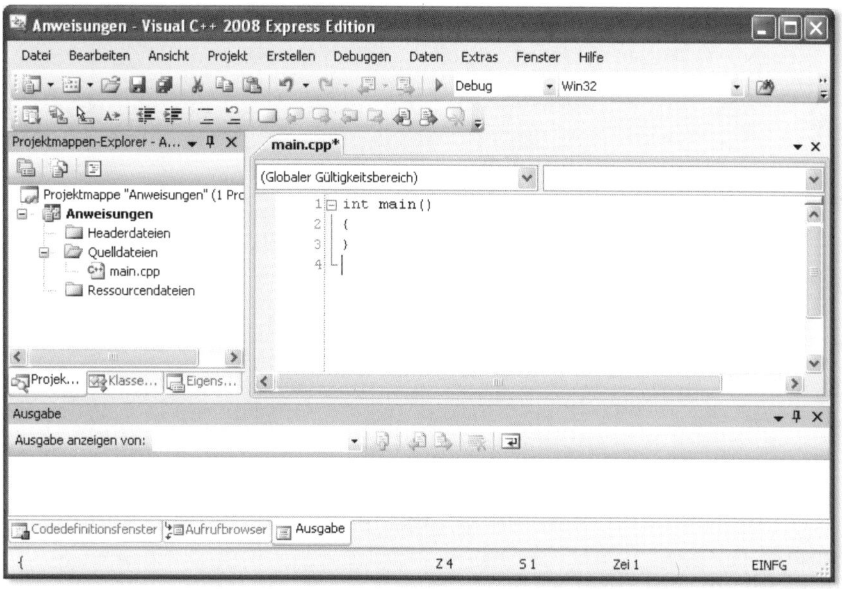

Abbildung 2.9 Die Entwicklungsumgebung mit dem ersten Programm

Abbildung 2.10 Die Schaltflächen »Speichern« und »Alle speichern«

In komplexeren Projekten wirst du später womöglich Änderungen an gleich mehreren Dateien vornehmen. Um alle Änderungen an den geöffneten Dateien zu speichern, gibt es die mit ❷ markierte Schaltfläche ALLE SPEICHERN.

Nachdem du die Datei gespeichert hast, verschwindet auch wieder das Sternchen hinter dem Dateinamen.

2.3.1 Die Kompilation

Du weißt ja bereits, dass C++ eine Hochsprache ist und nicht direkt vom Computer verstanden werden kann. Deshalb muss C++ mit Hilfe einer Kompilation in die vom Prozessor verständliche Maschinensprache übersetzt werden.

Das ist mit der Visual C++-Entwicklungsumgebung kein Problem. Wenn du dir einmal den Hauptmenüpunkt ERSTELLEN anschaust, siehst du – wie in Abbildung 2.11 – eine größere Auswahl an Möglichkeiten, das Programm zu erstellen.

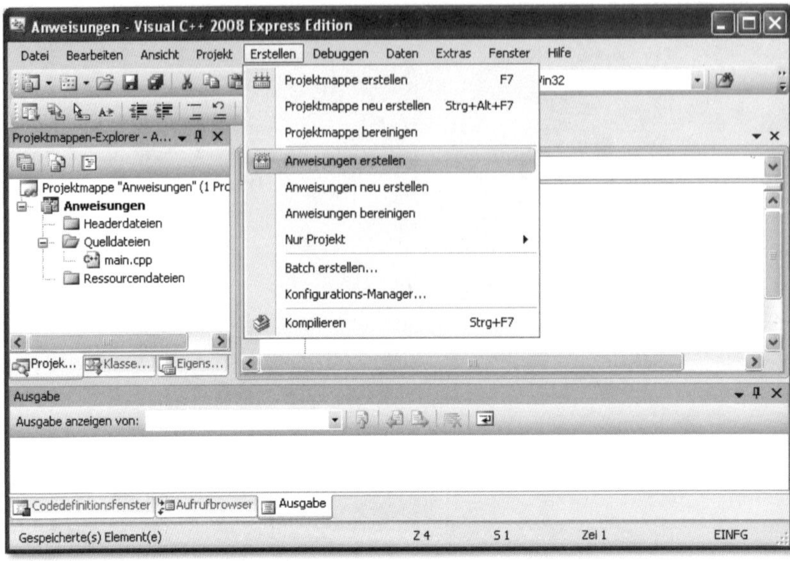

Abbildung 2.11 Das Projekt kompilieren

Die ersten drei Optionen beziehen sich auf die Projektmappe. Da wir in diesem Buch immer nur ein Projekt pro Projektmappe anlegen, kannst du diese Punkte ignorieren. Die zweite Dreiergruppe ist interessanter. Jede Option beginnt mit ANWEISUNGEN, nämlich ANWEISUNGEN ERSTELLEN, NEU ERSTELLEN und BEREINIGEN. »Anweisungen« ist der Name meines Projekts. Würde das Projekt »Lasergame« heißen, dann stände dort überall LASERGAME.

Die drei Optionen haben folgende Bedeutung:

- ERSTELLEN
  Alle Quellcodedateien des Projekts, die geändert, aber noch nicht kompiliert wurden, werden kompiliert. Diesen Punkt wählst du eigentlich immer, wenn du an einem Projekt arbeitest.
- NEU ERSTELLEN
  Alle Quellcodedateien werden kompiliert, sowohl die geänderten als auch die nicht geänderten. Diesen Punkt solltest du wählen, wenn du das Projekt zum ersten Mal nach einem Transport (auf einen anderen Rechner oder eine andere Festplatte oder in eine neuere Version der Entwicklungsumgebung) kompilieren möchtest. So ist sichergestellt, dass du auch wirklich alle Dateien aktuell kompiliert vorliegen hast.
- BEREINIGEN
  Alle nicht zwingend notwendigen Dateien werden gelöscht. Dazu zählen beispielsweise Dateien, die Informationen zur schnelleren Ansicht von Hilfen

enthalten. Dieser Punkt ist dann interessant, wenn du das Projekt transportieren willst, beispielsweise wenn du es per Mail verschicken oder auf den USB-Stick ziehen willst, um es zu Freunden mitzunehmen. Auf die Weise musst du nicht die unnötigen und teils sehr großen Dateien mitkopieren. Also: Vor dem Transport deines Projekts immer erst bereinigen!

Um das Projekt zu kompilieren, solltest du jetzt den Punkt ANWEISUNGEN ERSTELLEN auswählen. Die Kompilation kann manchmal ein bisschen dauern, besonders, wenn die Entwicklungsumgebung gerade gestartet wurde und dies der erste Kompilationsauftrag ist.

Ist die Kompilation beendet, erscheint unten im Ausgabefenster der Entwicklungsumgebung eine Statuszeile wie beispielsweise in Abbildung 2.12. Wenn vor ERFOLGREICH eine 1 steht, sind wir im grünen Bereich, denn dann wurde das Projekt fehlerfrei kompiliert. Solltest du jetzt bereits einen Fehler haben, dann vergleiche dein Programm noch einmal mit dem in Listing 2.1. Hinter dem Wort `main` stehen runde Klammern, darunter geschweifte Klammern. Oder du greifst kurz vor und schaust dir Abschnitt 2.6 an. Dort wird erklärt, wie du dir Fehler im Programm anzeigen lassen kannst.

Abbildung 2.12 Das Ausgabefenster

2.3.2 Das Programm starten

Wenn dein Programm fehlerfrei kompiliert wurde, kommt jetzt der spannende Moment, in dem du die Früchte deiner Arbeit genießen kannst. Du startest dein Programm und beobachtest, was es macht. Abbildung 2.13 zeigt, wie es geht: einfach im Hauptmenü den Punkt DEBUGGEN • STARTEN OHNE DEBUGGING auswählen.

Daraufhin öffnet sich wie in Abbildung 2.14 eine sogenannte *DOS-Box*, auch *Eingabeaufforderung* genannt, in der die Ergebnisse des Programms angezeigt werden. Unser erstes C++-Programm macht bisher noch nichts, es entspricht dem »leeren« Algorithmus aus Abbildung 2.3.

Der Text DRÜCKEN SIE EINE BELIEBIGE TASTE zeigt an, dass das eigene Programm beendet ist. Du kannst nun über das Drücken einer beliebigen Taste das Ausgabefenster deines Programms schließen.

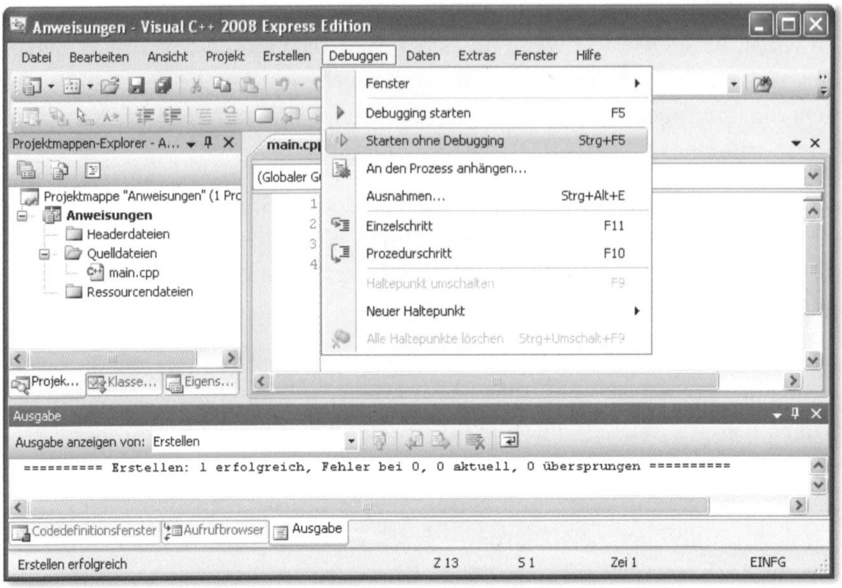

Abbildung 2.13 Das Programm starten

Abbildung 2.14 Das Programm läuft.

Im weiteren Verlauf dieses Kapitels werden wir das Programm noch erweitern, so dass es auch wirklich etwas bewirkt.

2.4 Die Hauptfunktion

Bevor es nun endlich nach Ägypten geht und wir Nedjem helfen werden, mit seiner Käfergestalt zurechtzukommen, möchte ich noch etwas zu dem Programm sagen, das wir bisher geschrieben haben. Es ist in Listing 2.2 nochmals aufgeführt.

```
int main()
{
}
```

Listing 2.2 Die Hauptfunktion

Auf deinem Computer hast du schon häufig Programme gestartet, meistens über den Doppelklick auf ein Icon oder die Auswahl des Programms in der Programmliste oder einfach durch Einlegen einer CD oder DVD.

Jetzt, wo du weißt, dass Programme aus Anweisungen bestehen, könnte man sich doch mal Gedanken dazu machen, mit welcher Anweisung der Ablauf eines Programms eigentlich beginnt. Es ist nicht ungewöhnlich, dass Programme aus mehreren zehntausend Anweisungen bestehen. Aber mit welcher startet das Programm?

Man könnte auf die Idee kommen, dass es wie bei einem Buch mit der ersten Seite, also der ersten Anweisung, losgeht. Aber das ist bei einem Programm anders. Jede Programmiersprache besitzt üblicherweise ein Konstrukt, mit dem der Programmablauf startet. An welcher Stelle dieses Konstrukt in dem Programm steht, spielt dabei keine Rolle. In C++ ist dies die Hauptfunktion `main`. Jedes C++-Programm, egal, auf welche Weise es gestartet wird, beginnt immer mit dieser Hauptfunktion.

Ich möchte an dieser Stelle nicht zu viel über den Aufbau einer Funktion erzählen, denn schließlich soll es ja jetzt endlich losgehen. Nur so viel: Die geschweiften Klammern hinter dem Funktionskopf sind der sogenannte *Anweisungsblock* der Funktion. Alle Anweisungen, die innerhalb dieser geschweiften Klammern stehen, gehören zur Funktion. Deshalb werden wir zunächst alle unsere Anweisungen in die geschweiften Klammern packen.

Aber keine Sorge, was man alles Tolles mit Funktionen machen kann und vor allem, wie man eigene programmiert, besprechen wir in Kapitel 3, »Funktionen I«.

2.5 Scara lernt laufen

In den Abschnitten 1.3 und 1.4 habe ich erklärt, wie du ein ägyptisches Projekt erstellst, also ein Projekt, mit dem wir in die Geschichte von Neferu und Nedjem eingreifen können. Ein solches Projekt brauchst du jetzt. Ob du dazu ein neues erstellst oder das aus den letzten Abschnitten verwendest, spielt keine Rolle. Ich werde für die Screenshots das bereits erstellte und gezeigte Projekt *Anweisungen* verwenden. Wie du ein bestehendes Projekt öffnest, erklärt dir Abschnitt 1.6.

Du weißt bereits, dass ein Programm aus Anweisungen besteht. Damit im Programm etwas passiert, müssen daher Anweisungen geschrieben werden, und zwar in den Anweisungsblock der Hauptfunktion, also zwischen die geschweiften Klammern, die hinter `main` stehen.

Was ich noch nicht erwähnt habe, ist die Tatsache, dass hinter einer einzelnen Anweisung durchaus eine Gruppe von Anweisungen stecken kann. Nehmen wir als Beispiel den Algorithmus zum Schreiben einer E-Mail in Abbildung 2.15.

Abbildung 2.15 Der Algorithmus »Schreibe E-Mail«

Er besteht nur aus einer Anweisung, nämlich »Schreibe E-Mail«. Diese Anweisung ist ausgesprochen komplex. Selbst für einen Menschen ist diese Anweisung nicht ausführbar, wenn er noch nie zuvor eine E-Mail geschrieben hat. Denn jemand ohne Erfahrung weiß nicht, dass hinter der komplexen Anweisung »Schreibe E-Mail« eine Reihe einfacherer Anweisungen steckt. Das habe ich in Abbildung 2.16 angedeutet.

Selbst diese ausführlichere Version von »Schreibe E-Mail« mag für einen Computeranfänger noch zu komplex sein, denn er weiß vielleicht nicht, wo das E-Mail-Programm auf seinem Rechner zu finden ist oder wie es gestartet wird.

Im weiteren Verlauf des Buches wirst du es nun häufiger mit Anweisungen zu tun haben, hinter denen eigentlich eine komplexe Folge von Befehlen steht, die ich bereits programmiert habe, damit wir uns hier auf das Wesentliche konzentrieren können.

Und mit einer solchen Anweisung wollen wir auch gleich beginnen. Vorhang auf für Scara:

```
int main()
{
  Scara::Starten(1,1);
}
```

Listing 2.3 Scara betritt die Bühne.

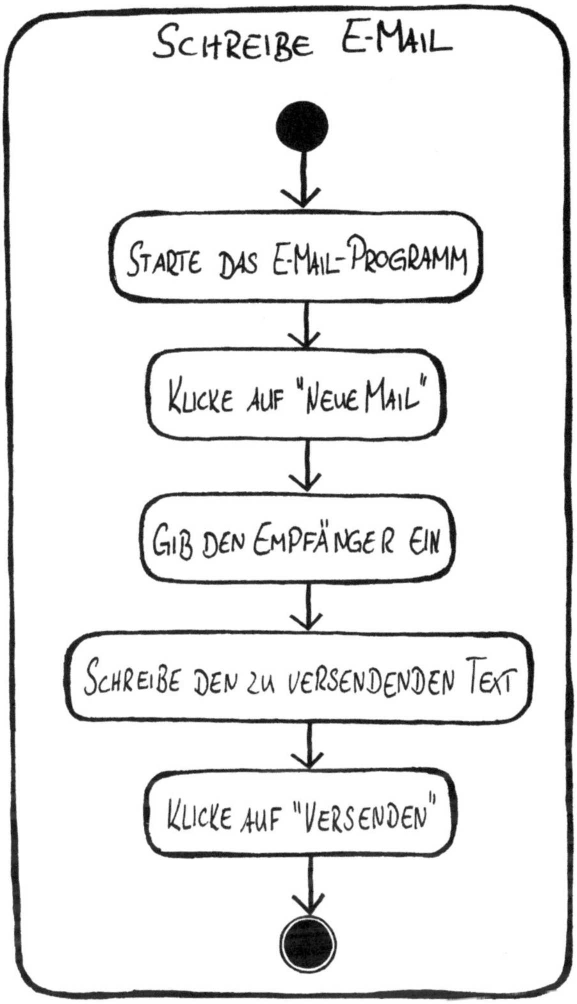

Abbildung 2.16 Die Anweisungen zu »Schreibe E-Mail«

Sollte bei der Kompilation der Fehler SCARA: KEINE KLASSE ODER NAMESPACE auftreten, dann hast du noch nicht die ägyptischen Erweiterungen, wie in Kapitel 1.4 gezeigt, hinzugefügt.

In C++ wird zwischen Groß- und Kleinschreibung unterschieden. Deshalb musst du bei deinen eigenen Programmen oder beim Übernehmen einer Lösung aus dem Buch darauf achten.

In Listing 2.3 ist unser bisheriges Programm um die Anweisung `Scara::Starten(1,1);` erweitert worden. Die Anweisung ist aus optischen Gründen mit zwei

Leerzeichen eingerückt, um klarer zum Ausdruck zu bringen, dass sie Bestandteil des Anweisungsblocks ist. Dieses Einrücken ist für die Funktionstüchtigkeit des Programms nicht notwendig, es würde auch problemlos funktionieren, wenn alles linksbündig untereinander stände.

Ich kann dir nur empfehlen, die schrittweisen Ergänzungen des Programms im Zuge der Erklärungen selbst am Computer nachzuvollziehen. Zum einen brauchst du dann nicht nur zu lesen, zum anderen gewöhnst du dich auch gleich an die Schreibweise, und die Übungen wie auch deine eigenen Programme gehen dir leichter von der Hand.

Schreib diese Anweisung also jetzt in dein Programm, starte es (Kompilieren nicht vergessen!) und schaue dir an, was passiert.

Es öffnen sich zwei Fenster: einmal, wie in Abbildung 2.17 zu sehen, das normale Ausgabefenster wie bei jeder C++-Konsolenanwendung. Dort steht nun die Information, dass Scara gestartet wurde, und zwar welche Übung und welches Szenario. Für manche Übungen existieren verschiedene Szenarien, also leichte Variationen in der Aufgabenstellung. Mit der Anweisung `Scara::Starten` kannst du in den runden Klammern definieren, welche Übung (1. Zahl) mit welchem Szenario (2. Zahl) gestartet werden soll.

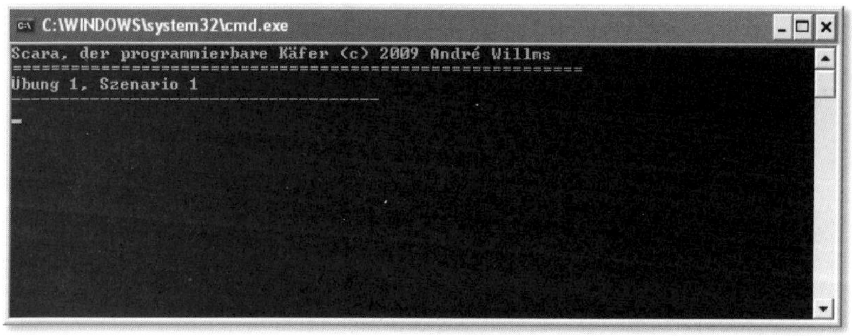

Abbildung 2.17 Das Ausgabefenster von Scara

Zum anderen öffnet sich ein Fenster mit dem Spielfeld. Die Größe des Spielfeldes variiert von Übung zu Übung, und die Hintergrundgrafik wird zufällig ausgewählt. Bei dir kann deshalb eine andere Grafik zu sehen sein als in Abbildung 2.18.

Wir haben im Anweisungsblock der `main`-Funkion nun eine Anweisung stehen. Und eine wichtige syntaktische Regel für C++ ist bereits erkennbar.

> Eine Anweisung, der kein Anweisungsblock folgt, also hinter der keine öffnende geschweifte Klammer steht, wird mit einem Semikolon beendet.

Abbildung 2.18 Das Spielfeld

Um das Programm zu beenden, kannst du einfach das Spielfeld mit dem Kreuz am Fenster oben rechts schließen oder die [Esc]-Taste drücken, wenn das Spielfeld aktiv ist, also den Fokus hat. Daraufhin erscheint die Aufforderung DRÜCKEN SIE EINE BELIEBIGE TASTE im Ausgabefenster, und das Programm ist beendet.

2.5.1 Die Übung korrekt beenden

Im vorigen Abschnitt habe ich erklärt, wie das Spielfeld geschlossen werden kann. Diese Vorgehensweise ist immer dann notwendig, wenn dein Programm mal nicht so läuft, wie es soll, und deshalb das korrekte Ende nicht erreicht.

Im Normalfall solltest du aber am Ende deines Programms Ra befragen, ob deine Lösung richtig ist. Aus diesem Grund muss dein Programm mit der Anweisung `Scara::Beenden();` beendet werden.

```
int main()
{
  Scara::Starten(1,1);
  Scara::Beenden();
}
```

Listing 2.4 Das ordnungsgemäße Beenden einer Übung

Diese Anweisung beendet die Übung und prüft, ob das Ziel der Übung erreicht wurde. Ergänze dein Programm um die neue Anweisung und schaue dir an, was passiert.

Du erhältst eine Meldung, wie in Abbildung 2.19 zu sehen. Wenn du auf OK klickst, wird das Spielfeld automatisch geschlossen, und das Programm ist beendet.

Abbildung 2.19 Die Nachricht bei unkorrekter Lösung

In den meisten Fällen ist die Übung erfolgreich beendet, wenn Scara auf das Ankh-Kreuz (das Henkel-Kreuz auf dem Spielstein ganz rechts) gebracht wurde. Da der Käfer momentan noch nicht dort steht, meldet das Programm, dass die Übung nicht gelöst ist.

2.5.2 Dem Käfer Beine machen

Um die Übung erfolgreich abzuschließen, musst du wissen, wie Scara bewegt werden kann. Der Befehl dazu heißt `Scara::Gehen();` und bewegt Scara ein Feld in die Richtung, in die er schaut.

Listing 2.5 zeigt die Anweisungen eingebettet in das bisherige Programm. Damit die Listings nicht so viel Platz einnehmen, habe ich die geöffnete geschweifte Klammer direkt hinter den Kopf der `main`-Funktion geschrieben.

```
int main() {
  Scara::Starten(1,1);
  Scara::Gehen();
  Scara::Beenden();
}
```

Listing 2.5 Scara bewegt sich.

Bau diese Anweisung doch in dein Programm ein, und schaue es dir an. Wie in Abbildung 2.20 dargestellt, ist Scara jetzt einen Stein weitergegangen und dem Ankh ein Stück näher gekommen. Ra beschwert sich zwar noch immer, dass die Übung nicht erfolgreich beendet wurde, aber wir tasten uns heran.

Abbildung 2.20 Der Käfer macht einen Schritt.

Bevor du weiterliest, versuche einmal eigenständig, Scara auf dem Ankh zu positionieren.

Die Lösung ist ganz ähnlich derjenigen, die uns bei der Problematik mit der Eisdiele zu Beginn dieses Kapitels weitergeholfen hat. Wie drückt man »bis zur dritten Ampel« einfacher aus? Indem man dreimal »bis zur nächsten Ampel« sagt.

So lösen wir auch diese Übung. Der Käfer bewegt sich zwei Schritte, indem er zweimal einen Schritt macht:

```
int main() {
  Scara::Starten(1,1);
  Scara::Gehen();
  Scara::Gehen();
  Scara::Beenden();
}
```

Listing 2.6 Die Lösung der 1. Übung

Abbildung 2.21 zeigt das Fenster, das dir Ra bei gelöster Übung präsentiert.

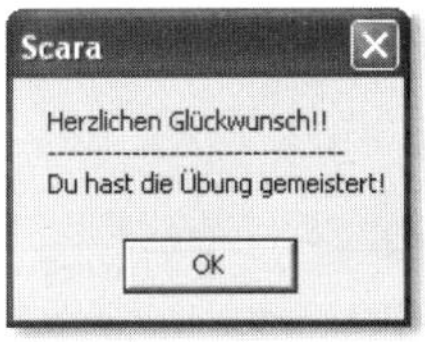

Abbildung 2.21 Das Fenster bei richtiger Lösung

Wenn du eine Übung gelöst hast, wird dir zum Schluss im Ausgabefenster (siehe Abbildung 2.22) noch mitgeteilt, wie viele Anweisungen du Scara geben musstest, um die Übung zu lösen.

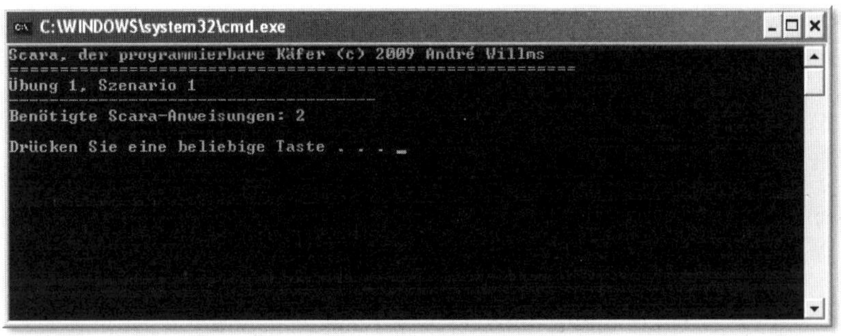

Abbildung 2.22 Die Anzahl der an Scara gerichteten Befehle

Diese Information ist später bei aufwendigeren Lösungen interessant, weil du dann versuchen kannst, durch Verbesserungen an deiner Lösung mit weniger Befehlen auszukommen. Oder du startest mit deinen Freunden einen Wettbewerb, wer mit den wenigsten Befehlen auskommt.

2.5.3 Vermeide den Abgrund

Wie du der Geschichte vielleicht entnommen hast, schweben die Steine, auf denen der Käfer laufen kann, gewissermaßen in der Luft. Das bedeutet, Scara kann hinunterfallen. Dann ist die Übung natürlich auch nicht gelöst. Listing 2.7 lässt den Käfer mit einer weiteren Gehanweisung zu weit laufen. Probier es einmal aus.

```
int main() {
  Scara::Starten(1,1);
  Scara::Gehen();
  Scara::Gehen();
  Scara::Gehen();
  Scara::Beenden();
}
```

Listing 2.7 Scara läuft zu weit.

Das Spiel meldet den Absturz mit dem Fenster aus Abbildung 2.23.

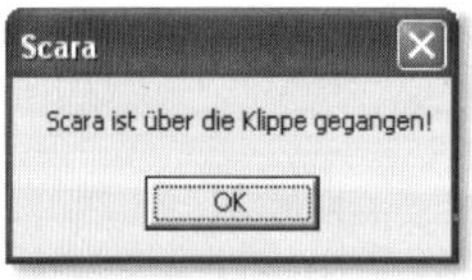

Abbildung 2.23 Wenn der Käfer fällt …

2.6 Fehler finden

Du kannst diesen Abschnitt auch überspringen und ihn erst dann lesen, wenn du einen Fehler in deinem Programm hast.

Es lässt sich leider nicht vermeiden, dass bei der Programmierung auch mal Fehler gemacht werden. Dabei kann man die Fehler in zwei große Gruppen aufteilen:

- *Logische Fehler*
  Das sind all die Fehler, deretwegen ein Programm nicht exakt das macht, was es machen soll. Sie deuten meist auf einen falschen Lösungsansatz oder eine falsche Umsetzung der Lösung hin.

- *Syntaktische Fehler*
  Diese Fehler entsprechen einer falschen Rechtschreibung im Deutschen. Weil im Programm ein Wort falsch geschrieben oder eine falsche Klammer verwendet wurde, kann der Compiler das Programm nicht kompilieren.

Im Gegensatz zu den logischen Fehlern werden syntaktische Fehler meist vom Compiler bemerkt und deshalb der Kompilationsvorgang abgebrochen. Um den Umgang mit solchen syntaktischen Fehlern zu erleichtern, wollen wir in dem kleinen Programm aus dem vorigen Abschnitt einen Fehler einbauen, indem du das Wort `int` mit zwei »n« schreibst, also »innt«. Abbildung 2.24 zeigt das neue, nun fehlerhafte Programm.

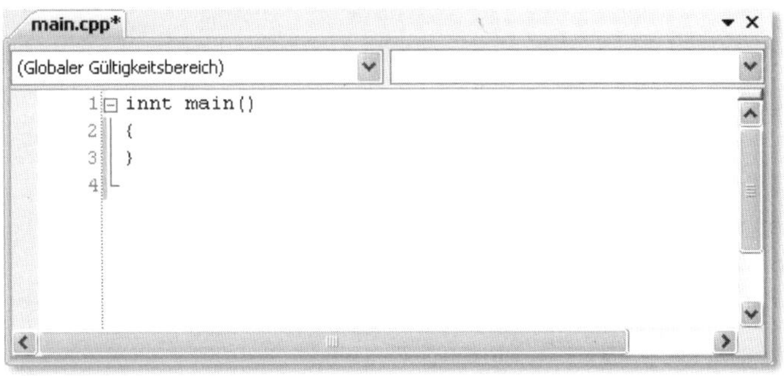

Abbildung 2.24 Ein Fehler im Programm

Wenn du das Programm jetzt wie in Abschnitt 2.3.1 erklärt kompilierst, wird es einen Fehler geben. Im Ausgabefenster der Entwicklungsumgebung sollte nun FEHLER BEI 1 stehen, wie in Abbildung 2.25 zu sehen.

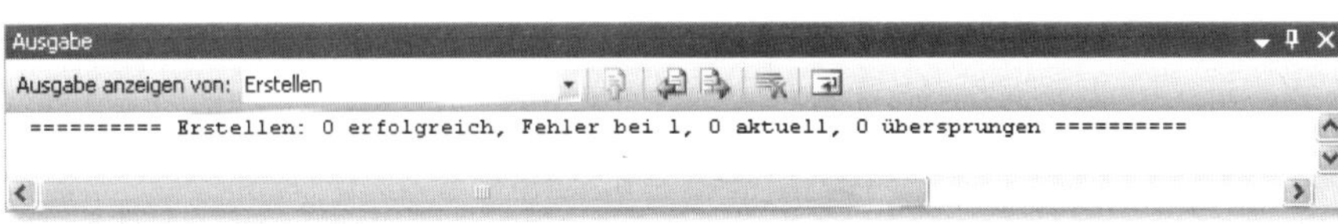

Abbildung 2.25 Die Ausgabemeldung bei Fehlern im Programm

In dem Moment, in dem der Compiler Fehler im Programm meldet, hast du mit der Fehlerliste die Möglichkeit, diese Fehler genauer zu betrachten. Sie wird dir angezeigt, wenn du im Hauptmenü ANSICHT • WEITERE FENSTER • FEHLERLISTE anklickst (siehe Abbildung 2.26) oder hintereinander die Tastenkombinationen [Strg] + [^] und [Strg] + [E] drückst.

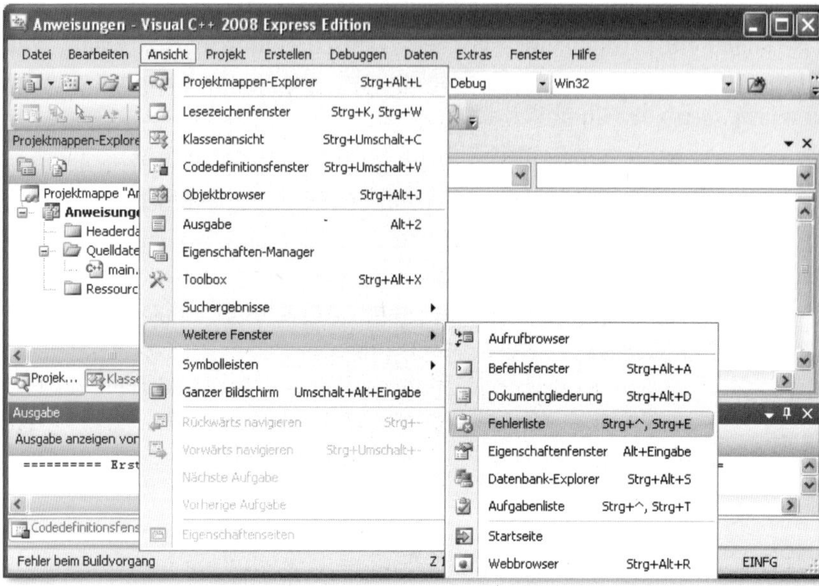

Abbildung 2.26 Das Aufrufen der Fehlerliste

Die sich öffnende Fehlerliste ist in Abbildung 2.27 zu sehen.

Abbildung 2.27 Die Fehlerliste

Dort sind drei Schaltflächen angebracht, mit denen die Auflistung von Fehlern, Warnungen und Meldungen an- und ausgeschaltet werden kann. Wenn die Fehlerliste das erste Mal geöffnet wird, sind alle Auflistungen abgeschaltet.

Für uns sind erst einmal nur die Fehler und Warnungen interessant. Wenn du beide durch Anklicken der entsprechenden Schaltfläche eingeschaltet hast, sollte die Fehlerliste wie in Abbildung 2.28 dargestellt aussehen.

Abbildung 2.28 Die Fehlerliste mit Fehlern und Warnungen

Obwohl wir nur einen Fehler in das Programm eingebaut haben, werden drei angezeigt. Dieses Phänomen wirst du häufig beobachten. Ein einzelner Fehler kann den Compiler derart aus der Bahn werfen, dass er im weiteren Verlauf noch Fehler findet, obwohl keine mehr vorhanden sind. Das ist jedoch nicht weiter tragisch, denn du weißt ja jetzt, dass ein Fehler häufig Folgefehler verursacht, und wirst deshalb immer zuerst den ersten Fehler beheben und dann das Programm erneut kompilieren.

Wenn die Fehlermeldung nicht aussagekräftig genug ist, hilft es manchmal, noch den Text der beiden Folgefehler zu lesen. In der Fehlerliste ist angezeigt, in welcher Datei und in welcher Zeile der Fehler gefunden wurde. Um das Finden des Fehlers zu vereinfachen, kannst du auch doppelt auf den Fehler klicken; die Entwicklungsumgebung springt dann automatisch in die fehlerhafte Datei an die fehlerhafte Stelle. Abbildung 2.29 zeigt die Entwicklungsumgebung nach dem Doppelklick auf den ersten Fehler.

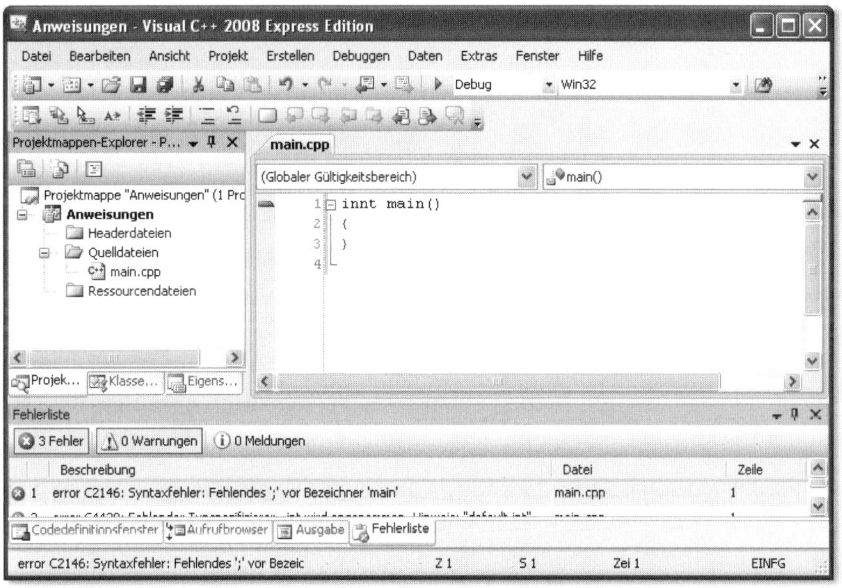

Abbildung 2.29 Das Finden eines Fehlers mit der Fehlerliste

Manchmal, wie in diesem Fall, sind die Fehlermeldungen nicht unbedingt hilfreich. Hier sind dann deine eigenen Fähigkeiten gefragt, den Fehler zu finden. Da du ihn selbst eingebaut hast, ist er jetzt auf jeden Fall besonders schnell zu beheben.

2.7 Ausgabe in C++

Wir wollen an dieser Stelle unser Wissen über Anweisungen übertragen auf C++-Anweisungen, die auch ohne das ägyptische Spiel laufen. Beginnen wir mit der Ausgabe. Das Programm in Listing 2.8 gibt den Text *Meine erste Textausgabe* auf dem Bildschirm aus. Wenn du möchtest, kannst du es kurz selbst ausprobieren.

```
#include <iostream>

int main() {
  std::cout << "Meine erste Textausgabe";
}
```

Listing 2.8 Eine Textausgabe in C++

Betrachten wir zunächst die `main`-Funktion, in der ja die Anweisungen stehen. Der Befehl zur Ausgabe auf den Textbildschirm heißt `cout`. Und noch etwas Wichtiges:

> Konstante Zeichenfolgen (wie hier »Meine erste Textausgabe«) stehen in C++ immer in doppelten Anführungszeichen. Diese erhältst du über die Tastenkombination [⇧] + [2].

2.7.1 Namensbereiche

Vor `cout` steht ein `std::`. Dieses `std` ist ein sogenannter *Namensbereich*. In C++ hat ein Namensbereich eine ähnliche Funktion wie die Vorwahlen bei den Telefonnummern. Wenn du von Köln aus jemanden in München anrufen möchtest, musst du zusätzlich zu dessen Telefonnummer auch die Münchner Vorwahl wählen. Wollte jemand aus den Niederlanden diese Person anrufen, müsste er auch noch die Vorwahl von Deutschland mit angeben.

Man kann sich natürlich fragen, warum es überhaupt Vorwahlen gibt. Der Grund ist einfach: Gäbe es keine, müsste die Rufnummernvergabe der gesamten Welt irgendwie zentral koordiniert werden. Denn es dürfte nicht passieren, dass das Telefonamt in München einem Teilnehmer dieselbe Telefonnummer gibt wie das Telefonamt in Feuerland einem seiner Teilnehmer.

Durch die Vorwahlen wird die Vergabe der Rufnummern entkoppelt. Da Deutschland und Feuerland eine andere Vorwahl besitzen, dürfen Städte in Deutschland dieselben Vorwahlen haben wie in Feuerland. Deshalb kann auch ein Münchner die gleiche Telefonnummer haben wie ein Kölner, weil die beiden Städte eine eigene Vorwahl haben und über diese Vorwahl angegeben wird, ob wir die Telefonnummer in München oder Köln meinen.

Und genau dafür werden die Namensbereiche in C++ verwendet. Verschiedene Elemente in C++ dürfen denselben Namen haben, wenn sie in unterschiedlichen Namensbereichen stehen. Und alle Elemente, die standardmäßig zu C++ gehören, also Bestandteil der Standardbibliothek sind, stehen immer im Namensbereich `std`. Dabei ist `std` die Abkürzung für Standard.

Die Ausgabeanweisung `cout`, die zum C++-Standard gehört steht daher im Namensbereich `std`, und dieser muss wie bei den Vorwahlen mit angegeben werden. Das Element wird von seinem Namensbereich durch die beiden Doppelpunkte :: getrennt. Diesen Operator nennt man auch *Scope-Operator* oder *Bezugsrahmenoperator*.

Der Befehl mit seinem Namensbereich ist noch einmal in Abbildung 2.30 dargestellt.

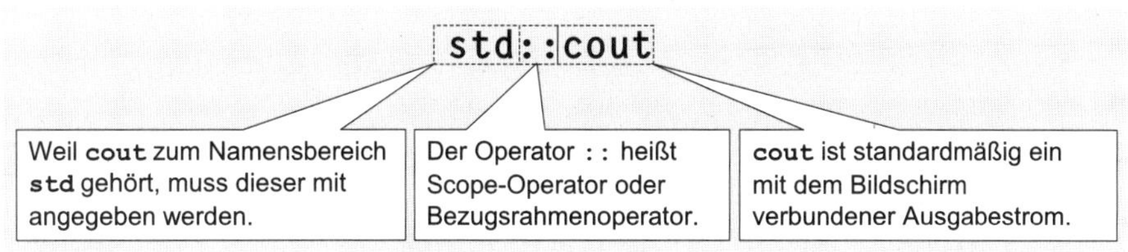

Abbildung 2.30 »cout« und der Namensbereich »std«

2.7.2 Sprache und Bibliothek

Was gehört eigentlich zur deutschen Sprache? Die Wörter, die wir verwenden, gehören auf jeden Fall dazu, wenn man die Fremdwörter mal ausklammert. Auch die Grammatik, die Art und Weise, wie wir unsere Zeiten und Fälle bilden.

Aber gehört ein in Deutsch geschriebenes Buch auch zur Sprache Deutsch? Nein, das Buch ist zwar auf Deutsch geschrieben, aber es nichts, was die Sprache an sich beschreibt. Es ist Bestandteil der deutschen Bibliothek. Genauso, wie ein Haus nicht zum Beton gehört – es ist lediglich aus Beton gemacht.

Diese Unterscheidung ist auch in C++ wichtig, denn auch hier gibt es zum einen die Sprache und zum anderen die Bibliothek. Die Sprache ist definiert durch die Schlüsselwörter (wie z. B. `int` in unseren Programmen) und den standardmäßig zu C++ gehörenden Elementen, die in C++ geschrieben wurden, wie z. B. `cout`. Deshalb ist `cout` kein Bestandteil der Sprache, sondern es wurde in C++ programmiert und gehört zur Standardbibliothek, damit wir es nicht selbst programmieren müssen.

Das Schlüsselwort `int` ist also vergleichbar mit einem einzelnen deutschen Wort, das `cout` aus der Standardbibliothek entspricht dem Titel eines Buches, wobei das Buch selbst aus Wörtern besteht.

2.7.3 include

Du warst bestimmt schon einmal in einer Bücherei oder Buchhandlung. Dort gibt es so viele Bücher, dass man schon wissen muss, wo ungefähr ein gesuchtes Buch steht, um nicht Stunden mit dem Suchen zu verbringen.

Dem Übersetzer von C++ geht es ähnlich. Wenn wir ein Element aus der Standardbibliothek verwenden, wie `cout`, dann weiß der Übersetzer nicht, wo in der Bibliothek das Element zu finden ist. Wir müssen ihm diese Information geben, indem wir mit dem Befehl `#include` den Teil der Standardbibliothek benennen, der das von uns gewünschte Element enthält. Im Falle von `cout` ist das `iostream`. Teile der Standardbibliothek werden in spitzen Klammern (<>) angegeben. Deshalb lautet der erste Befehl in Listing 2.8 `#include <iostream>`.

2.7.4 using namespace

Du kannst dir vorstellen, dass du bei der Programmierung in C++ recht häufig auf dessen Standardbibliothek zurückgreifen wirst, denn warum solltest du das Rad neu erfinden? Da ist es schon ziemlich lästig, immer dieses `std::` vor die Elemente zu setzen. Es wäre doch ganz praktisch, wenn es da eine Vereinfachung gäbe, denn schließlich kann man Freunde in derselben Stadt ja auch ohne Vorwahl erreichen.

Diese Vereinfachung gibt es in C++ in Form der `using namespace`-Anweisung. Mit dieser Anweisung kannst du dem Übersetzer mitteilen, in welchen Namensbereichen er suchen soll, wenn kein Namensbereich explizit angegeben wurde. Listing 2.9 zeigt, wie der Befehl angewendet wird.

```
#include <iostream>

using namespace std;

int main() {
  cout << "Meine erste Textausgabe";
}
```

Listing 2.9 Die Verwendung von »using namespace«

Das `using namespace` steht außerhalb und vor allen Funktionen. Wir haben bisher nur eine Funktion – `main` –, von daher ist der Platz der Anweisung vor `main`, aber hinter `#include`.

Hinter `using namespace` wird der Name des Namensbereichs angegeben, in den der Compiler selbständig schauen soll. Das ist in diesem Fall `std`. Und weil der

Übersetzer nun automatisch im Namensbereich std nachschaut, brauchen wir vor cout nicht mehr std:: zu schreiben.

2.7.5 Zeilenumbrüche

Momentan gibt es in der aktuellen Ausgabe noch einen Schönheitsfehler: Der Text, der das Ende des Programms markiert, steht direkt hinter unserer Ausgabe. Das lässt sich leicht beheben, indem wir das Element endl ausgeben, das in C++ einem Zeilenumbruch entspricht. Listing 2.10 zeigt, wie es gemacht wird.

```
#include <iostream>

using namespace std;

int main() {
  cout << "Meine erste Textausgabe";
  cout << endl;
}
```

Listing 2.10 Der Einsatz eines Zeilenumbruchs

Wir verwenden zur Ausgabe den Operator <<, der – in einem Bild gesprochen – den Text auf der rechten Seite in den Ausgabestrom auf der linken Seite schiebt. Dieser Operator lässt sich verketten. Wir können daher die Ausgabe in Listing 2.10 mit nur einer cout-Anweisung erledigen:

```
#include <iostream>

using namespace std;

int main() {
  cout << "Meine erste Textausgabe" << endl;
}
```

Listing 2.11 Die Ausgabe mit nur einer »cout«-Anweisung

Weil es sich um nur eine Anweisung handelt, gibt es dort auch nur ein Semikolon.

2.7.6 Ausgabe in Ägypten

Ich habe dir in den letzten Abschnitten die Textausgabe in C++ vorgestellt. Diese Ausgabe funktioniert völlig unabhängig von den ägyptischen Erweiterungen des Buches, weil es reines C++ ist.

Aber natürlich können wir die Ausgabe auch in einem ägyptischen Projekt anwenden, zum Beispiel, um im Ausgabefenster zu kommentieren, was das Programm macht. Listing 2.12 zeigt einen solchen Einsatz.

```
#include <iostream>

using namespace std;

int main() {
  Scara::Starten(1,1);
  cout << "Scara geht jetzt einen Schritt" << endl;
  Scara::Gehen();
  cout << "Und noch einen" << endl;
  Scara::Gehen();
  cout << "Uuuuuund... Geschafft!" << endl;
  Scara::Beenden();
}
```

Listing 2.12 Das Verwenden der Ausgabe in einem ägyptischen Projekt

Die erzeugte Ausgabe ist in Abbildung 2.31 zu sehen.

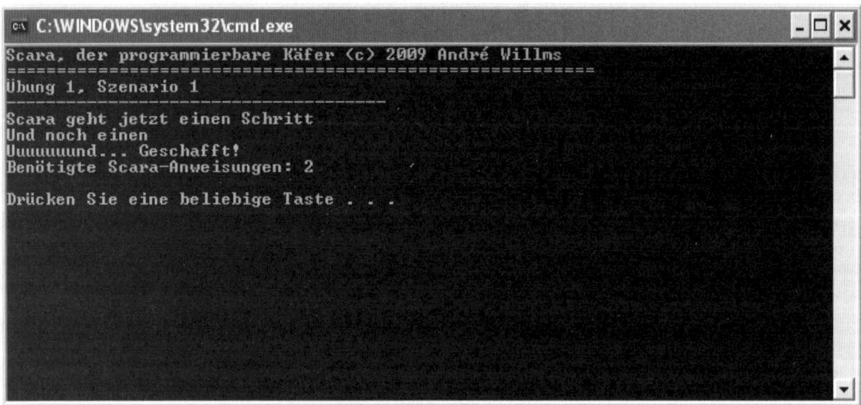

Abbildung 2.31 Die erzeugte Ausgabe

Mit der ägyptischen Funktionalität verwenden wir die Schreibweise `Scara::`. Die letzten Abschnitte könnten zu der Idee führen, mit Hilfe von `using namespace Scara` genau das nicht mehr schreiben zu müssen. Das ist aber leider nicht korrekt, weil es sich bei `Scara` nicht um einen Namensbereich handelt. Was es genau ist, werden wir später noch besprechen.

2.8 Übung

Damit du die Möglichkeit hast, die neuen Informationen noch einmal in leicht veränderten Situationen anzuwenden, gibt es am Ende von einigen Kapiteln Übungsabschnitte wie diesen hier.

Da wir Scara bisher nur geradeaus laufen lassen können, fällt dieser erste Übungsabschnitt etwas mager aus, er besteht nämlich nur aus einer Übung:

Starte das Spielfeld mit Übung 1, aber Szenario 2 (`Scara::Starten(1,2);`), und lass den Käfer zum Ankh laufen.

Für die späteren Übungsabschnitte werde ich die Lösungen in Anhang A auflisten, falls du Hilfe brauchst. Aber diese Übung hier ist so einfach, dass du es einfach mal komplett auf dich allein gestellt versuchen solltest.

2.9 Zusammenfassung

Dieses Kapitel hat sich mit Anweisungen im Allgemeinen befasst. Die Themen im Einzelnen waren die folgenden:

- Was ist ein Algorithmus, und wie kann er dargestellt werden?
- Wie wird ein C++-Programm kompiliert und gestartet?
- Was genau ist die Funktion `main`?
- Wie wird eine ägyptische Übung gestartet und beendet?
- Wie wird der Käfer bewegt?
- Wie lässt sich Text in C++ ausgeben?
- Was sind Namensbereiche?

In diesem Kapitel geht es um den Mechanismus, mit dem eine Gruppe von Anweisungen über eine einzige Anweisung ausgeführt werden kann.

3 Funktionen I

Die Falkengestalt zog die erstarrte Neferu von dem Käfer weg und schob sie zu den Soldaten. »Bringt sie nach oben, ich muss mich um unseren kleinen Freund hier kümmern.« Zwei der hundsköpfigen Soldaten packten Neferu an ihren Armen und führten sie in einer Mischung aus Ziehen und Tragen aus dem Raum heraus. Die anderen Soldaten folgten.

Der Falkenmensch hob Nedjem auf seine rechte Hand und hielt ihn vor seinen Schnabel. »Falls du dich fragst, wer ich bin, ich bin Ra, Hüter der Sonne. Wer du warst, spielt keine Rolle, nun bist du der Käfer Scara, wegen deines blasphemischen Eintretens in dieses Reich von den Göttern verflucht, die Prüfungen der Reinigung abzulegen.«

Ra nahm den Käfer mit durch einen der Seitengänge. Der Weg führte verwinkelt zu dem Eingang eines kleineren Raums. Dieser war ebenfalls pyramidenförmig, besaß aber keinen Boden.

»Wollen wir beginnen?«, fragte Ra. Seine Stimme halte durch den leeren Pyramidenraum. Aber er wartete nicht auf eine Antwort. Stattdessen griff er in eine der Taschen seiner Tunika und warf etwas in die Luft. Kleine Steine wirbelten umher und formten sich auf Bodenhöhe des Raums zu einem kleinen Weg, gerade breit genug, dass der Käfer darauf laufen könnte. Noch auf Ras Hand sah Nedjem/Scara, dass am Ende des Weges ein Stein mit einem Ankh-Kreuz war.

Als hätte Ra seine Gedanken gelesen, sprach er: »Ja genau, dieses Ankh-Kreuz zu erreichen ist deine primäre Aufgabe. Ab und zu wird es auf dem Weg dorthin noch andere Dinge zu tun geben, aber dazu später.«

Er setzte den Käfer auf den ersten Stein am Eingang des Raums. Die Steine hatten keinerlei Kontakt mit den Wänden oder dem Eingang, so dass Scara nur die Möglichkeit hatte, über die Steine zu gehen. »Pass gut auf, mein kleiner Käfer. Du wärest nicht der erste, der in die Tiefe stürzen würde, weil er seine Kontrolle über die kleinen Beine überschätzt. Versuche, dich von Stein zu Stein fortzubewegen. Hast du den Bewegungsablauf verstanden, kannst du ihn beliebig oft wiederholen.«

Scara versuchte, die Beinchen zu bewegen, und hätte um ein Haar danebengetreten. Er konzentrierte sich, und schaffte es, mit einer komplexen Folge von Schritten der sechs Beine den nächsten Stein zu erreichen.

»Du scheinst zu den Talentierteren zu gehören«, lachte Ra. Doch Scara bahnte sich unaufhörlich seinen Weg zum Ankh-Kreuz. Als er das Ankh betrat, passierte ... nichts. »Du musst in deinem Geiste die Worte *Ich bin gereinigt* formen, um den Test abzuschließen«, erklärte Ra. Kaum hatte Scara diese Worte im Kopf formuliert, wurde er von dem Ankh-Kreuz direkt auf Ras Hand katapultiert.

»Nicht schlecht, mein Kleiner«, lächelte Ra, »gar nicht schlecht. Aber es wird noch schwieriger.« Mit diesen Worten griff er wieder in seine Tasche und warf etwas in die Luft. Nun formte sich ein Weg, der nicht mehr nur geradeaus ging, sondern auch noch Knicke aufwies. Ra setzte den Käfer wieder auf die Steine. »Übrigens, versuche nicht, dich nach rechts zu drehen, das hat noch keiner geschafft!«

Scara seufzte.

3.1 Scara lernt die Drehung

In der Geschichte wurde bereits deutlich, dass sich Scara zum Erreichen des Ankhs drehen muss. Starte dazu das Spielfeld mit Übung 2 und Szenario 1, wie in Abbildung 3.1 dargestellt.

Abbildung 3.1 Übung 2, Szenario 1

Das Programm ist ziemlich simpel aufgebaut und ähnelt den bisherigen ägyptischen Ansätzen enorm. Listing 3.1 zeigt den Programmcode. Wichtig ist, dass das Programm in ein ägyptisches Projekt eingebettet ist, wie in Abschnitt 1.4 beschrieben. Wie die notwendige Quellcodedatei erstellt wird, war Thema in Abschnitt 2.2.

```
int main() {
  Scara::Starten(2,1);
}
```

Listing 3.1 Das Starten von Übung 2, Szenario 1

Versuche doch einmal, diese Übung zu lösen. Die einzige Information, die dir noch fehlt, ist der Befehl zum Drehen des Käfers. Weil die Kontrolle über die sechs Beine nicht so einfach ist, kann Scara sich nur nach links drehen. Der Befehl heißt `Scara::DreheNachLinks();`.

Die Lösung sieht so aus:

```
int main() {
  Scara::Starten(2,1);

  Scara::Gehen();
  Scara::DreheNachLinks();
  Scara::Gehen();
  Scara::Gehen();
  Scara::DreheNachLinks();
  Scara::Gehen();

  Scara::Beenden();
}
```

Listing 3.2 Die Lösung zu Übung 2, Szenario 1

Schaue dir nun für die zweite Übung das zweite Szenario an, wie es in Abbildung 3.2 zu sehen ist.

Abbildung 3.2 Übung 2, Szenario 2

Um diese Aufgabe zu lösen, muss sich Scara nach rechts drehen, aber Scara kann sich nur nach links drehen. Daher die Frage:

Wie kannst du Scara mit den bisherigen Mitteln nach rechts drehen lassen?

Die Frage ist nicht schwer zu beantworten. Wenn Scara sich zweimal nach links dreht, dann schaut er bezogen auf die ursprüngliche Richtung zurück beziehungsweise nach hinten. Dreht er sich dann ein drittes Mal nach links, dann schaut er bezogen auf die Ausgangsposition nach rechts. Wir können eine Rechtsdrehung also indirekt erreichen, indem sich Scara dreimal nach links dreht.

Versuche doch einmal, mit dieser Information die Übung in Abbildung 3.2 zu lösen. Analog zur Lösung von Szenario 1 muss der Käfer sich statt nach links nur nach rechts drehen. Anstelle von einer `DreheNachLinks()`-Anweisung brauchen wir also drei:

```
int main() {
  Scara::Starten(2,2);

  Scara::Gehen();

  Scara::DreheNachLinks();
  Scara::DreheNachLinks();
  Scara::DreheNachLinks();

  Scara::Gehen();
  Scara::Gehen();

  Scara::DreheNachLinks();
  Scara::DreheNachLinks();
  Scara::DreheNachLinks();

  Scara::Gehen();

  Scara::Beenden();
}
```

Listing 3.3 Die Lösung zu Übung 2, Szenario 2

3.2 Anweisungen gruppieren

In Abschnitt 2.5 habe ich erklärt, dass hinter einer Anweisung auch eine Gruppe von Anweisungen stecken kann. Dort wurde die Anweisungsfolge zum Schreiben einer E-Mail zu einer Anweisung zusammengefasst. Abbildung 3.3 zeigt den Vorgang.

Es wäre doch klasse, wenn wir so eine Gruppierung selbst vornehmen könnten. Wir würden dann einfach drei `DreheNachLinks()`-Anweisungen unter dem Namen `DreheNachRechts` zusammenfassen und hätten damit eine eigene Rechtsdrehung programmiert.

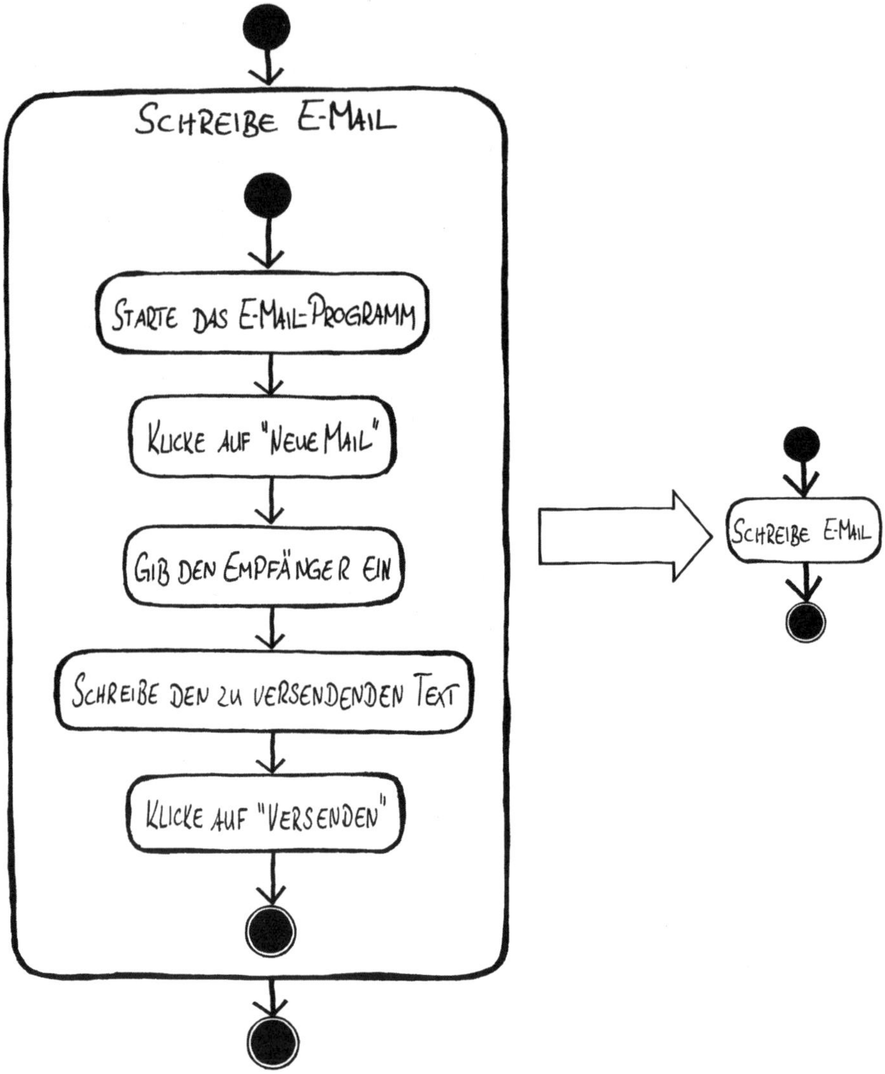

Abbildung 3.3 Das Gruppieren von Anweisungen

Und genau das können wir mit Funktionen umsetzen. Den grundsätzlichen Aufbau einer Funktion in C++ zeigt Abbildung 3.4.

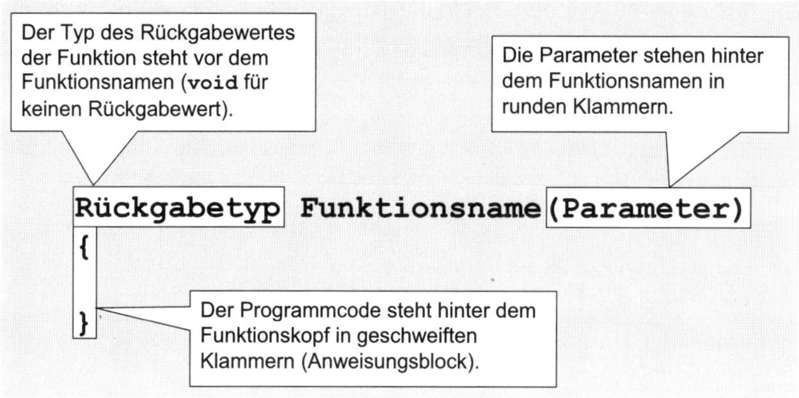

Abbildung 3.4 Der Aufbau einer Funktionsdefinition

Das sieht auf den ersten Blick wilder aus, als es ist. Zunächst müssen wir laut Abbildung 3.4 den Typ des Rückgabewertes der Funktion angeben oder `void`, wenn die Funktion keinen Rückgabewert besitzt.

Wir wissen noch nicht, was Rückgabewerte sind, sondern wollen nur Anweisungen gruppieren; daher brauchen wir ihn nicht und schreiben zunächst `void`:

```
void
```

Dahinter soll der Name der Funktion stehen. Wie vorhin bereits besprochen, wollen wir unsere Gruppierung der `DreheNachLinks()`-Anweisungen `DreheNachRechts` nennen. Also setzen wir diesen Namen mit Leerzeichen getrennt hinter `void`:

```
void DreheNachRechts
```

Am Ende des Funktionskopfs steht in runden Klammern die Parameterliste. Auch hier wissen wir noch nicht, wozu sie gut ist, und brauchen sie auch nicht, deshalb lassen wir sie leer:

```
void DreheNachRechts()
```

Dahinter kommt dann noch der Anweisungsblock in Form eines geschweiften Klammernpaars, das wir bereits von der `main`-Funktion her kennen:

```
void DreheNachRechts()
{
}
```

Das war's. Jetzt müssen wir nur noch die Anweisungen, die wir gruppieren möchten, in den Anweisungsblock der eigenen Funktion schreiben:

```
void DreheNachRechts() {
  Scara::DreheNachLinks();
  Scara::DreheNachLinks();
  Scara::DreheNachLinks();
}
```

Listing 3.4 Die eigene Funktion »DreheNachRechts«

In Listing 3.4 habe ich die öffnende geschweifte Klammer der Übersicht wegen wieder hoch hinter den Funktionskopf gezogen.

Wenn du unsere eigene Funktion deinem Programm hinzufügst, dann kannst du sie in der Hauptfunktion aufrufen. Wichtig ist zunächst nur, dass die eigene Funktion `DreheNachRechts` vor ihrem Aufruf stehen muss, in unserem Fall also vor der `main`-Funktion – wie in Listing 3.5.

```
void DreheNachRechts() {
  Scara::DreheNachLinks();
  Scara::DreheNachLinks();
  Scara::DreheNachLinks();
}

int main() {
  Scara::Starten(2,2);

  Scara::Gehen();
  DreheNachRechts();
  Scara::Gehen();
  Scara::Gehen();
  DreheNachRechts();
  Scara::Gehen();

  Scara::Beenden();
}
```

Listing 3.5 Die Lösung zu Übung 2, Szenario 2 mit eigener Funktion

Jedes Mal, wenn wir im Programm nun `DreheNachRechts` aufrufen, werden die Anweisungen im Anweisungsblock der Funktion ausgeführt. Abbildung 3.5 stellt den Zusammenhang noch einmal grafisch dar.

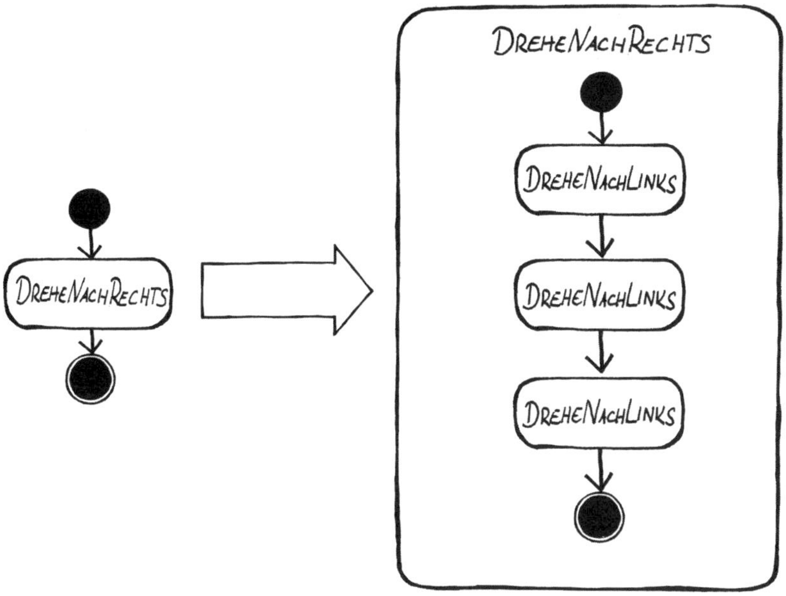

Abbildung 3.5 Die Funktion »DreheNachRechts« als gruppierte Anweisung

3.3 Namensregeln

Im vorigen Abschnitt haben wir unsere erste Funktion geschrieben und mussten ihr einen Namen geben. Namen müssen so gut wie immer vergeben werden, wenn etwas Neues erstellt wird. Deshalb wollen wir uns hier kurz anschauen, welche Regeln dabei einzuhalten sind:

- Jeder Name muss als erstes Zeichen einen Buchstaben oder einen Unterstrich besitzen.
- Alle weiteren Zeichen dürfen Buchstaben, Unterstriche oder Zahlen sein.
- Es wird zwischen Groß- und Kleinschreibung unterschieden.
- C++-Schlüsselwörter dürfen nicht als Bezeichner verwendet werden.

Ich hatte in Abschnitt 2.5 schon darauf hingewiesen, dass in C++ zwischen Groß- und Kleinschreibung unterschieden wird. Das gilt auch für eigene Namen. Demnach ist der Name `meine funktion` kein gültiger Name. Der Name `meinefunktion` aber schon. Gleiches gilt für `meineFunktion`, der aber ein anderer Name ist als `meinefunktion`, weil das »f« einmal groß- und einmal kleingeschrieben wurde. Der Name `x3` wäre auch in Ordnung, `3x` aber nicht, weil das erste Zeichen keine Zahl sein darf.

3.4 Ein weiteres Anwendungsbeispiel

Kommen wir zurück zu den eigenen Funktionen. Grundlage des nächsten Beispiels bildet die ägyptische Übung 3. Die ersten acht Szenarien bilden für Scara einen Pfad, der genauso lang ist wie die Nummer des Szenarios. In Szenario 5 muss Scara also fünf Schritte gehen, in Szenario 3 nur drei Schritte. Ab Szenario 9 ist die Streckenlänge zufällig. Abbildung 3.6 zeigt das achte Szenario mit maximaler Weglänge.

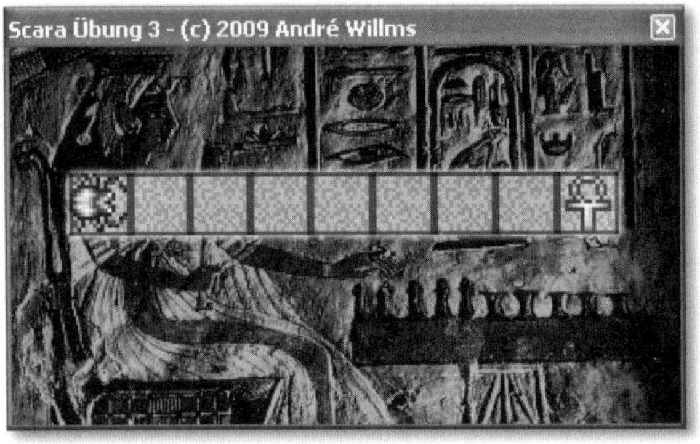

Abbildung 3.6 Übung 3, Szenario 8

Aber beginnen wir klein mit Szenario 2. Dort muss Scara zwei Schritte gehen, die Lösung könnte so aussehen, wie in Listing 3.6 aufgeführt.

```
int main() {
  Scara::Starten(3,2);

  Scara::Gehen();
  Scara::Gehen();

  Scara::Beenden();
}
```

Listing 3.6 Eine Lösung für Übung 3, Szenario 2

Nun steht in dem Programm zweimal die Anweisung `Scara::Gehen()` hintereinander. Da wir nun mit der Fähigkeit des Gruppierens ausgestattet sind, könnten wir diese beiden Anweisungen zusammenfassen zu `Gehe2`. Die Lösung ist ähnlich der Funktion `DreheNachRechts`.

Bevor du weiterliest, versuche einmal, das zweite Szenario zu lösen, indem du die beiden `Gehen`-Anweisungen zu einer eigenen Funktion `Gehe2` zusammenfasst.

```
void Gehe2() {
  Scara::Gehen();
  Scara::Gehen();
}

int main() {
  Scara::Starten(3,2);
  Gehe2();
  Scara::Beenden();
}
```

Listing 3.7 Die Programmierung und der Einsatz von »Gehe2«

Und wie würdest du zum Lösen des dritten Szenarios eine Funktion `Gehe3` programmieren, die Scara drei Schritte gehen lässt?

Eine Lösung könnte sein, die drei benötigten `Gehen`-Anweisungen direkt in die `Gehe3`-Funktion hineinzuschreiben:

```
void Gehe3() {
  Scara::Gehen();
  Scara::Gehen();
  Scara::Gehen();
}
```

Listing 3.8 Die eigene Funktion »Gehe3«

Wir hätten `Gehe3` aber auch mit Hilfe von `Gehe2` schreiben können:

```
void Gehe3() {
  Gehe2();
  Scara::Gehen();
}
```

Listing 3.9 Die Funktion »Gehe3« mit »Gehe2« implementiert

Damit die Funktion `Gehe2` innerhalb von `Gehe3` fehlerfrei aufgerufen werden kann, muss sie im Programm vor der Funktion `Gehe3` definiert worden sein. Der Klarheit wegen ist die gesamte Lösung in Listing 3.11 aufgeführt.

```
void Gehe2() {
  Scara::Gehen();
  Scara::Gehen();
}
```

```
void Gehe3() {
  Gehe2();
  Scara::Gehen();
}

int main() {
  Scara::Starten(3,3);
  Gehe3();
  Scara::Beenden();
}
```

Listing 3.10 Die komplette Lösung zu Übung 3, Szenario 3

3.5 Übungen

Die Lösungen zu den Übungen dieses Abschnitts findest du in Anhang A.

Übung 1

Im vorigen Abschnitt hast du die Funktionen `Gehe2` und `Gehe3` programmiert. Als Vorbereitung für die ägyptischen Übungen programmiere bitte auch noch die Funktionen `Gehe4`, `Gehe5`, `Gehe6`, `Gehe7` und `Gehe8`. Mit ihnen kannst du in den späteren Übungen den Käfer auf einfache Weise längere Strecken zurücklegen lassen.

Übung 2

Programmiere eine eigene Funktion `DreheUm()`, die den Käfer in die entgegengesetzte Richtung dreht. Das entspricht zwei Linksdrehungen.

Übung 3

Übung 2 besteht aus der ägyptischen Übung 4 und deren Szenarien 1, 4, 5 und 8, wie in Abbildung 3.7 zu sehen. Gelöst sind die Übungen, wenn Scara auf dem Ankh steht.

In diesen Übungen siehst du zum ersten Mal eine neue Steinform, den Fallenstein. Der Fallenstein kann problemlos betreten werden, aber wenn ihn der Käfer verlässt, zerbricht er, und es entsteht eine Lücke. Das heißt, er ist nur einmal begehbar.

Versuche einmal, bei der Lösung der Übungen mit möglichst wenigen Scara-Anweisungen auszukommen. Bedenke dabei: Das Drehen nach rechts besteht durch die Gruppierung tatsächlich aus drei Linksdrehungen. Demnach benötigt eine Rechtsdrehung drei Scara-Anweisungen.

Abbildung 3.7 Ägyptische Übung 4

Wenn dir diese vier Szenarien an Übung nicht reichen, kannst du noch weitere Szenarien lösen. Als Szenario kannst du einen Wert von 1 bis 2 Milliarden eingeben.

3.6 Zusammenfassung

Dieses Kapitel hat gezeigt, wie in C++ Funktionen dazu verwendet werden können, Anweisungen zu gruppieren und diese dann über den Funktionsnamen aufzurufen.

Dieses Kapitel behandelt die Möglichkeit des Zeichnens über die ägyptischen Zusatzfunktionen. Die Funktionalität des Zeichnens werden wir im weiteren Verlauf des Buches einsetzen, um eine grafische Ausdrucksform für unsere Programme zu schaffen.

4 Zeichnen

Neferu traute ihren Augen nicht. Die Wolke aus Sand schien ihren Nedjem in einen handgroßen Käfer verwandelt zu haben. Sie starrte immer noch fassungslos auf den Käfer, als sie zu den Soldaten geschubst wurde, die sie an den Armen packten und einen der Gänge entlangzogen. Die Soldaten verwendeten keine Fackeln, lediglich der monotone Gleichschritt hallte durch die Dunkelheit. Mehrfach änderten sie die Richtung. Es musste sich um Abzweigungen handeln, denn der rhythmische Gleichschritt wurde immer leiser. Bald schien es, als wären nur noch die beiden Soldaten dabei, von denen sie festgehalten wurde.

So liefen sie durch die Dunkelheit, bis vor ihnen plötzlich eine Holztür in einen Raum führte. Das Zimmer war behaglich eingerichtet und sparsam mit Öllampen beleuchtet. In der Mitte stand ein Tisch mit Pergamentblättern und Schreibfedern. Die Soldaten führten sie zu einem Stuhl am Tisch und brachten sie zum Sitzen. »Rühr dich ja nicht vom Fleck«, knurrte einer der Soldaten und verließ mit seinem Kameraden den Raum.

Ängstlich saß sie auf dem Stuhl und sah sich vorsichtig um. Kreise, Dreiecke und Quadrate waren auf die Wände gezeichnet, und es waren merkwürdige perspektivische Darstellungen räumlicher Objekte zu sehen. Neferu hörte eine Tür, aber nicht diejenige, die sich hinter ihr befand. Es musste noch einen weiteren Eingang geben in dem Bereich des Raumes, der von Neferu nicht einsehbar war.

Ein Fauchen und Zischen ertönte. Dem folgte eine brüllende Frauenstimme: »RUH-HE!« Die Geräusche verstummten. Dann schritt eine schlanke Frau in Neferus Sichtfeld. Zumindest bis zum Hals, denn sie hatte den Kopf einer Eule und trug eine seltsam unsymmetrische Brille. Ein Glas war kreisrund, das andere quadratisch, und verbunden waren sie mit einem Dreieck, das die Brille auf dem Schnabelansatz fixierte. Die Brille verlieh ihr einen verwirrten Gesichtsausdruck.

»Wo ist das Bild?«, fragte sie, ohne sich vorzustellen.

Neferu blickte hinter sich, um sicherzugehen, dass wirklich sie angesprochen wurde. »Welches Bild denn?«

»Haben die Wachen nichts gesagt?« Neferu schüttelte den Kopf: »Nein.«

Die Frau schob die Brille dichter an ihre Augen. »Es ist immer dasselbe. Nie ist das Bild fertig, wenn ich hierherkomme.« Sie setzte sich Neferu gegenüber auf einen Stuhl und fixierte sie. »Dann los, mal es jetzt!« Sie lächelte. »Am besten malst du deinen Verlobten in Menschenform, es ist vielleicht das Einzige, was dir bleibt.«

Neferu zuckte mit den Schultern und schüttelte dabei den Kopf. »Aber ich kann nicht malen.«

Die Frau lehnte sich zurück. »Dann haben wir ein Problem.«

4.1 Das Zeichenbrett

Jetzt benötigt auch noch Neferu unsere Hilfe. Wir müssen ihr beim Malen eines Bildes unter die Arme greifen. Ein guter Grund, einen Blick auf die ägyptischen Zeichenfunktionen zu werfen.

Um ein Zeichenbrett zu erhalten, rufst du die Funktion `Zeichenbrett::Oeffnen` auf, in deren runden Klammern du die Breite und Höhe des gewünschten Zeichenbretts in Pixeln angibst. Listing 4.1 zeigt die Anwendung.

```
int main() {
  Zeichenbrett::Oeffnen (600,400);
}
```

Listing 4.1 Das Erzeugen eines Zeichenbretts

Das obige Beispiel erzeugt ein Zeichenbrett von 600 Pixeln Breite und 400 Pixeln Höhe. Wie du sicher weißt, sind Pixel Bildpunkte, aus denen alles, was du auf deinem Monitor siehst, zusammengesetzt ist. Damit besitzt unser erzeugtes Zeichenbrett (zu sehen in Abbildung 4.1) 600 mal 400, also 240.000 Bildpunkte oder Pixel.

Abbildung 4.1 Das erzeugte Zeichenbrett

Geschlossen wird das Zeichenbrett durch Schließen des Fensters oder durch Drücken von [Esc], wenn das Zeichenbrett aktiv ist.

4.2 Das Koordinatensystem

Vermutlich weißt du bereits, was ein Koordinatensystem ist. Wenn nicht, wird es hier kurz erklärt. Ein Fenster besitzt zwei Achsen. Die X-Achse beginnt in der oberen linken Ecke und erstreckt sich waagerecht bis zum rechten Rand des Fensters.

Die Y-Achse beginnt ebenfalls oben links, erstreckt sich aber senkrecht bis zum unteren Ende des Fensters. Hier unterscheidet sich das Koordinatensystem leicht von dem, was du wahrscheinlich aus dem Matheunterricht kennst. In der Mathematik wächst die Y-Achse nämlich nach oben, hier nach unten.

Damit hat die obere linke Ecke (dort, wo sich die beiden Achsen treffen) den X-Wert 0 und den Y-Wert 0. Abbildung 4.2 zeigt unser Zeichenbrett mit eingezeichneten Achsen.

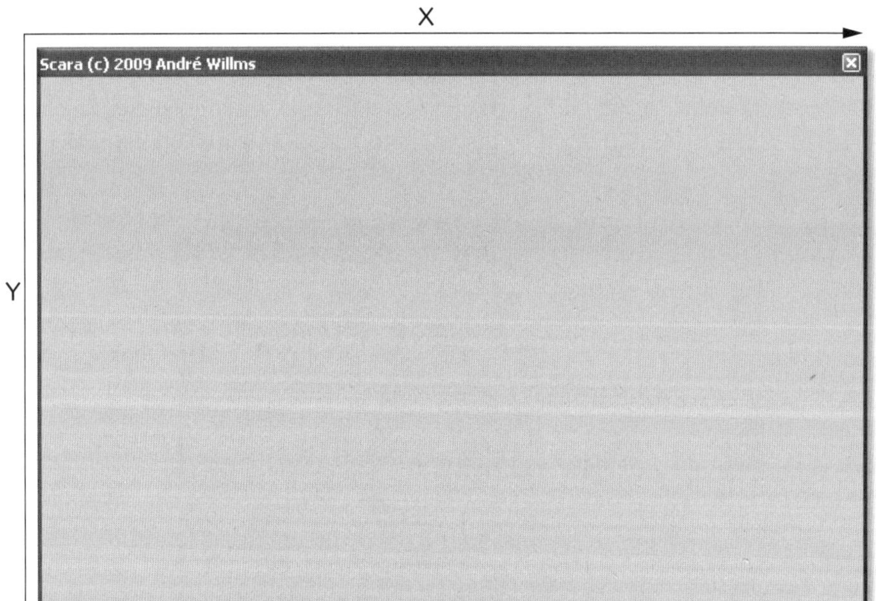

Abbildung 4.2 Das Koordinatensystem eines Fensters

Über diese beiden Achsen besitzt jedes Pixel eine eindeutige Position. Die Position wird dabei immer als Zahlenpaar angegeben in der Reihenfolge (x,y).

Mit den Ausmaßen unseres aktuellen Zeichenbretts (Breite von 600 Pixeln, Höhe von 400 Pixeln) sitzt beispielsweise der Punkt in der Zeichenbrettmitte an Position (300,200), hat also einen X-Wert von 300 und einen Y-Wert von 200. Abbildung 4.3 stellt die Position grafisch dar.

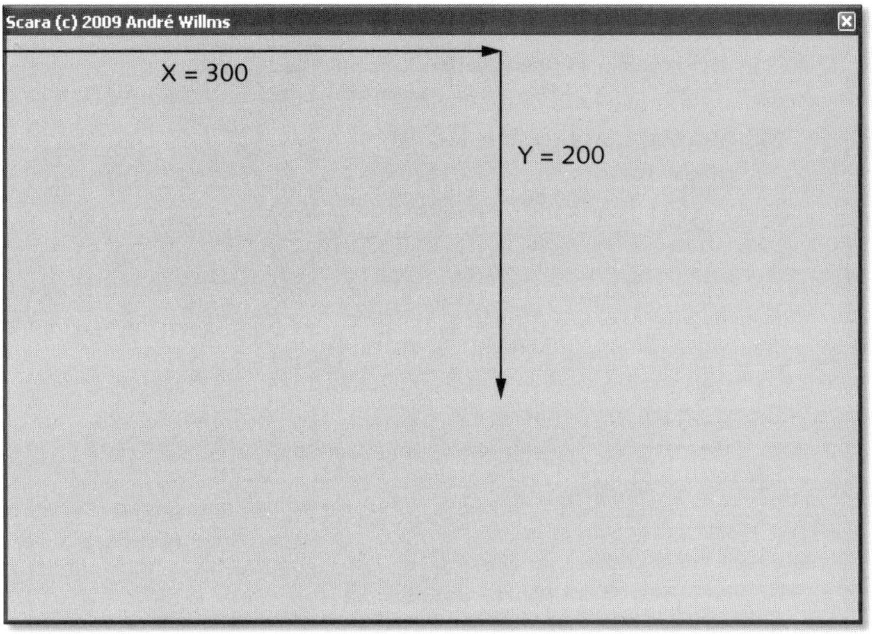

Abbildung 4.3 Die Position des Pixels in der Mitte

4.3 Die Zeichenfunktionen

Jetzt fehlen nur noch die Funktionen, mit denen wir auf dem Zeichenbrett zeichnen können.

4.3.1 Zeichnen eines Punktes

Mit der Funktion `ZeichnePunkt` wird ein Punkt an die angegebene Position in der aktuellen Zeichenfarbe gesetzt. Der allgemeine Aufbau ist:

```
Zeichenbrett::ZeichnePunkt(XPosition, YPosition);
```

Dabei müssen für `XPosition` und `YPosition` natürlich konkrete Werte angegeben werden. Listing 4.2 zeigt als Beispiel das Zeichnen des Punktes in der Zeichenbrettmitte, wie oben besprochen.

```
int main() {
  Zeichenbrett::Oeffnen(600,400);
  Zeichenbrett::ZeichnePunkt(300,200);
}
```

Listing 4.2 Das Zeichnen des Punktes in der Zeichenbrettmitte

4.3.2 Zeichnen einer Linie

Die Funktion `ZeichneLinie` zeichnet eine Linie zwischen zwei Punkten in der aktuellen Zeichenfarbe.

```
Zeichenbrett::ZeichneLinie(XStart, YStart, XEnde, YEnde);
```

Die Werte `XStart` und `YStart` entsprechen dabei den Koordinaten des Startpunktes und `XEnde` und `YEnde` den Koordinaten des Endpunktes.

Listing 4.3 bestellt schöne Grüße von Zorro, zu sehen in Abbildung 4.4.

```
int main() {
  Zeichenbrett::Oeffnen(600,400);
  Zeichenbrett::ZeichneLinie(50,50,350,50);
  Zeichenbrett::ZeichneLinie(350,50,50,350);
  Zeichenbrett::ZeichneLinie(50,350,350,350);
}
```

Listing 4.3 Das Zeichen des Zorro

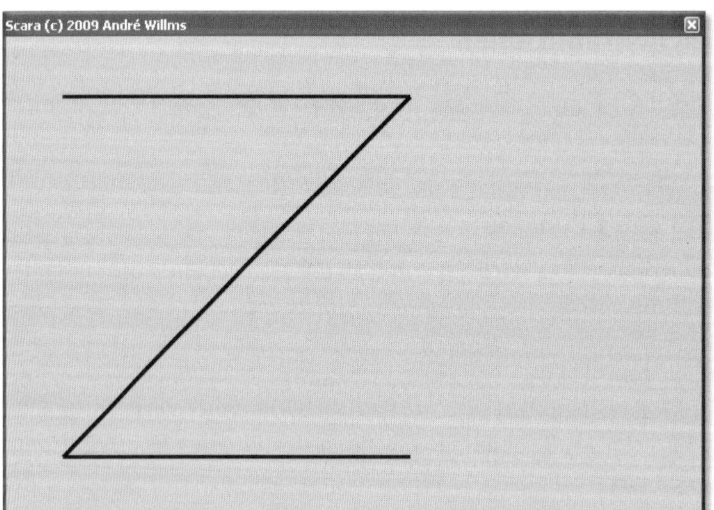

Abbildung 4.4 Das Zeichen des Zorro

4.3.3 Zeichnen einer Ellipse

Mit der Funktion `ZeichneEllipse` lässt sich eine Ellipse zeichnen. Sie ist so aufgebaut:

```
Zeichenbrett::ZeichneEllipse(X, Y, Breite, Hoehe);
```

Die Angaben zum Zeichnen einer Ellipse beziehen sich eigentlich auf ein unsichtbares Rechteck, in das die Ellipse gezeichnet wird.

Abbildung 4.5 zeigt den Sachverhalt. Das eigentlich unsichtbare Rechteck ist gestrichelt eingezeichnet. Die Koordinaten `X` und `Y` beziehen sich auf die Position der oberen linken Ecke des Rechtecks. Die Werte `Breite` und `Hoehe` definieren die Breite und Höhe des Rechtecks. Die tatsächlich gezeichnete Ellipse wird dann so gezeichnet, dass sie das Rechteck an allen vier Seiten berührt.

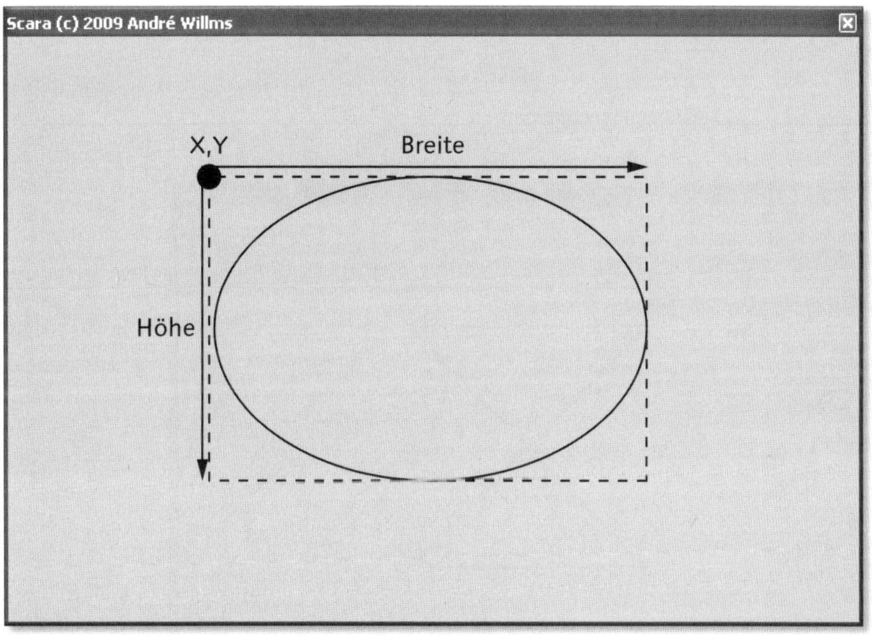

Abbildung 4.5 Das Zeichnen einer Ellipse

Zum Zeichnen einer ausgefüllten Ellipse gibt es noch die Funktion `ZeichneGefuellteEllipse`, die dieselben Parameter besitzt wie `ZeichneEllipse`.

4.3.4 Zeichnen eines Dreiecks

Ein Dreieck kann mit der Funktion `ZeichneDreieck` gezeichnet werden.

```
Zeichenbrett::ZeichneDreieck(X1, Y1, X2, Y2, X3, Y3);
```

Es sollte nicht überraschen, dass ein Dreieck drei Ecken besitzt. Die Positionen dieser drei Ecken werden über die Punkte (`X1,Y1`), (`X2,Y2`) und (`X3,Y3`) definiert, die in den runden Klammern der Funktion – wie oben aufgeführt – angegeben werden müssen. Die Reihenfolge der Punkte ist egal.

Das Programm in Listing 4.4 zeichnet eine Sanduhr, allerdings ohne Sand, wie in Abbildung 4.6 zu sehen.

```
int main() {
  Zeichenbrett::Oeffnen (600,400);
  Zeichenbrett::ZeichneDreieck(200,100,400,100,300,200);
  Zeichenbrett::ZeichneDreieck(300,200,200,300,400,300);
}
```

Listing 4.4 Das Zeichnen einer Sanduhr

Abbildung 4.6 Eine gezeichnete Sanduhr

Ausgefüllte Dreiecke können mit der Funktion `ZeichneGefuelltesDreieck` gezeichnet werden. Ihre Parameter sind identisch mit `ZeichneDreieck`.

4.3.5 Zeichnen eines Rechtecks

Weil ein Rechteck problemlos selbst mit vier Linien gezeichnet werden kann, existiert nur die Möglichkeit, ein ausgefülltes Rechteck zu zeichnen:

```
Zeichenbrett::ZeichneGefuelltesRechteck(X,Y,Breite,Hoehe);
```

Ich hatte in Abschnitt 4.3.3 über das Zeichnen einer Ellipse gesagt, dass ihre Ausmaße über ein unsichtbares Rechteck definiert werden, für das die Position der oberen linken Ecke sowie dessen Breite und Höhe angegeben werden. Das Gleiche gilt für das Zeichnen eines Rechtecks. Nur dass jetzt das Rechteck glücklicherweise nicht mehr unsichtbar ist.

Listing 4.5 erstellt eine Anordnung von drei Rechtecken, Abbildung 4.7 zeigt sie.

```
int main() {
  Zeichenbrett::Oeffnen(600,400);
  Zeichenbrett::ZeichneGefuelltesRechteck(25,25,50,50);
  Zeichenbrett::ZeichneGefuelltesRechteck(75,75,100,100);
  Zeichenbrett::ZeichneGefuelltesRechteck(175,175,200,200);
}
```

Listing 4.5 Das Zeichnen von Rechtecken

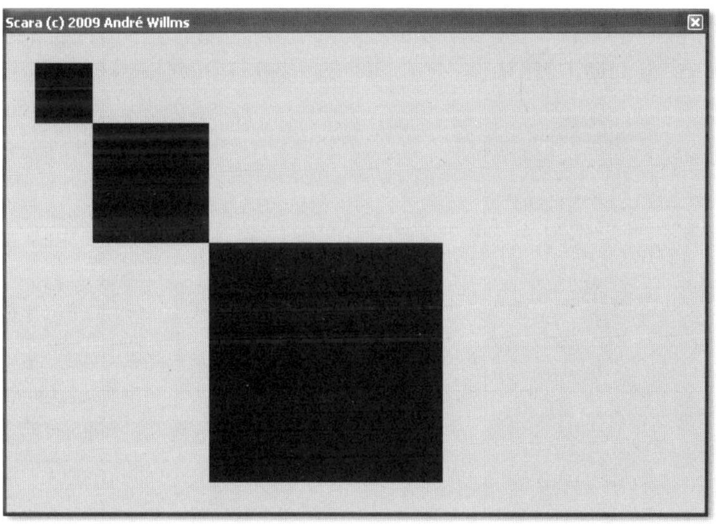

Abbildung 4.7 Ein Rechteck-Ensemble

4.3.6 Zeichnen eines Vierecks

Zum Zeichnen eines allgemeinen ausgefüllten Vierecks existiert die Funktion `ZeichneGefuelltesViereck`. Diese ist ähnlich aufgebaut wie `ZeichneGefuelltesDreieck`, nur dass sie vier Koordinatenpaare übergeben bekommt:

```
Zeichenbrett::ZeichneGefuelltesViereck(X1, Y1, X2, Y2,
                                       X3, Y3, X4, Y4);
```

Aus Platzgründen habe ich die Funktion in der Parameterliste umbrochen. Das hat allein optische Gründe, beim Programmieren können alle Werte mit Komma getrennt hintereinander geschrieben werden, genau wie bei den anderen Funktionen auch.

4.3.7 Zeichnen von Text

Du kannst auch Text auf das Zeichenbrett schreiben, und zwar mit der Funktion `ZeichneText`:

```
Zeichenbrett::ZeichneText(X, Y, Text, Groesse);
```

Dabei definieren `X` und `Y` wieder die Position des Textes, und zwar dessen obere linke Ecke. `Text` steht für den auszugebenden Text. Wir haben bei der Ausgabe in Abschnitt 2.7 gelernt, dass konstante Zeichenketten in doppelten Anführungsstrichen stehen müssen. Das Gleiche gilt hier. `Groesse` definiert die Schriftgröße in Punkt, wie du es vielleicht von Textverarbeitungsprogrammen her kennst.

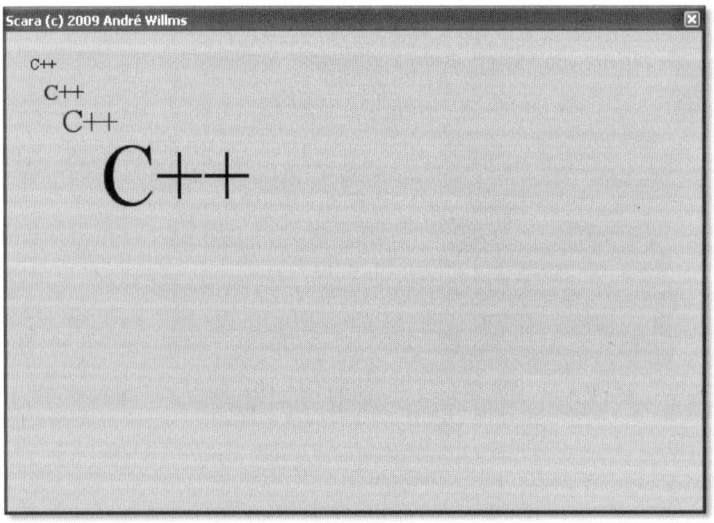

Abbildung 4.8 C++ in verschiedenen Größen

```
int main() {
  Zeichenbrett::Oeffnen (600,400);
  Zeichenbrett::ZeichneText(20,20,"C++", 10);
  Zeichenbrett::ZeichneText(30,40,"C++", 14);
  Zeichenbrett::ZeichneText(45,60,"C++", 20);
  Zeichenbrett::ZeichneText(70,80,"C++", 55);
}
```

Listing 4.6 Die Ausgabe von Text

4.3.8 Löschen des Zeichenbretts

Falls du während des Programmlaufs mal die Tafel putzen musst – in unserem Fall das Zeichenbrett – gibt es die Funktion `PutzeZeichenbrett`.

```
Scara::PutzeZeichenbrett();
```

Das Zeichenbrett wird dann aller Zeichnungen entledigt und mit der aktuellen Zeichenfarbe gefüllt.

4.3.9 Angeben der Liniendicke

Falls du die Zeichenbeispiele in den vorigen Abschnitten mal ausprobiert hast, dann ist dir vielleicht aufgefallen, dass die Liniendicke der Linien, Kreise und Dreiecke in den Abbildungen viel dicker ist als auf deinem Bildschirm. Das liegt daran, dass die Linien standardmäßig immer die Dicke von einem Pixel haben. Du kannst die Liniendicke aber mit der Funktion `SetzeLiniendicke` selbst bestimmen

```
Scara::SetzeLiniendicke(Dicke);
```

Für `Dicke` gibst du dann an, wie viele Pixel die Linie dick sein soll. Das Beispiel in Listing 4.7 zeichnet Linien in unterschiedlichen Dicken. Das Ergebnis zeigt Abbildung 4.9.

```
int main() {
  Zeichenbrett::Oeffnen(600,400);
  Zeichenbrett::ZeichneLinie(100,200,200,200);
  Zeichenbrett::SetzeLiniendicke(3);
  Zeichenbrett::ZeichneLinie(200,200,300,200);
  Zeichenbrett::SetzeLiniendicke(5);
  Zeichenbrett::ZeichneLinie(300,200,400,200);
  Zeichenbrett::SetzeLiniendicke(7);
  Zeichenbrett::ZeichneLinie(400,200,500,200);
}
```

Listing 4.7 Das Zeichnen von Linien unterschiedlicher Dicke

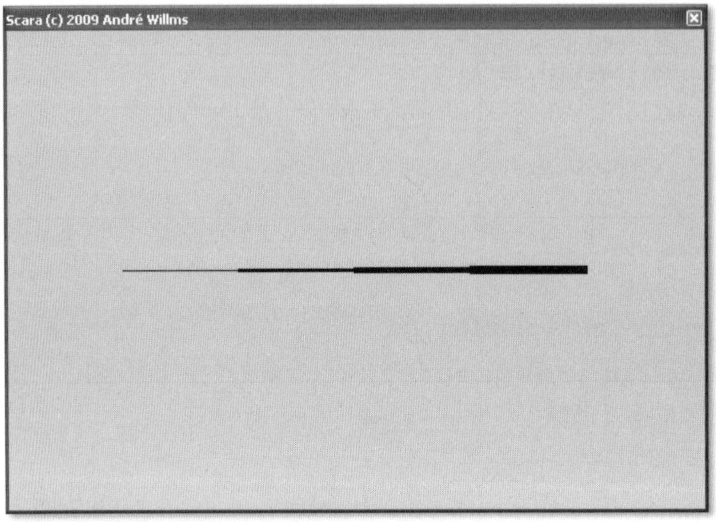

Abbildung 4.9 Linien unterschiedlicher Dicke

4.4 Definieren der Zeichenfarbe

Natürlich können wir nicht nur in Schwarz zeichnen. Die Farbe des »Zeichenstifts« lässt sich verändern.

4.4.1 Das Farbsystem RGB

Bevor wir zu den dafür notwendigen Funktionen kommen, möchte ich noch kurz etwas zu dem Farbsystem sagen, das eigentlich jeder Computer für die grafische Darstellung verwendet: das *RGB*-System. RGB ist die Abkürzung für *Rot*, *Grün* und *Blau*, den drei Komponenten, aus denen jede auf dem Bildschirm darstellbare Farbe gemischt wird. (Eigentlich kommt die Abkürzung aus dem Englischen und steht für *Red, Green, Blue*, aber glücklicherweise passt sie auch zu den deutschen Farbnamen.)

Das RGB-System ist ein *additives* Farbsystem, das bedeutet, die gemischten Farben addieren sich, vergleichbar mit dem Licht von Scheinwerfern. Stelle dir einmal vor, du gehst in einen Raum ohne Fenster, in dem drei Scheinwerfer stehen, ein roter, ein grüner und ein blauer. Dann machst du die Tür hinter dir zu, lässt aber die Scheinwerfer ausgeschaltet. Es ist stockdunkel, pechschwarz. Genauso ist es beim RGB-System, wenn alle drei Komponenten auf null stehen, dann ist das Ergebnis die Farbe Schwarz.

Wenn du jetzt die Stärke des roten Scheinwerfers ganz langsam hochdrehst, dann weicht die Schwärze langsam einem Rot. Zunächst ist es noch ein sehr dunkles Rot, aber wenn der rote Scheinwerfer bis zum Anschlag leuchtet, erhältst du ein intensives Rot. Gleiches gilt natürlich auch für den grünen und den blauen Scheinwerfer.

Und auch hier verhält sich das RGB-System identisch. Wenn du die Rot-Komponente langsam erhöhst, wird aus Schwarz langsam über Dunkelrot ein intensives Rot. Das funktioniert auch mit der Grün- und Blau-Komponente.

Wenn du alle drei Scheinwerfer voll aufdrehst und ihre Lichtstrahlen alle auf einen Punkt an der Wand richtest, dann entsteht dort weißes Licht. Im RGB-System erhält man die Farbe Weiß auf dieselbe Weise: alle drei Komponenten werden auf Maximum gesetzt.

Darüber hinaus lassen sich die Sekundärfarben Violett, Türkis und Gelb folgendermaßen erzeugen:

- Violett entsteht durch Mischen von Rot und Blau zu gleichen Teilen.
- Türkis entsteht durch Mischen von Grün und Blau zu gleichen Teilen.
- Gelb entsteht durch Mischen von Rot und Grün zu gleichen Teilen.

4.4.2 Die Funktionen zum Setzen der Farbe

Für jede der drei Komponenten (Rot, Grün und Blau) gibt es eine Funktion zum Setzen der Intensität:

```
Zeichenbrett::SetzeRot(Intensitaet);
Zeichenbrett::SetzeGruen(Intensitaet);
Zeichenbrett::SetzeBlau(Intensitaet);
```

Für `Intensitaet` kann ein Wert von 0 (ausgeschaltet) bis 255 (volle Intensität) gewählt werden.

Listing 4.8 zeichnet ein blaues Rechteck auf weißem Hintergrund. Standardmäßig ist der Hintergrund grau, daher muss zuerst die aktuelle Farbe auf Weiß gesetzt (alle Komponenten auf den Maximalwert 255) und dann das Zeichenbrett geputzt werden.

Anschließend wird die Farbe auf Blau gesetzt. Da bereits alle drei Komponenten den Maximalwert besitzen, auch Blau, müssen wir lediglich die Rot- und Grün-Komponente auf null setzen und dann das Rechteck zeichnen. Das Ergebnis ist in Abbildung 4.10 zu sehen.

```
int main() {
  Zeichenbrett::Oeffnen(600,400);
  Zeichenbrett::SetzeRot(255);
  Zeichenbrett::SetzeGruen(255);
  Zeichenbrett::SetzeBlau(255);
  Zeichenbrett::PutzeZeichenbrett();
  Zeichenbrett::SetzeRot(0);
  Zeichenbrett::SetzeGruen(0);
  Zeichenbrett::ZeichneGefuelltesRechteck(100,100,400,200);
}
```

Listing 4.8 Das Zeichnen eines blauen Rechtecks auf weißem Hintergrund

Abbildung 4.10 Ein blaues Rechteck auf weißem Hintergrund

4.4.3 Die Funktionen zum Auslesen der Farbe

Es wird Situationen geben, in denen es notwendig sein wird, die aktuell eingestellte Farbe auslesen zu können. Dazu gibt es folgende Funktionen, die der Vollständigkeit halber hier aufgeführt sind:

```
Zeichenbrett::ErmittleRot();
Zeichenbrett::ErmittleGruen();
Zeichenbrett::ErmittleBlau();
```

Wie wir mit Werten umgehen, die von Funktionen zurückgeliefert werden, haben wir noch nicht besprochen. Die notwendigen Informationen dazu werden in den Kapiteln 5, »Rechnen und Variablen«, und 6, »Funktionen II«, erklärt.

4.5 Kommentare

Bevor dieses Kapitel zu den Übungen kommt, möchte ich mit einem Thema abschließen, das für jedes C++-Programm wichtig ist, egal ob mit oder ohne ägyptische Erweiterungen: die Kommentare.

Kommentare dienen in einer Programmiersprache dazu, Informationen in das Programm zu schreiben, die vom Übersetzer ignoriert werden. Dadurch lassen sich Erklärungen oder Beschreibungen der Funktionsweise direkt in das Programm einbauen.

C++ kennt zwei Arten von Kommentaren: die einzeiligen Kommentare und die mehrzeiligen Kommentare.

4.5.1 Einzeilige Kommentare

Die einzeiligen Kommentare beginnen irgendwo in der Zeile mit // und enden mit dem Ende der Zeile. Du kannst damit zum Beispiel eine komplette Zeile als Kommentar definieren:

```
// Jetzt gleich kommt mein Programm
```

Oder du schreibst einen erklärenden Text hinter eine Anweisung:

```
Scara::Starten(4,1); // Startet die 4. Übung
```

4.5.2 Mehrzeilige Kommentare

Die mehrzeiligen Kommentare beginnen mit /* und enden mit */. Alles dazwischen ist ein Kommentar und wird vom Compiler ignoriert.

```
/*
Dies ist
der Anfangskommentar
zu
(keine Ahnung)
*/
```

Hier folgt nun ein komplettes Beispiel (Kommentare sind optisch hervorgehoben):

```
int main() {
/*
  Die folgenden Anweisungen zeichnen
  ein Kreuz
*/
```

```
  Zeichenbrett::Oeffnen(600,400);  // Zeichenbrett erstellen
  Zeichenbrett::SetzeLiniendicke(20);    // Liniendicke setzen
  Zeichenbrett::ZeichneLinie(100,100,500,300); // 1. Balken
  Zeichenbrett::ZeichneLinie(100,300,500,100); // 2. Balken
}
```

Listing 4.9 Ein Programm mit Kommentaren

4.5.3 Kommentare zum Ausklammern von Anweisungen

Ein weiteres nützliches Anwendungsfeld von Kommentaren ist das Ausklammern von Anweisungen des Programms, ohne sie aus dem Programm löschen zu müssen.

Nehmen wir an, wir wollten das Beispiel zum Zeichnen von ausgefüllten Rechtecken (Listing 4.5, Abbildung 4.7) ohne das mittlere Quadrat ausführen, aber diese Anweisung auch nicht komplett entfernen, weil wir sonst die Koordinaten nicht mehr wissen.

Wir können diese Anweisung einfach in einen Kommentar umwandeln. Dadurch wird sie vom Compiler ignoriert und später im Programmlauf auch nicht ausgeführt. Aber sie ist weiterhin im Programmcode enthalten:

```
int main() {
  Zeichenbrett::Oeffnen(600,400);
  Zeichenbrett::ZeichneGefuelltesRechteck(25,25,50,50);
//  Zeichenbrett::ZeichneGefuelltesRechteck(75,75,100,100);
  Zeichenbrett::ZeichneGefuelltesRechteck(175,175,200,200);
}
```

Listing 4.10 Ein Programm mit auskommentierter Anweisung

Um die Anweisung wieder dem Programm hinzuzufügen, muss nur das Kommentarzeichen entfernt werden.

4.6 Übung

Dieser Übungsabschnitt hat nur eine Übung, die darin besteht, die zu Beginn des Kapitels von der eulenköpfigen Frau geforderte Zeichnung anzufertigen.

Neferu soll ein Bild von Nedjem zeichnen. Versuch du doch, mit Hilfe der Zeichenfunktionen eine beliebige menschliche Gestalt zu zeichnen, wie ich es in Abbildung 4.11 getan habe.

Für das in Abbildung 4.11 dargestellte Kunstwerk findest du in Anhang A das Programm dazu.

Abbildung 4.11 Der Versuch eines Selbstbildnisses des Autors

4.7 Zusammenfassung

In diesem Kapitel haben wir die Zeichenfunktionen der ägyptischen Erweiterungen besprochen. In diesem Zusammenhang wurde das Koordinatensystem und das RGB-Farbsystem erklärt.

Zusätzlich wurde noch erläutert, wie in C++ Kommentare definiert werden und wie sie genutzt werden können, um Programmanweisungen auszuklammern.

Dieses Kapitel erklärt den Einsatz von numerischen Werten,
wie sie in Variablen gespeichert werden können,
und die dazugehörigen Rechenoperatoren.

5 Rechnen und Variablen

»Nicht schlecht. Für das erste Bild wirklich nicht schlecht«, sprach die Frau mit dem Eulenkopf. »Ich denke, zu bist würdig, dass ich mich dir vorstelle. Mein Name ist Mathemahotep, die Göttin der Mathematik und Geometrie.«

Mathemahotep ging zu einer Truhe, holte einen Lederbeutel hervor und setzte sich mit ihm wieder an den Tisch. Sie öffnete ihn und goss eine Unmenge an Goldmünzen vor Neferu aus. Unfassbar, dass sie alle Platz in diesem Beutel gehabt hatten. »Pass auf«, sagte sie, griff in den Haufen und nahm einige Goldmünzen. Gerade wollte sie die Münzen vor Neferu ablegen, als der Raum kurz wackelte. Die Münzen klirrten über den Tisch, die Stühle zitterten und Staub rieselte von der Decke. Dann erklang ein infernalisches Brüllen.

Mathemahotep sprang auf, hastete in Richtung des nicht sichtbaren Eingangs und rief im Weglaufen: »Entschuldige mich kurz.« Unheimliche Geräusche drangen in den Raum. Aber Neferu konnte den Blick nicht von dem großen Goldmünzenhaufen wenden. Dieser Reichtum, der zum Greifen nah vor ihr lag ... Selbst nur eine einzige dieser Münzen besaß einen beträchtlichen Wert. Wenn sie eine irgendwo in ihrer Tunika verstecken würde ... niemand würde das Fehlen bei dieser Menge bemerken.

Aber schnell verwarf sie den Gedanken wieder. Sie war immer ehrlich gewesen und wollte es auch bleiben. Eines Tages würde sie mit Nedjem genug verdienen, um vernünftig leben zu können, dazu mussten sie nicht stehlen.

Als sie den Blick hob, stand Mathemahotep wieder vor dem Tisch und klopfte sich Staub von den Schultern. »Mein Haustier hat erneut eine Wand eingerissen. Wirklich schwer erziehbar, diese Drachen.« Sie nahm Platz auf ihrem Stuhl, richtete die Federn auf ihrem Kopf und blickte kurz, aber konzentriert auf den Tisch.

»Ein ehrliches Mädchen. Das schätze ich.« Die Eulenaugen musterten Neferu streng. »Nicht wenige haben diese Gelegenheit genutzt, eine odere mehrere

Münzen zu stehlen.« Mathemahotep nahm einige Münzen in die Hand, stockte aber in der Bewegung. »Du kannst doch zählen?«, fragte sie.

»Natürlich«, antwortete Neferu entrüstet.

»Sehr gut«. Mathemahotep warf die Münzen in die Luft, einige fielen zurück auf den Haufen, die anderen stapelten sich vor ihr zu einer kleinen Säule. »Wie viele sind das?« Neferu fuhr mit dem Fingernagel den Münzenstapel entlang. »Neun Münzen«, antwortete sie.

»Das stimmt«, sagte Mathemahotep. »Wenn wir uns diese Münzen teilen müssten, wie viele bekäme jeder?« Neferu zählte die Münzen an den Fingern ihrer Hände ab. »Eine von uns würde eine Münze mehr bekommen.« Mit einem Pfeifen schüttelte Mathemahotep ihren Eulenkopf. »Wir wollen doch fair bleiben. Was, wenn jede von uns gleich viele Münzen bekommen soll?«

»Dann bliebe eben eine übrig«, antwortete Neferu trotzig. »Es wäre aber schade drum.« Als Mathemahotep sie weiter fragend ansah, fügte sie hastig hinzu: »Jede bekäme vier Münzen.«

»Für den Anfang nicht übel«, sagte Mathemahotep. »Aber mit deinen Fingern kommst du bei größeren Zahlen nicht weit. Das werden wir üben.« Neferu ließ den Kopf hängen. »Eigentlich ist Nedjem derjenige von uns, der gerne rechnet«, seufzte sie. »Er will ja auch gerne Händler werden.«

»Ach ja?«, sagte Mathemahotep und stand auf. »Dein Wunsch ist mir Befehl«, spöttelte sie und bewegte ihre Hände in Wellenbewegungen durch die Luft.

Im Raum verteilter Staub und Sand formte sich zu einem Wölkchen, das wie ein kleiner Wirbelsturm rotierend durch das Zimmer auf den Tisch zufegte. Der Minitornado wirbelte ein Tischbein hinauf, rotierte auf dem Münzhaufen und wuchs in die Höhe, bis er die Decke berührte. Dann fiel er schlagartig in sich zusammen. Neferu musste die Augen schließen, um sie vor dem Sand zu schützen.

Als sie die Augen wieder öffnete, versuchte ein handgroßer Käfer, offenbar noch benommen von der Dreherei, auf dem Münzhaufen die Balance zu halten, stolperte aber den Haufen hinab.

Irgendwo im Gebäude, für Neferu nicht weit genug weg, erklang wieder dieses Poltern, das den Tisch wackeln ließ.

5.1 Numerische Werte

Offenbar erwartet Mathemahotep von den beiden nun auch noch, mit Zahlen umgehen zu können. Um helfen zu können, sollten wir uns daher ebenfalls ein wenig mit dieser Thematik beschäftigten.

In Abschnitt 2.7 habe ich erklärt, wie eine Textausgabe in C++ programmiert wird:

```
#include <iostream>

using namespace std;

int main() {
  cout << "Ich gebe was aus" << endl;
}
```

Listing 5.1 Eine Ausgabe in C++

Eine wichtige syntaktische Regel war hier, dass die Zeichenkette in doppelten Anführungszeichen stehen muss. Natürlich können in diesen Zeichenketten auch Zahlen stehen:

```
cout << "Wir schreiben das Jahr 2200." << endl;
```

Auch Zahlen ohne Text sind möglich:

```
cout << "42" << endl;
```

Verblüffenderweise kann man bei einer Zahl allein auch die Anführungszeichen weglassen:

```
cout << 42 << endl;
```

Das Ergebnis auf dem Bildschirm ist dasselbe. Aber warum funktioniert das mit Zahlen und nicht mit Buchstaben? Und wie unterscheidet sich die Zahl mit Anführungszeichen von der Zahl ohne Anführungszeichen? Wenn du die Zahl 42 ohne Anführungszeichen ausgibst, dann handelt es sich dabei nicht um die Zeichenkette, die aus einer »4« und einer »2« besteht, sondern um den numerischen Wert 42.

Der Unterschied zwischen einem numerischen Wert und der dazu passenden Zeichenkette ist leicht erklärt. Ein numerischer Wert entspricht z. B. einer Zwei-Euro-Münze. Die dazu passende Zeichenkette wäre ein Zettel, auf dem »2 Euro« steht. Das hat Konsequenzen für den Umgang.

Wenn du einen Zettel mit »1 Euro« und einen Zettel mit »2 Euro« zusammenlegst, dann hast du zwei Zettel, einen mit »1 Euro« drauf und einen mit »2 Euro«. Legst du aber eine Ein-Euro-Münze und eine Zwei-Euro-Münze zusammen, dann hast du drei Euro – mal abgesehen davon, dass es sich mit den Münzen am Kiosk natürlich leichter bezahlen lässt als mit den Zetteln.

Dieser Unterschied ist auch bei Zeichenketten und numerischen Werten zu beobachten. Nehmen wir die Ausgabe der Zeichenkette »1+2«:

```
cout << "1+2" << endl;
```

Auf dem Bildschirm erscheint »1+2«. Anders dagegen die Variante mit numerischen Werten:

```
cout << 1+2 << endl;
```

Auf dem Bildschirm erscheint »3«. Genau wie mit den Münzen lässt sich mit numerischen Werten rechnen.

5.2 Die Grundrechenarten

C++ deckt nicht nur die Addition ab. Alle Grundrechenarten stehen zur Verfügung:

- der Additionsoperator +
- der Subtraktionsoperator -
- der Multiplikationsoperator *
- der Divisionsoperator /

Bei der Division von ganzen Zahlen ist zu berücksichtigen, dass das Ergebnis ebenfalls eine ganze Zahl ist, die Nachkommastellen also abgeschnitten sind. Demnach ergibt 3/2 den Wert 1.

Genau so, wie in der Mathematik die Abarbeitung der Rechenoperation durch die Punkt-vor-Strich-Regel oder Klammern geregelt ist, besitzen die Operatoren in C++ eine unterschiedliche Priorität, um diesen Sachverhalt umzusetzen.

Weil Multiplikation und Division in C++ wie in der Mathematik eine stärkere Priorität haben als Addition und Subtraktion, ist das Ergebnis der folgenden Anweisung nicht 35, sondern 23:

```
cout << 3+4*5 << endl;
```

Soll die Addition zuerst ausgeführt werden, muss wie in der Mathematik geklammert werden:

```
cout << (3+4)*5 << endl;
```

5.3 Der Restwertoperator

Wenn du mit ganzen Zahlen arbeitest, fallen die Nachkommastellen weg. Das bedeutet, es bleibt etwas über. Sollen beispielsweise neun Sticker auf zwei Personen aufgeteilt werden, dann erhält jede Person vier Sticker, und einer bleibt übrig, weil er schlecht in der Mitte durchgeschnitten werden kann.

Dass jede Person vier Sticker bekommt, lässt sich mit der ganzzahligen Division leicht berechnen:

```
cout << 9/2 << endl;
```

Aber wie können wir berechnen, dass noch ein Sticker übrig bleibt? Diese Aufgabe erledigt der Restwertoperator **%**, auch Modulo-Operator genannt:

```
cout << 9%2 << endl;
```

Die Ausgabe der oberen Anweisung ist »1«, weil die Division von neun durch zwei als Rest eins hat.

5.4 Variablen

Dass in C++ ganz einfach gerechnet werden kann und das Ergebnis dann auf dem Bildschirm erscheint, ist zwar nett, aber das kann jeder Taschenrechner auch. Zumal diese Vorgehensweise, die Rechnung mit den konkreten Zahlen direkt in das Programm zu schreiben, den Nachteil hat, dass bei jeder Änderung der Werte das Programm neu kompiliert werden muss. Wir haben so keine Chance, ein Rechenprogramm für Freunde zu schreiben, denn diese können vielleicht kein C++ und wissen auch nicht, wie das Programm kompiliert wird.

Es wäre doch viel besser, wenn diese numerischen Werte während des Programmlaufs geändert werden könnten oder vielleicht sogar vom Anwender des Programms eingegeben werden könnten, ohne das Programm neu kompilieren zu müssen. All diese Möglichkeiten bieten uns Variablen.

Jeder Computer besitzt *RAM*, also Arbeitsspeicher. RAM ist die Abkürzung für *Random Access Memory*, was auf Deutsch so viel bedeutet wie »Speicher mit wahlfreiem Zugriff«. Er ist gewissermaßen das Gedächtnis des Computers. Dass das C++-Programm, das du in den Editor tippst, nicht augenblicklich wieder verschwindet, liegt einfach daran, dass die von dir eingetippten Zeichen im Arbeitsspeicher gespeichert wurden. Würde plötzlich der Strom ausfallen, bevor du das Programm auf die Festplatte speichern konntest, wäre es verloren.

Das heißt für uns: Wenn wir uns in unserem Programm eine Zahl merken wollen, die wir später im Programm noch brauchen – zum Beispiel das Ergebnis einer Rechnung oder eine vom Anwender eingetippte Zahl –, dann müssen wir sie im Arbeitsspeicher des Computers ablegen.

Stellen wir uns der Einfachheit halber den Arbeitsspeicher wie einen riesigen Schrank mit unzähligen Schubladen vor. Abbildung 5.1 zeigt einen Ausschnitt dieses riesigen Schranks.

Letztlich brauchen alle Programme, die momentan auf deinem Rechner laufen – und wenn du in den Task-Manager schaust, siehst du, dass es sehr viele sind –, Schubladen aus diesem Schrank, um ihre Daten abzulegen. Tatsächlich liegen auch die Programme selbst in solchen Schubladen. Die Programme und ihre Daten teilen sich also den Arbeitsspeicher. Dieses Konstruktionsprinzip von Computern wird *Von-Neumann-Architektur* genannt, benannt nach ihrem Entwickler John von Neumann.

Du kannst dir vorstellen, dass es ein enormer Aufwand für das Betriebssystem ist, die Schubladen zu verwalten, denn bereits belegte dürfen ja nicht nochmals vergeben werden.

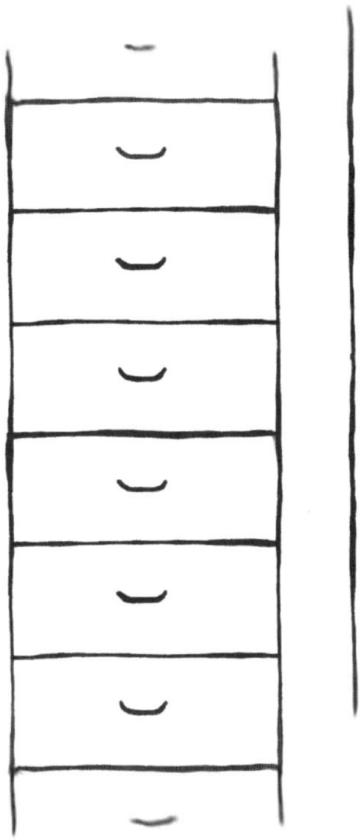

Abbildung 5.1 Der Arbeitsspeicher als Schrank

Das führt zu der Frage, wie wir an solche noch unbelegte Schubladen kommen. Glücklicherweise gibt es in Hochsprachen ein einfaches Prinzip, solche Schubladen zu erhalten: die Variablen.

Dazu musst du wissen, dass C++ eine typisierte Programmiersprache ist. Das bedeutet, dass für jede Schublade bekannt sein muss, was in sie hinein darf. Das ist ähnlich wie mit deinem Kleiderschrank. Wenn du eine Schublade hast, in die nur Socken reinkommen, und eine andere, in der nur die Unterhosen liegen, dann ist dein Kleiderschrank typisiert. Sobald eine Socke in der Unterhosenschublade liegt, gibt es Ärger.

Sollte bei dir alles durcheinander liegen – in einer Schublade mal die Socken, mal die Unterhosen oder vielleicht sogar beides zusammen –, dann ist dein Kleiderschrank nicht typisiert.

Beides hat Vor- und Nachteile. Der typisierte Kleiderschrank ist praktisch, weil ich genau weiß, dass in der einen Schublade immer nur Socken drin sind. Ich kann blind hineingreifen und bin sicher, ein Paar Socken zu bekommen. Der

Nachteil liegt darin, dass ich mir im Vorhinein genau überlegen muss, wie ich die Schubladen aufteile, weil ich es im Nachhinein nicht mehr ändern kann.

Der Vorteil des nicht typisierten Kleiderschranks liegt darin, dass ich mir einfach eine Schublade nehmen und in sie hineinpacken kann, was ich will. Allerdings muss ich mir genau merken beziehungsweise nachsehen, was drin ist, denn bei einem nicht typisierten Kleiderschrank kann das blinde Greifen in eine Schublade dazu führen, dass du dir versehentlich eine Unterhose über den Fuß ziehst.

Wie ich eben sagte, ist C++ eine typisierte Programmiersprache. Wir müssen deshalb jedes Mal, wenn wir eine unbelegte Schublade haben wollen, angeben, was wir in diese Schublade hineinlegen wollen. Oder konkreter: Der Compiler möchte von uns wissen, von welchem Typ die Daten sind, die wir speichern wollen.

Wir arbeiten momentan nur mit ganzen Zahlen. Einer der C++-Datentypen für ganze Zahlen heißt `int`. C++ kennt noch andere ganzzahlige Datentypen, die an dieser Stelle aber keine Rolle spielen.

Damit wäre der Datentyp geklärt. Aber es gibt noch ein anderes Problem: Wir werden höchstwahrscheinlich mehrere Schubladen benötigen. Soll der Anwender zum Beispiel zwei Zahlen eingeben, damit unser Programm sie addieren kann, dann brauchen wir für jede Zahl eine Schublade, also zwei. Aber wie unterscheiden wir diese Schubladen? Wäre ja blöd, wenn wir sie verwechseln würden. Auch das ist denkbar einfach zu lösen: Wir verpassen jeder Schublade einen Namen.

5.4.1 Definition einer Variablen

Mehr brauchen wir nicht, um Daten zu speichern. Wir müssen nur angeben, was für Daten in die Schublade hinein sollen und wie diese Schublade heißt:

```
int x;
```

Die obige Anweisung sucht uns eine unbelegte Schublade, die groß genug ist, um ganzzahlige Werte aufzunehmen, und verpasst ihr den Namen `x`. Abbildung 5.2 zeigt den Sachverhalt.

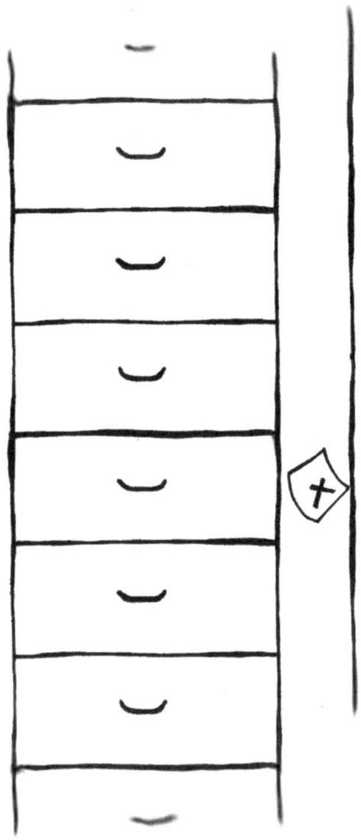

Abbildung 5.2 Eine reservierte Schublade

In diese Schublade können wir jetzt einen ganzzahligen Wert hineinlegen, und zwar mit Hilfe des Zuweisungsoperators =.

```
x=42;
```

Es ist wichtig zu beachten, dass das = nicht wie das Gleichheitszeichen in der Mathematik zu verstehen ist. Hier bedeutet es, dass der Wert auf der rechten Seite des Operators in die Schublade mit dem Namen gelegt wird, der auf der linken Seite des Operators steht. Abbildung 5.3 stellt den Vorgang der Zuweisung grafisch dar.

Der Inhalt einer Schublade kann ausgegeben werden, indem bei der Ausgabe einfach der Name der Schublade (ohne Anführungszeichen!) angegeben wird:

```
cout << x << endl;
```

Abbildung 5.3 Es wird etwas in die Schublade gelegt.

Auf dem Bildschirm erscheint 42. Listing 5.2 zeigt das Programm komplett:

```
#include <iostream>

using namespace std;

int main() {
  int x;
  x=42;
  cout << x << endl;
}
```

Listing 5.2 Das Definieren, Zuweisen und Ausgeben einer Variablen

Du solltest dieses kleine Programm selbst einmal ausprobieren, bevor du weiterliest. Es spielt hier keine Rolle, ob das Programm in einem Projekt mit ägyptischen Erweiterungen oder ohne diese steht.

Der Datentyp `int` unterstützt in Visual C++ einen Wertebereich von –2 Milliarden bis +2 Milliarden, also auch negative Werte.

5.4.2 Variablen im Einsatz

Von nun an werden wir für die Schubladen den in der Programmierung üblichen Namen verwenden: Variable. Diese Variablen sind vielfältig einsetzbar. Zum Beispiel können sie mit Zahlen einen Ausdruck bilden:

```
int x;
x=8;
cout << x+4 << endl;
```

Auf dem Bildschirm erscheint der Wert 12. Beachte, dass ein Variablenname momentan nur einmal vergeben werden darf. Die Definition der Variablen, also das `int x`, darf nur einmal in der `main`-Funktion stehen:

```
int x;
int x; // Fehler
```

Die zweite Variablendefinition wird einen Fehler verursachen, weil es bereits eine Variable mit dem Namen `x` gibt. Du kannst einer Variablen auch gleich bei ihrer Definition einen Wert zuweisen:

```
int x=80;
```

Das erstmalige Zuweisen eines Wertes an eine Variable wird *Initialisierung* genannt. Benötigst du mehrere Variablen desselben Datentyps, reicht es aus, den Datentyp nur einmal zu schreiben und die einzelnen Variablen dahinter mit Komma zu trennen:

```
int erste, zweite, dritte;
```

Die obige Anweisung definiert die drei Variablen `erste`, `zweite` und `dritte`. Ausdrücke, die wir bisher nur ausgegeben haben, können wir auch einer Variablen zuweisen:

```
int x=42;
int y;
y=x+8;
cout << y << endl;
```

Ausgegeben wird für `y` der Wert 50. Falls du in der Mathematik bereits mit Gleichungen zu tun gehabt hast, darfst du eine Zuweisung wie im Beispiel oben nicht mit einer solchen Gleichung verwechseln. `x` und `y` sind keine Unbekannten in einer Gleichung, die umgestellt werden muss, sondern es handelt sich um Variablen, deren Werte klar definiert sind (für `x` 42 und nach der Zuweisung 50 für `y`).

5.5 Die Eingabe

Damit du interessantere Programme schreiben kannst, wollen wir uns an dieser Stelle mit der Eingabe beschäftigen. Unser Ziel ist es, das Programm zu starten und während des Programmlaufs Zahlen eintippen zu können, die das Programm dann verarbeitet.

Der notwendige Befehl heißt `cin`, als Abkürzung für *character in*, also Zeichen einlesen. Du weißt bereits, dass ein Programm zu verarbeitende Werte in Variablen speichert. Wir müssen also zuerst eine Variable definieren und können dann erst einen eingetippten Wert in dieser speichern:

```
int x;
cin >> x;
```

Dieses kleine Fragment sorgt dafür, dass der Cursor oben links in der Eingabeaufforderung blinkt und auf eine Eingabe wartet. Nun kannst du eine Zahl eintippen und die Eingabe mit dem Drücken der `Enter`-Taste beenden.

Es folgt ein komplettes Beispiel:

```
#include <iostream>

using namespace std;

int main() {
  cout << "Gib eine Zahl ein:";
  int x;
  cin >> x;
  cout << "Du hast " << x << " eingegeben." << endl;
}
```

Listing 5.3 Ein komplettes Beispiel für die Eingabe

Hinter der Ausgabe von »Gib eine Zahl ein:« steht im Programmcode kein `endl`. Der Grund dafür ist eine bessere Optik. Es ist für den Anwender, der etwas eingeben muss, angenehmer, wenn der Cursor hinter der Eingabeaufforderung steht und nicht darunter in der nächsten Zeile, wie es bei einem Abschluss mit `endl` der Fall wäre.

Die letzte Ausgabe ist eine Verkettung von drei Ausgaben. Ausführlich hätte ich auch schreiben können:

```
cout << "Du hast ";
cout << x;
cout << " eingegeben." << endl;
```

Aber Programmierer sind meist etwas schreibfaul und deshalb bevorzuge ich die zusammengefasste Version aus Listing 5.3.

Bedenke, dass die Eingabe keine Überprüfung vornimmt, ob die eingegebene Zahl eine Ganzzahl oder überhaupt eine Zahl ist. Theoretisch kannst du auch deinen Namen eingeben. Die Eingabe wird dann irgendwie als Zahl interpretiert, deren Wert natürlich völlig sinnlos ist. Aber ausprobieren solltest du es trotzdem.

Jetzt bist du in der Lage, ein Programm zu entwerfen, das den Anwender nach Zahlen fragt und diese dann verarbeitet. Damit könntest du bereits ein Programm schreiben, das andere verwenden können, auch wenn sie C++ nicht beherrschen oder nicht einmal eine Entwicklungsumgebung besitzen.

Als kleine Demonstration liste ich hier ein Programm auf, das nach zwei Zahlen fragt und dann die Summe dieser beiden Zahlen ausgibt:

```
#include <iostream>

using namespace std;

int main() {
  cout << "Bitte 1. Zahl eingeben:";
  int x;
  cin >> x;

  cout << "Bitte 2. Zahl eingeben:";
  int y;
  cin >> y;

  int z=x+y;

  cout << "Die Summe ist " << z << endl;
}
```

Listing 5.4 Die Addition zweier eingegebener Zahlen

Das Prinzip des Einlesens der beiden Zahlen ist dasselbe wie in Listing 5.3, nur dass hier zwei Zahlen eingelesen werden.

Die Zuweisung der Summe an eine dritte Variable `z` ist dann notwendig, wenn im weiteren Verlauf des Programms noch mit der Summe gearbeitet werden muss. In diesem Beispiel geben wir die Summe nur auf dem Bildschirm aus, deshalb hätten wir sie auch gleich bei der Ausgabe berechnen und auf das `z` verzichten können:

```
cout << "Die Summe ist " << x+y << endl;
```

5.6 Rechnen für Mathemahotep

Wie die Geschichte schon berichtet hat, will Mathemahotep Rechenaufgaben gelöst bekommen. Um diese Aufgaben zu lösen, müssen wir in unserem Programm mit ihr Kontakt aufnehmen. Dazu ist wieder ein ägyptisches Projekt – wie in Abschnitt 1.4 erklärt – notwendig.

Die Anweisung zur Kontaktaufnahme heißt `Mathemahotep::Starten(1)`, wobei die `1` für die erste Übung steht, ähnlich wie bei Scara:

```
int main() {
  Mathemahotep::Starten(1);
}
```

Listing 5.5 Das Rufen von Mathemahotep

Im Ausgabefenster meldet sich Mathemahotep dann wie in Abbildung 5.4 zu sehen. Sie sagt dir, um welche Übung es sich handelt. Da wir die Übung selbst ausgewählt haben, sollte diese Information keine Überraschungen bergen. Dahinter sagt sie, wie viele Werte an dieser Übung beteiligt sind, in diesem Fall 2. In der nächsten Zeile nennt sie zwei Beispielwerte. Diese Werte sind zufällig und ändern sich bei jedem Aufruf. Du wirst bei dir deshalb andere Werte stehen haben.

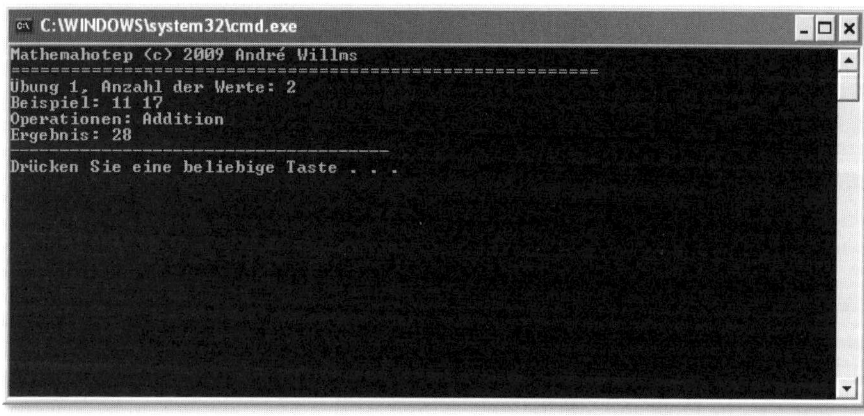

Abbildung 5.4 Mathemahoteps Antwort

Die darauffolgende Zeile sagt dir, welche Rechenoperationen verwendet werden. Es gibt in dieser Übung nur zwei Zahlen, deshalb auch nur eine Rechenoperation. Die Rechenoperationen bleiben für jede Übung gleich, auch wenn sich die Werte verändern. In der letzten Zeile gibt dir Mathemahotep als weitere Hilfestellung das Ergebnis für ihre Beispielwerte aus.

Um die Erklärungen immer gut verstehen zu können, solltest du die einzelnen Schritte bei dir am Computer mitverfolgen. Die Werte, mit denen wir rechnen sollen, sind natürlich andere als die aus dem Beispiel, sonst könnten wir das Ergebnis ja mit dem Taschenrechner ausrechnen. Wir müssen also klären, wie wir in unserem Programm an die Werte gelangen.

Ich habe in Kapitel 3, »Funktionen I«, erklärt, was Funktionen sind und wie wir selbst welche schreiben können. All die Sachen, die wir für Scara aufgerufen haben – wie `Starten`, `Gehen` oder `DreheLinks` –, sind auch Funktionen, die ich bereits programmiert habe, damit wir sie hier verwenden können.

Funktionen können aber noch mehr, als nur Anweisungen gruppieren. Sie können zum Beispiel auch einen Wert zurückliefern. Wie wir eigene Funktionen programmieren können, die Werte zurückliefern, schauen wir uns in Kapitel 6, »Funktionen II«, an.

An dieser Stelle wollen wir »nur« eine Funktion von Mathemahotep verwenden, die uns die Werte liefert, mit denen wir rechnen sollen. Diese Funktion heißt `Mathemahotep::ErmittleWert()` und bekommt die Nummer des Wertes übergeben, den wir haben wollen. Im folgenden Listing siehst du, wie ich den ersten Wert von Mathemahotep erfrage und ihn direkt auf dem Bildschirm ausgebe.

Genau, wie der Wert einer Variablen ausgegeben wird, wenn ich den Namen der Variablen bei der Ausgabe verwende, so wird auch der Wert einer Funktion ausgegeben, wenn sie bei der Ausgabe aufgerufen wird:

```
#include <iostream>

using namespace std;

int main() {
  Mathemahotep::Starten(1);
  cout << "Der erste Wert:";
  cout << Mathemahotep::ErmittleWert(1) << endl;
}
```

Listing 5.6 Das Erfragen der Werte

Variablennamen, Funktionsaufrufe oder Rechnungen sind allesamt Ausdrücke, die ich ausgeben oder Variablen zuweisen oder wieder mit anderen Ausdrücken kombinieren kann. Wir müssen die beiden Werte von Mathemahotep addieren, deshalb sollten wir sie zuerst in einer Variablen speichern:

```
int a=Mathemahotep::ErmittleWert(1);
int b=Mathemahotep::ErmittleWert(2);
```

Dann können wir die Summe einer dritten Variablen zuweisen:

```
int c=a+b;
```

Wenn wir das Ergebnis berechnet haben, müssen wir es Mathemahotep noch mitteilen. Dazu gibt es die Funktion `Mathemahotep::Ergebnis()`, bei der das Ergebnis in die runden Klammern geschrieben wird:

```
Mathemahotep::Ergebnis(c);
```

Bei korrektem Ergebnis meldet sich Mathemahotep mit der in Abbildung 5.5 dargestellten Nachricht.

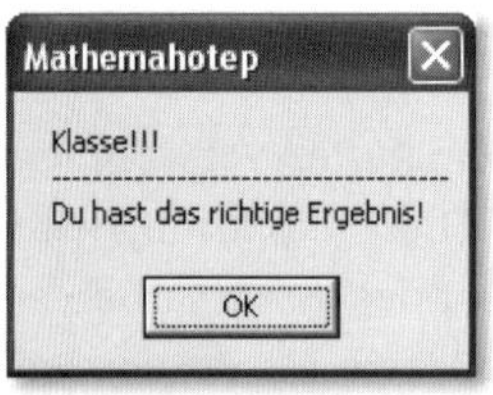

Abbildung 5.5 Die Nachricht bei richtigem Ergebnis

Bei einer falschen Nachricht öffnet sich das in Abbildung 5.6 gezeigte Fenster.

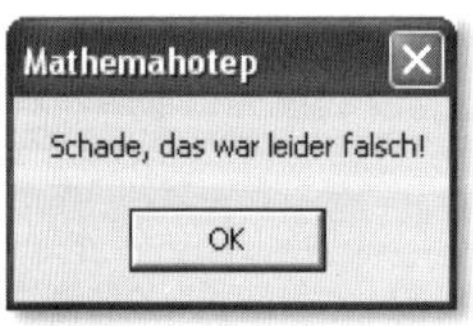

Abbildung 5.6 Die Nachricht bei falschem Ergebnis

Hier noch einmal die komplette Lösung zu Mathemahoteps erster Übung:

```
int main() {
  Mathemahotep::Starten(1);
  int a=Mathemahotep::ErmittleWert(1);
  int b=Mathemahotep::ErmittleWert(2);
  int c=a+b;
  Mathemahotep::Ergebnis(c);
}
```

Listing 5.7 Die Lösung zu Mathemahoteps 1. Übung

Ich hatte eben erklärt, dass Funktionsaufrufe Ausdrücke sind wie Variablen. Und Ausdrücke dürfen Bestandteil anderer Ausdrücke sein.

Wenn du dir einmal anschaust, welcher Wert der Variablen c zugewiesen wird, dann ist das a+b. Zuvor haben wir aber a und b mit dem ersten und zweiten von Mathemahoteps Werten initialisiert. Demnach bilden wir bei der Zuweisung an c tatsächlich die Summe der beiden Werte von Mathemahotep. Warum schreiben wir das dann nicht so:

```
int c;
c=Mathemahotep::ErmittleWert(1)+Mathemahotep::ErmittleWert(2);
```

Theoretisch hätte ich die Summe auch gleich hinter int c= schreiben können, aber das passte nicht in der Breite. Ich hätte dann im Ausdruck umbrechen müssen, was in C++ auch kein Problem ist:

```
int c=Mathemahotep::ErmittleWert(1)+
      Mathemahotep::ErmittleWert(2);
```

Die zweite Zeile habe ich nur der Optik wegen eingerückt, damit die Funktionsaufrufe bündig untereinanderstehen. Technisch bleibt es eine Anweisung, deshalb befindet sich auch nur am Ende der zweiten Zeile ein Semikolon und nicht am Ende der ersten Zeile.

Dieses Kombinieren von Ausdrücken kann noch weitergeführt werden. An Mathemahotep wird als Ergebnis die Variable c beziehungsweise der in ihr gespeicherte Wert übergeben. Die Variable c enthält die Summe der beiden Werte von Mathemahotep. Deshalb können wir die Summe auch direkt im Funktionsaufruf von Ergebnis platzieren:

```
Mathemahotep::Ergebnis( Mathemahotep::ErmittleWert(1)+
                        Mathemahotep::ErmittleWert(2) );
```

Ich habe die Summenbildung innerhalb der runden Klammern von Ergebnis fett geschrieben, um die Zusammengehörigkeit klarer zum Ausdruck zu bringen.

Damit sieht die gesamte Lösung nun so aus:

```
int main() {
  Mathemahotep::Starten(1);
  Mathemahotep::Ergebnis( Mathemahotep::ErmittleWert(1)+
                          Mathemahotep::ErmittleWert(2) );
}
```

Listing 5.8 Eine komprimierte Lösung von Übung 1

Obwohl erfahrene Programmierer wohl eher diese kurze Form schreiben würden, ist die ausführliche Variante in Listing 5.7 viel übersichtlicher. Im Vergleich zu dieser ausführlichen Lösung, die drei Variablen braucht, benötigt die kurze Form keine einzige. Das Programm wird daher schneller sein, auch wenn das bei einem so kleinen Programm nicht auffällt.

Ein bekannter C++-Programmierer hat einmal die beiden goldenen Regeln des Optimierens von Programmen formuliert:

- Optimiere nicht.
- Optimiere später.

An diese beiden Regeln würde ich mich an deiner Stelle halten. Schreibe das Programm erst in einer ausführlichen Form, denn das ist meistens einfacher. Und wenn das Programm dann so läuft, wie du es möchtest, kannst du schauen, ob und wie du das Programm schrittweise optimierst – so, wie wir es in diesem Kapitel auch gemacht haben.

Im Übungsabschnitt wird dir Mathemahotep noch einmal begegnen.

5.7 Zahlen mit Nachkommastellen

C++ kann nicht nur mit ganzen Zahlen arbeiten, sondern erlaubt auch die Verwendung von Zahlen mit Nachkommastellen, sogenannten *Fließkommazahlen*.

Wenn du dich an dieser Stelle nicht mit den Fließkommazahlen beschäftigen möchtest – denn wir werden sie in nächster Zeit nicht brauchen –, dann kannst du diesen Abschnitt jetzt überspringen. Ich werde an geeigneter Stelle im Buch noch einmal auf diesen Abschnitt hinweisen.

5.7.1 Definition von Fließkommazahlen

Der Datentyp für Fließkommazahlen ist entweder `float` oder, wenn man es im Nachkommastellenbereich genauer braucht, `double`[1]. Wenn wir denn mal Fließkommazahlen brauchen in diesem Buch, werden wir vorwiegend den Datentyp `float` verwenden, weil die Genauigkeit für unsere Anwendungszwecke ausreicht.

Definiert wird eine Variable vom Typ `float` wie die Variablen bisher auch, nur dass der Datentyp jetzt eben `float` ist:

```
float a;
```

1 Es gibt auch einen noch genaueren Datentyp, der `long double` heißt, den wir aber nicht verwenden werden.

Wenn du der Variablen einen Wert zuweisen willst, musst du aufpassen, denn in C++ wird kein Komma, sondern ein Punkt verwendet, um die Nachkommastellen anzugeben:

```
a=3.14;
```

In C++ sind Fließkommakonstanten eigentlich immer vom Typ `double`, deshalb kann es sein, dass der Compiler einen Fehler oder eine Warnung meldet, denn schließlich ist `a` ja nicht `double`, sondern `float`. Deshalb ist es besser, mit einem `f` hinter dem Wert dem Compiler direkt mitzuteilen, dass die Konstante `float` ist:

```
a=3.14f;
```

5.7.2 Vorsicht bei »int« und »float«

Wenn du ganzzahlige Variablen mit Fließkommavariablen mischst, können auf den ersten Blick merkwürdige Dinge geschehen. Sieh dir einmal folgenden Programmabschnitt an:

```
int a=9;
int b=2;
float c=a/b;
cout << c << endl;
```

Welcher Wert wird wohl ausgegeben? Wir teilen `a` durch `b`, also 9 durch 2, und weisen das Ergebnis einer Fließkommavariablen zu, demnach sollte dort eigentlich der Wert 4,5 drinstehen.

Aber nein! Die Variablen `a` und `b` sind beide ganzzahlige Variablen, und wir haben in Abschnitt 5.2 gelernt, dass bei einer Division von ganzen Zahlen die Nachkommastellen abgeschnitten werden. Das Ergebnis der Division von `a` durch `b` ist damit 4. Wenn diese 4 dann der Fließkommavariablen zugewiesen wird, dann wird aus der 4 eine 4,0 – gewissermaßen eine dumme Sache, aber wenn man den Zusammenhang begriffen hat, ist die Ursache logisch.

Um das Problem zu beheben, gibt es zwei Möglichkeiten: Entweder ist eine oder beide der an der Division beteiligten Variablen `float`, oder es muss mit expliziter Typumwandlung gearbeitet werden, die in Abschnitt 5.8.2 erklärt wird.

5.8 Für Fortgeschrittene

Manchen Kapiteln füge ich einen Abschnitt »Für Fortgeschrittene« hinzu. In diesem Abschnitt werden Themen angesprochen, die im weiteren Verlauf des Buches entweder überhaupt nicht gebraucht werden oder, wenn doch, dann erst in späteren Kapiteln. Trotzdem sind diese Themen für richtige C++-Programmierer wichtig.

Wenn dir das Kapitel bisher nur ein Gähnen entlockt hat, weil es so einfach war, dann solltest du auf jeden Fall jetzt weiterlesen. Hast du aber von dem Kapitel bereits genug gehört und möchtest du lieber erst einmal wieder selbst etwas Praktisches machen, dann kannst du diesen Abschnitt problemlos überspringen. Sollten die Inhalte irgendwann später benötigt werden, dann weise ich dich an der entsprechenden Stelle darauf hin. Wenn nicht, kannst du ihn ja beim zweiten Durchlesen des Buches mit einbeziehen.

5.8.1 Zusammengesetzte Zuweisungsoperatoren

Wenn man programmiert, tritt häufig die Situation auf, dass der Wert einer Variablen basierend auf ihrem aktuellen Wert verändert werden muss. Nehmen wir dazu folgende Definition:

```
int z=5;
```

Wenn du den Wert von `z` beispielsweise um 2 erhöhen möchtest, dann musst du auf den aktuell in `z` gespeicherten Wert 2 hinzuaddieren. Der aktuell gespeicherte Wert von `z` plus 2 wäre `z+2`. Und das muss dann wieder dem `z` zugewiesen werden:

```
z=z+2;
```

Oder wenn `z` dreimal so groß sein soll wie bisher:

```
z=z*3;
```

Bei so kurzen Variablennamen wie `z` ist das alles noch nicht so wild, aber stelle dir einmal vor, du hättest die Variable `meineErsteIntVariable` genannt. Das wäre übrigens durchaus sinnvoll, denn um ein Programm lesbarer zu machen, solltest du immer versuchen, die Namen der Variablen möglichst aussagekräftig zu wählen. Einzelne Buchstaben, wie ich sie verwende, sind zwar schnell zu schreiben, aber je nach Anwendungsfall im Programm nicht unbedingt leicht nachzuvollziehen. Dann sähe das Ganze allerdings so aus:

```
meineErsteIntVariable= meineErsteIntVariable+5;
```

Ziemlich viel zu tippen, oder? Deswegen gibt es in C++ sogenannte zusammengesetzte Zuweisungsoperatoren, die eine Zuweisung und eine Operation vereinen. Tabelle 5.1 listet die zusammengesetzten Zuweisungsoperatoren für die uns bisher bekannten Operatoren auf.

Ausführliche Schreibweise	Kombinierte Schreibweise
a=a+5	a+=5
b=b-4	b-=4
c=c*3	c*=3
d=d/2	d/=2
m=m%5	m%=5

Tabelle 5.1 Die zusammengesetzten Zuweisungsoperatoren

Die zusammengesetzten Zuweisungsoperatoren haben hauptsächlich den Vorteil einer kürzeren Schreibweise. Mit ihnen ist nichts möglich, was nicht auch mit den normalen Operatoren und einer Zuweisung programmiert werden könnte.

5.8.2 Explizite Typumwandlung

Wir hatten in Abschnitt 5.7.1 das Problem, zwei `int`-Werte nicht so dividieren zu können, dass das Ergebnis Nachkommastellen besitzt. Eine Lösung war, eine oder beide Variablen mit dem Datentyp `float` zu versehen. Aber das ist nicht immer möglich. Deshalb hat man mit der expliziten Typumwandlung die Möglichkeit, einen Wert in einen anderen Datentyp umzuwandeln.

Der Befehl zur expliziten Typumwandlung heißt `static_cast`. Der Typ, in den umgewandelt werden soll, steht in spitzen Klammern dahinter. Dann folgt in runden Klammern der umzuwandelnde Wert. Schauen wir uns dazu ein Beispiel an:

```
int a=9;
int b=2;
float c=a/static_cast<float>(b);
cout << c << endl;
```

Der wichtige Teil des Beispiels ist fett hervorgehoben. Der Befehl `static_cast` wird verwendet, um den aus `b` ausgelesenen Wert in den Datentyp `float` umzuwandeln. Deshalb ist die Division von den Datentypen her jetzt `int/float`, das Ergebnis ist der Datentyp mit dem größeren Wertebereich, also `float`. Wir erhalten 4,5 – und dieser Wert wird dann in `c` gespeichert und danach ausgegeben. Beachte, dass der Datentyp der Variablen `b` weiterhin `int` ist. Nur der ausgelesene Wert, der in die Rechnung einfließt, wird in `float` umgewandelt.

Die explizite Typumwandlung lässt sich auch einsetzen, um die Werte von Variablen unterschiedlicher Datentypen zuzuweisen:

```
float a=9;
int b;
b=static_cast<int>(a);
```

Die Variable `a` hätte der Variablen `b` nicht ohne Warnungen oder Fehler von Seiten des Compilers zugewiesen werden können. Mit der expliziten Umwandlung des ausgelesenen Wertes nach `int` ist die Zuweisung problemlos möglich. Die Nachkommastellen sind in `b` dann natürlich nicht mehr vorhanden, weil `b` eine ganzzahlige Variable ist.

5.9 Übungen

Kommen wir wieder zu einem praktischen Abschnitt, den Übungen. Die Lösungen findest du wieder in Anhang A.

Übung 1

Mit dieser Übung soll Mathemahotep zufriedengestellt werden. In Abschnitt 5.6 hatte ich anhand der ersten Übung von Mathemahotep erklärt, wie die Lösung funktioniert.

Bedenke, dass die Operationen genau in der Reihenfolge ausgeführt werden müssen, wie Mathemahotep sie vorgibt. Wenn also Zahl 1 und Zahl 2 addiert und dann Zahl 3 multipliziert werden soll, dann müssen die Operationen in genau dieser Reihenfolge ausgeführt werden, auch wenn mathematisch gesehen die Multiplikation eigentlich zuerst berechnet werden müsste. Die Punkt-vor-Strich-Regel spielt hier keine Rolle.

Versuche dich doch einmal an den Mathemahotep-Übungen 2 bis 4. Für diese gibt es in Anhang A auch die Musterlösungen. Und wenn du noch mehr mit Mathemahotep üben möchtest, kannst du noch die Übungen 5 bis 9 von ihr machen.

Übung 2

Schreibe ein Programm, das den Anwender nach einer Breite und einer Höhe fragt. Anschließend soll sich das Zeichenbrett öffnen und ein ausgefülltes Rechteck mit genau dieser Breite und Höhe in die obere linke Ecke gezeichnet werden.

Die Eingabe über die Tastatur war Thema in Abschnitt 5.5, »Die Eingabe«, die Zeichenfunktionen wurden in Kapitel 4, »Zeichnen«, besprochen.

Wenn du zuerst Zahlen im Ausgabefenster eintippst und dann das Zeichenbrett öffnest, wirst du feststellen, dass das Zeichenbrett vom Ausgabefenster verdeckt wird. Um diesen Schönheitsfehler zu beheben, kannst du mit der Funktion `Zeichenbrett::FensterNachVorne()` das Zeichenbrett in den Vordergrund bringen.

Übung 3

Ergänze Übung 2 so, dass nach der Eingabe von Breite und Höhe ein (hell-)blaues Rechteck mit der vierfachen Fläche (doppelte Breite und doppelte Höhe) gezeichnet wird. Das schwarze Rechteck in der Originalgröße soll sich bezogen auf das größere blaue Rechteck in dessen rechte untere Ecke setzen. Abbildung 5.7 zeigt das Ergebnis.

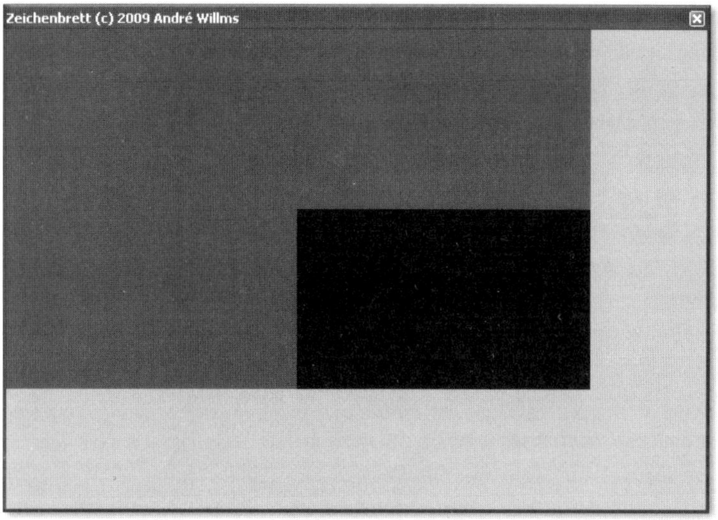

Abbildung 5.7 Ein Rechteck im Rechteck

Übung 4

Diese Übung beschäftigt sich mit einem Problem, vor dem du noch öfter stehen wirst: dem Zentrieren von Elementen.

Schreibe ein Programm, das den Anwender wieder nach einer Breite und einer Höhe fragt und dann ein schwarzes Rechteck der angegebenen Größe mittig auf dem Zeichenbrett zeichnet. Ein Beispielergebnis siehst du in Abbildung 5.8.

Um die Aufgabe zu lösen, musst du mit der Gesamtbreite und -höhe des Zeichenbretts arbeiten. Damit du keine festen Werte verwenden musst, kannst du mit den Funktionen `Zeichenbrett::Breite` und `Zeichenbrett::Hoehe` die Breite und Höhe des Zeichenbretts in Pixeln ermitteln. Exemplarisch zeige ich dir hier die Anwendung der Funktion `Breite`, für die Höhe läuft sie analog:

```
int gesamtbreite=Zeichenbrett::Breite();
```

In der Variablen `gesamtbreite` steht jetzt die Breite des Zeichenbretts in Pixeln. Durch die Verwendung dieser Funktionen sind deine Programme unabhängig von der tatsächlichen Größe des Zeichenbretts. Wird die Zeichenbrettgröße nachträglich geändert, wird dein Programm es über die beiden Funktionen merken und immer mit den richtigen Größen arbeiten.

Abbildung 5.8 Ein zentriertes Rechteck

5.10 Zusammenfassung

Dieses Kapitel hatte folgende Themen zum Inhalt:

- Was genau sind numerische Werte, und wie unterscheiden sie sich von Zeichenketten?
- Wie können die Grundrechenarten in C++ verwendet werden?
- Wie wird der Rest einer Division bestimmt?
- Was sind Variablen, wie werden sie erstellt, und was kann man mit ihnen machen?
- Wie können Eingaben über die Tastatur im Programm verarbeitet werden?
- Wie kann mit Nachkommastellen gerechnet werden?
- Was sind zusammengesetzte Zuweisungsoperatoren?
- Wie funktioniert die explizite Typumwandlung, und wozu braucht man sie?

In diesem Kapitel wird die Übergabe von Werten an Funktionen erklärt und gezeigt, wie Funktionen Werte zurückliefern können.

6 Funktionen II

Bevor es im nächsten Kapitel mit der Geschichte weitergeht, müssen wir uns zuerst noch mit den weiteren Möglichkeiten von Funktionen beschäftigen, da sie uns viel Arbeit ersparen werden.

6.1 Lokale Variablen

Dieses Kapitel wird sich wieder mit Funktionen beschäftigen, und zwar im Zusammenspiel mit Variablen. Aus diesem Grund möchte ich zunächst auf eine Eigenschaft von Variablen hinweisen, die dir bisher vielleicht noch nicht so klar war. Schaue dir einmal folgendes Programm an:

```
#include <iostream>

using namespace std;

void ausgabe() {
  cout << "Wert: " << x << endl;
}

int main() {
  int x=42;
  ausgabe();
}
```

Listing 6.1 Ein Beispiel zu lokalen Variablen

Welcher Wert wird ausgegeben?

Gehen wir dazu einmal den Programmfluss durch. Wie immer startet unser Programm mit der `main`-Funktion. Dort wird zunächst die Variable `x` definiert und ihr dann der Wert 42 zugewiesen. Anschließend wird die selbstgeschriebene

Funktion `ausgabe` aufgerufen, die die Ausgabe von `x` enthält. Auf dem Bildschirm müsste daher »Wert: 42« stehen, oder?

Übernimm dieses Programm doch einmal auf deinen Computer, und versuche, es zu starten. Du wirst sehen, das Programm lässt sich nicht einmal kompilieren, geschweige denn starten. Das liegt daran, dass wir mit lokalen Variablen arbeiten.

> Lokale Variablen existieren nur in dem Anweisungsblock, in dem sie definiert wurden. Wird dieser Anweisungsblock verlassen, wird die Variable automatisch gelöscht. Anweisungen außerhalb dieses Anweisungsblocks können nicht auf die Variable zugreifen.

Für uns heißt das, die Variable `x` wurde im Anweisungsblock (das geschweifte Klammernpaar) der `main`-Funktion definiert und ist deshalb nur dort gültig. Die `cout`-Anweisung zum Ausgeben von `x` steht aber im Anweisungsblock der Funktion `ausgabe`. Deshalb kann von dort nicht auf das in `main` definierte `x` zugegriffen werden.

Man könnte jetzt auf die Idee kommen, in der `ausgabe`-Funktion das `x` noch einmal zu definieren:

```
void ausgabe() {
  int x;
  cout << "Wert: " << x << endl;
}
```

Listing 6.2 Die Funktion »ausgabe()« mit definiertem »x«

Jetzt lässt sich das Programm zwar kompilieren, aber es gibt eine Warnung, nämlich dass `x` nicht initialisiert wurde. Da wir `x` in `main` aber initialisiert haben, deutet sich hier schon an, dass das `x` in `ausgabe` ein anderes `x` als das in `main` sein muss.

Gehen wir einen Schritt weiter, initialisieren wir das `x` in `ausgabe` mit `80`, und geben wir `x` in `main` hinter dem Aufruf von `ausgabe` auch noch einmal aus:

```
#include <iostream>

using namespace std;

void ausgabe() {
  int x=80;
  cout << "Wert: " << x << endl;
}

int main() {
```

```
  int x=42;
  ausgabe();
  cout << "Wert: " << x << endl;
}
```

Listing 6.3 Zwei Variablen namens »x«

Der Programmfluss startet wieder in der `main`-Funktion. Das `x` wird definiert und mit `42` initialisiert. Anschließend wird `ausgabe` aufgerufen. Dort wird wieder ein `x` definiert und mit dem Wert `80` initialisiert. Die anschließende Ausgabe mit `cout` bestätigt, dass `x` den Wert `80` hat.

Nach dem Beenden der Funktion `ausgabe` springt das Programm wieder zum Aufrufpunkt der Funktion in `main` zurück. Die nächste Anweisung dort ist wieder die Ausgabe von `x`. Aber jetzt erscheint auf dem Bildschirm der Wert `42`. Und das ist genau der Wert, mit dem das `x` in `main` ursprünglich initialisiert wurde.

Du siehst also, die beiden `x` in `ausgabe` und `main` haben nur eins gemeinsam: den Namen. Ansonsten handelt es sich um zwei völlig unterschiedliche Variablen, die unterschiedliche Werte besitzen können. Zur Erinnerung: Es sind lokale Variablen, die nur in dem Anweisungsblock gültig sind, in dem sie definiert wurden. Deshalb existiert das `x` in `ausgabe` nur in der Funktion `ausgabe` und das `x` in `main` nur in der Funktion `main`.

Der Vorteil liegt auf der Hand: Da die Variablen außerhalb der Funktionen nicht sichtbar sind, kann es keine Namenskonflikte geben. Aber du wirst dich jetzt sicher fragen, wie du den Wert `42` aus der Variablen `x` von `main` in die Funktion `ausgabe` bekommst. Und genau das ist das Thema dieses Kapitels.

6.2 Anweisungen flexibler gestalten mit Parametern

Komische Überschrift, oder? Aber dir wird schnell klarwerden, was gemeint ist. Stelle dir folgendes Problem vor: Es soll ein Kreuz oder Plus-Symbol gezeichnet werden wie in Abbildung 6.1, aber: Die Position des Kreuzes soll über seinen Mittelpunkt (also den Punkt, an dem sich die Balken schneiden) angegeben werden. In der Abbildung liegt der Mittelpunkt an den Koordinaten (200,150). Die Länge der Balken beträgt 100 Pixel.

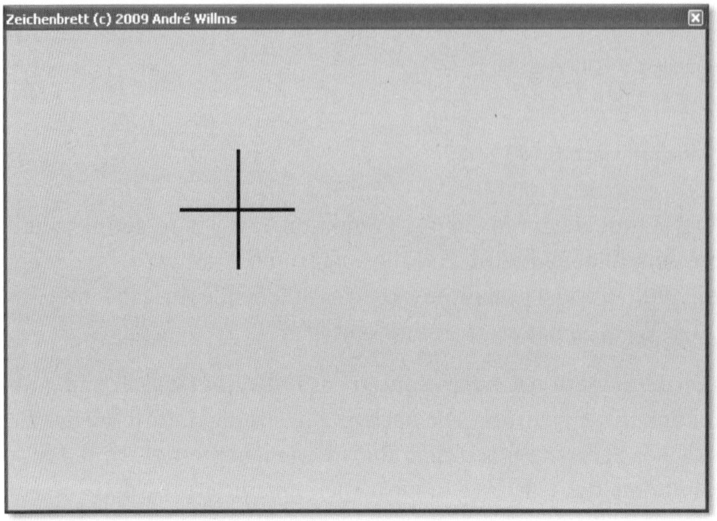

Abbildung 6.1 Das Zeichnen eines Kreuzes

Bevor du weiterliest, kannst du gerne erst einmal selbst versuchen, das Kreuz mit einem Programm zu zeichnen.

```
int main() {
  Zeichenbrett::Oeffnen(600,400);
  Zeichenbrett::ZeichneLinie(150,150,250,150);
  Zeichenbrett::ZeichneLinie(200,100,200,200);
}
```

Listing 6.4 Das Zeichnen des Kreuzes

Wenn die X-Koordinate des Mittelpunktes 200 und der horizontale Balken 100 Pixel lang ist, dann beginnt die Linie an Position 200 minus 50 und endet bei 200 plus 50, also von 150 bis 250. Das Gleiche gilt für die Y-Koordinate des vertikalen Balkens. Er geht von 100 bis 200.

Angenommen, du müsstest jetzt ein weiteres Kreuz an die Position 500,300 zeichnen, dann müsstest du die Koordinaten für die Linien erneut berechnen, obwohl wir ja gerade noch die Regel zur Berechnung besprochen haben. Aber wo eine Regel ist, kann man sie auch programmieren. Wir müssten in der Rechnung nur die Position des Mittelpunktes variabel halten.

Anstelle eines festen Punktes mit den Koordinaten (200,150) nehmen wir zwei Variablen `x` und `y`. Mit diesen beiden Werten als Koordinaten des Mittelpunktes ergeben sich für die Anfänge und Enden der beiden Linien die in Abbildung 6.2 gezeigten Koordinaten.

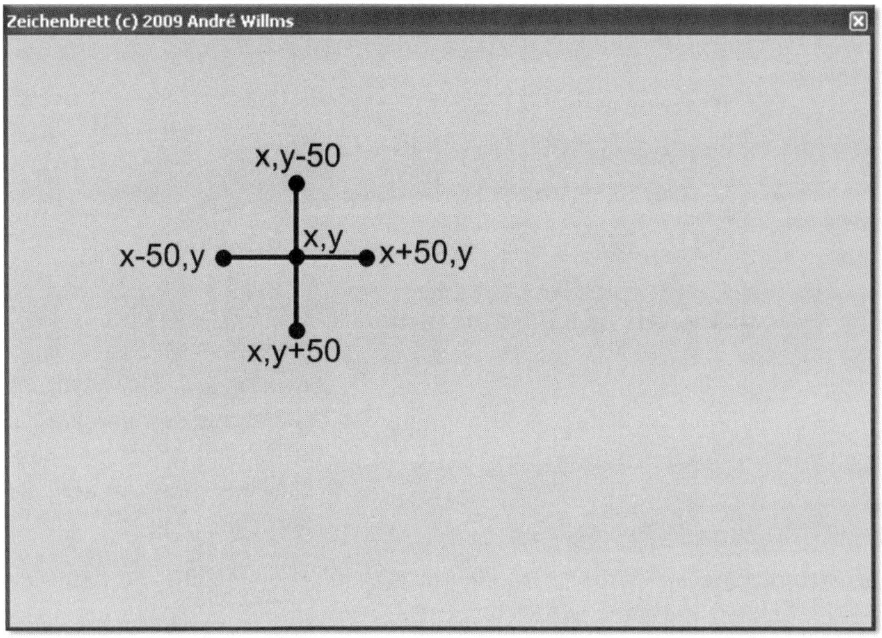

Abbildung 6.2 Die Koordinaten der Linien

Und diese beiden Variablen initialisieren wir mit den Werten 200 (für x) und 150 (für y). In Programmform sieht das so aus:

```
int main() {
  Zeichenbrett::Oeffnen(600,400);
  int x=200;
  int y=150;
  Zeichenbrett::ZeichneLinie(x-50, y, x+50, y);
  Zeichenbrett::ZeichneLinie(x, y-50, x, y+50);
}
```

Listing 6.5 Das Kreuz mit Parametern

Wenn wir nun ein weiteres Kreuz an einer anderen Position haben wollen, brauchen wir x und y nur die entsprechenden Koordinaten zuzuweisen und verwenden die gleichen Anweisungen erneut:

```
int main() {
  Zeichenbrett::Oeffnen(600,400);
  int x=200;
  int y=150;
  Zeichenbrett::ZeichneLinie(x-50, y, x+50, y);
  Zeichenbrett::ZeichneLinie(x, y-50, x, y+50);
```

```
  x=500;
  y=300;
  Zeichenbrett::ZeichneLinie(x-50, y, x+50, y);
  Zeichenbrett::ZeichneLinie(x, y-50, x, y+50);
}
```

Listing 6.6 Zwei Kreuze

6.3 Funktionen mit Parametern

Jetzt haben wir zweimal identische `ZeichneLinie`-Anweisungen. Rufen wir uns die Rechtsdrehung des Käfers in Erinnerung. Sie bestand aus drei `DreheNachLinks`-Anweisungen. Um diese nicht bei jeder Rechtsdrehung erneut programmieren zu müssen, hatten wir eine Funktion `DreheNachRechts` programmiert, die aus den gerade genannten drei `DreheNachLinks`-Anweisungen besteht.

Das wäre doch auch hier eine schöne Sache – einfach eine Funktion `ZeichneKreuz` schreiben, die ein Kreuz zeichnet:

```
void ZeichneKreuz() {
  int x=200;
  int y=150;
  Zeichenbrett::ZeichneLinie(x-50, y, x+50, y);
  Zeichenbrett::ZeichneLinie(x, y-50, x, y+50);
}

int main() {
  Zeichenbrett::Oeffnen(600,400);
  Zeichenbrett::SetzeLiniendicke(3);
  ZeichneKreuz();
}
```

Listing 6.7 Ein erster Ansatz von »ZeichneKreuz«

Die Sache hat nur einen Haken: Die Funktion zeichnet das Kreuz immer an dieselbe Stelle. Hier stellt sich wieder die Frage, die eingangs schon aufkam: Wie bekommen wir Werte von außen in eine Funktion? Wir bräuchten Variablen, die innerhalb der Funktion verwendet werden, aber von außerhalb initialisiert werden können. Und genau das sind *Funktionsparameter*.

Von der Syntax (so wird die Grammatik und Schreibweise einer Programmiersprache bezeichnet) her gesehen sind Funktionsparameter erst einmal nichts anderes als Variablen, die in den runden Klammern der Funktion definiert werden.

Nicht umsonst heißen die runden Klammern hinter dem Funktionsnamen *Parameterliste*. Verschieben wir also die Definition von x und y dorthin:

```
void ZeichneKreuz(int x, int y) {
  Zeichenbrett::ZeichneLinie(x-50, y, x+50, y);
  Zeichenbrett::ZeichneLinie(x, y-50, x, y+50);
}
```

Listing 6.8 Die Funktion »ZeichneKreuz«

Zwei Regeln sind bei der Definition von Funktionsparametern wichtig:

- Die einzelnen Parameter werden mit Komma getrennt.
- Für jeden Funktionsparameter muss der Datentyp angegeben werden. Eine Vereinfachung der Art `int x,y` wie bei der Variablendefinition ist nicht möglich.

Bleibt immer noch die Frage zu klären, wie wir jetzt den Funktionsparametern die Werte zukommen lassen. Ganz einfach: Beim Aufruf der Funktion stehen hinter dem Funktionsnamen ja auch runde Klammern. Und in diese kommen die zu übergebenden Werte hinein:

```
ZeichneKreuz(200, 150);
```

Beim Aufruf der Funktion wird der erste Funktionsparameter mit dem ersten Wert initialisiert, der zweite Funktionsparameter mit dem zweiten Wert usw. Dabei müssen die Datentypen der Parameter und die Datentypen der ihnen übergebenen Werte übereinstimmen.

Hier siehst du das komplette Beispiel:

```
void ZeichneKreuz(int x, int y) {
  Zeichenbrett::ZeichneLinie(x-50, y, x+50, y);
  Zeichenbrett::ZeichneLinie(x, y-50, x, y+50);
}

int main() {
  Zeichenbrett::Oeffnen(600,400);
  ZeichneKreuz(200,150);
  ZeichneKreuz(500,300);
}
```

Listing 6.9 »ZeichneKreuz« mit »main«-Funktion

In Abschnitt 6.6, »Übungen«, wirst du noch weitere Beispiele zu Funktionen mit Parametern sehen.

6.4 Funktionen mit Rückgabewert

Die Weitergabe von Werten ist mit Funktionen in beide Richtungen möglich: Einer Funktion können nicht nur Werte übergeben werden, sie kann auch einen Wert zurückliefern.

Nehmen wir als Beispiel ein Programm, das nach dem Öffnen des Zeichenbretts ausgibt, wie viele Pixel vom Zeichenbrett verwendet werden (einfach die Breite mit der Höhe multiplizieren):

```
#include <iostream>

using namespace std;

int main() {
  Zeichenbrett::Oeffnen(600,400);
  int pixelzahl=Zeichenbrett::Breite()*Zeichenbrett::Hoehe();
  cout << "Verwendete Pixel: " << pixelzahl << endl;
}
```

Listing 6.10 Die Ausgabe der verwendeten Pixel

Diese Pixelzahl wird vielleicht häufiger an unterschiedlichen Stellen im Programm benötigt. Es wäre ein schlechter Programmierstil, die Berechnung jedes Mal neu durchzuführen. Stattdessen lagern wir sie in eine Funktion aus. Im ersten Kapitel über Funktionen (Kapitel 3, »Funktionen I«) habe ich erklärt, dass wir bei der Definition einer Funktion `void` vor den Funktionsnamen schreiben, weil die Funktion keinen Wert zurückliefert.

Aber jetzt soll sie ja einen Wert zurückliefern, nämlich die Anzahl der verwendeten Pixel. Dieser Wert ist eine ganze Zahl, deshalb ist der Datentyp des Rückgabewertes `int`. Diesen Datentyp schreiben wir nun statt `void` vor den Funktionsnamen:

```
int BerechnePixel() {
  int p=Zeichenbrett::Breite()*Zeichenbrett::Hoehe();
  return p;
}
```

Listing 6.11 Die Funktion »BerechnePixel«

Jetzt, wo die Funktion einen Wert zurückliefern soll, müssen wir uns nur noch anschauen, wie so ein Wert denn zurückgeliefert wird.

Dazu gibt es den Befehl `return`. Er sorgt dafür, dass das Programm an den Aufrufpunkt der Funktion zurückspringt und den hinter `return` angegebenen Wert (dort darf ein beliebiger Ausdruck stehen) zurückliefert.

Ich hatte bereits erklärt, dass Funktionsaufrufe für ihren Rückgabewert stehen, deshalb brauchen wir den Aufruf von `BerechnePixel` zum Beispiel nur einer Variablen zuzuweisen:

```
int main() {
  Zeichenbrett::Oeffnen(600,400);
  int pixelzahl=BerechnePixel();
  cout << "Verwendete Pixel: " << pixelzahl << endl;
}
```

Listing 6.12 Der Einsatz von »BerechnePixel«

Auch den Einsatz von Rückgabewerten werden wir im Übungsabschnitt dieses Kapitels vertiefen.

6.5 Funktionen mit Parametern und Rückgabewert

Die letzten beiden Abschnitte haben erklärt, wie eine Funktion mit Parametern und wie sie mit einem Rückgabewert versehen werden kann. Eine Funktion darf aber natürlich auch beides haben, sowohl Parameter als auch Rückgabewert.

Als Beispiel möchte ich hier die Funktion `BerechneUmfang` zeigen, der die Breite und Höhe eines Rechtecks übergeben wird und die den Umfang des Rechtecks zurückliefert. Dieser wird berechnet mit zweimal Breite plus zweimal Höhe:

```
#include <iostream>

using namespace std;

int BerechneUmfang(int b, int h) {
  int u=2*b+2*h;
  return u;
}

int main() {
  int umfang=BerechneUmfang(20,30);
  cout << "Umfang: " << umfang << endl;
}
```

Listing 6.13 Die Funktion »BerechneUmfang«

Dieses kleine Beispiel möchte ich nutzen, um zu zeigen, wie Anweisungen zusammengefasst werden können. Zum Beispiel wird in `BerechneUmfang` der Umfang zuerst der Variablen `u` zugewiesen und deren Wert dann mit `return` zurückgegeben.

Warum nicht gleich den Ausdruck, der den Umfang berechnet, zurückgeben:

```
int BerechneUmfang(int b, int h) {
  return 2*b+2*h;
}
```

Listing 6.14 Eine komprimierte »BerechneUmfang«-Funktion

Und der Rückgabewert der Funktion muss nicht unbedingt in einer Variablen gespeichert werden, wenn er nicht für weitere Berechnungen benötigt wird. Er kann gleich ausgegeben werden:

```
int main() {
  cout << "Umfang: " << BerechneUmfang(20,30) << endl;
}
```

Listing 6.15 Eine komprimierte »main«-Funktion

6.6 Übungen

In diesem Übungsabschnitt werden wir uns vor allem damit beschäftigen, das Programmieren von Funktionen mit Parametern und Rückgabewerten zu vertiefen.

Übung 1

In Kapitel 4, »Zeichnen«, hatten wir das Zeichenbrett kennengelernt. Das Zeichenbrett unterstützt nur ausgefüllte Rechtecke, weil ein nicht ausgefülltes Rechteck problemlos mit vier Linien selbst gezeichnet werden kann. Versuche doch einmal, eine eigene Funktion `ZeichneRechteck` zu programmieren, der du wie bei dem ausgefüllten Rechteck die X- und Y-Koordinate der oberen linken Ecke sowie die Breite und Höhe des Rechtecks übergibst und die dann dieses Rechteck zeichnet.

Übung 2

Bleiben wir noch bei den selbstgezeichneten Rechtecken. Schreibe nun eine Funktion `ZeichneRechteckXY`, der zwar auch die Koordinaten der oberen linken

Ecke übergeben werden, statt Höhe und Breite aber nun die Koordinaten der unteren rechten Ecke.

Übung 3

In der Übung 4 in Kapitel 5, »Rechnen und Variablen«, haben wir uns damit befasst, ein Rechteck zu zentrieren. Kern der Übung war die Berechnung der Koordinaten, an denen das Rechteck zentriert ist. Dazu waren zum einen die Gesamtbreite und -höhe des Zeichenbretts erforderlich, die wir direkt vom Zeichenbrett erfragen konnten, zum anderen brauchten wir die Breite und Höhe des zu zentrierenden Rechtecks.

Letztlich spielt die Form des zu zentrierenden Objekts für die Zentrierung keine Rolle. In dem Moment, in dem wir von einem beliebigen Objekt Breite und Höhe kennen, können wir die Position seiner oberen linken Ecke für das Zentrieren bestimmen.

Diese Verallgemeinerung, die wir durch logisches Denken entdeckt haben, können wir nun programmtechnisch umsetzen. Und zwar könnten wir eine Funktion `ErmittleZentriertesX` programmieren, der die Breite eines Objekts übergeben wird und die dann die X-Koordinate zum Zentrieren zurückliefert. Gleiches gilt für die Funktion `ErmittleZentriertesY`, die die Y-Position aus der übergebenen Höhe ermittelt und zurückliefert.

Du musst also eine Funktion mit einem Rückgabewert und einem Funktionsparameter schreiben. Der Funktionskopf wird ähnlich aussehen wie der von `BerechneUmfang` in Listing 6.13, nur dass `BerechneUmfang` zwei Funktionsparameter besitzt.

Übung 4

Du weißt, wie du mit den Zeichenfunktionen eine Ellipse zeichnen kannst, nämlich indem du die Position der oberen linken Ecke sowie Breite und Höhe des die Ellipse umschließenden Rechtecks angibst (siehe Abschnitt 4.3.3).

Mit dieser Funktion einen Kreis zu zeichnen ist leicht. Ein Kreis ist schließlich nichts anderes als eine Ellipse mit gleicher Breite und Höhe. Aber wie du bestimmt aus dem Mathematik-Unterricht weißt, wird ein Kreis üblicherweise über die Position seines Mittelpunktes und den Radius bestimmt. Und genau das soll die nächste Übung sein: Schreibe eine Funktion `ZeichneKreis`, die die X- und Y-Position des Kreismittelpunktes und den Radius übergeben bekommt und damit einen Kreis zeichnet.

Übung 5

Um die Zeichenfarbe zu verändern, müssen insgesamt drei Funktionen aufgerufen werden: `Zeichenbrett::SetzeRot()`, `Zeichenbrett::SetzeGruen()` und `Zeichenbrett::SetzeBlau()`. Um den Umgang etwas zu vereinfachen, lautet die Übung, eine Funktion `SetzeRGB` zu schreiben, der die Werte für Rot, Grün und Blau übergeben werden und die dann die entsprechenden Aufrufe tätigt.

Übung 6

Es soll eine Funktion `ZeichneQuader` geschrieben werden, der wie bei einem Rechteck die Position der linken oberen Ecke, der Breite und Höhe, aber zusätzlich noch die Tiefe des Quaders übergeben werden. Diese zeichnet dann einen Quader, wie in Abbildung 6.3 dargestellt.

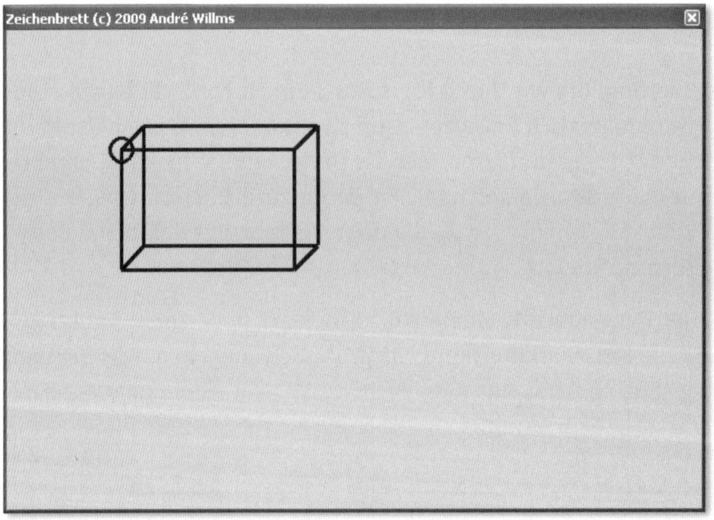

Abbildung 6.3 Das Zeichnen eines Quaders

Der in der Abbildung eingezeichnete Kreis markiert nur die Ecke, deren Koordinaten der Funktion übergeben werden; er ist nicht Bestandteil des Quaders oder der Aufgabe.

Übung 7

Es soll eine Funktion `GefuelltesRechteck` geschrieben werden, die ein Rechteck mit einer andersfarbigen Füllung zeichnet. Abbildung 6.4 zeigt ein solches Rechteck.

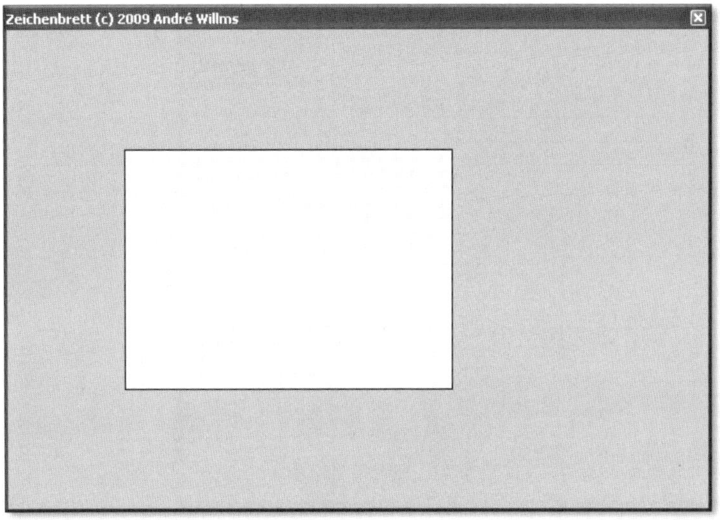

Abbildung 6.4 Ein gefülltes Rechteck

Der Funktion sollen zum Zeichnen des Rechtecks die Koordinaten des oberen linken Punktes, Breite, Höhe und die beiden zu verwendenden Farben übergeben werden. Der Funktionsrumpf könnte so aussehen:

```
void ZeichneGefuelltesRechteck(int x, int y, int w, int h,
                               int r1, int g1, int b1,
                               int r2, int g2, int b2) {
}
```

Dabei geben `x`, `y`, `w` und `h` die Position und die Ausmaße des Rechtecks an, `r1`, `g1` und `b1` die Farbe der Umrandung und `r2`, `g2` und `b2` die Farbe der Füllung.

Übung 8

Diese letzte Übung ist etwas schwieriger. Und zwar geht es wieder um einen Quader, diesmal aber ausgefüllt wie in Abbildung 6.5. Der Funktionsrumpf sieht ähnlich aus wie der von `GefuelltesRechteck` aus der vorigen Übung, nur dass noch ein Parameter für die Tiefe hinzugefügt werden muss.

Versuche einfach mal, die Aufgabe zu lösen. Wenn es nicht klappen sollte, ist das kein Beinbruch, denn es ist wirklich nicht so einfach. Die Funktion soll `ZeichneGefuelltenQuader` heißen.

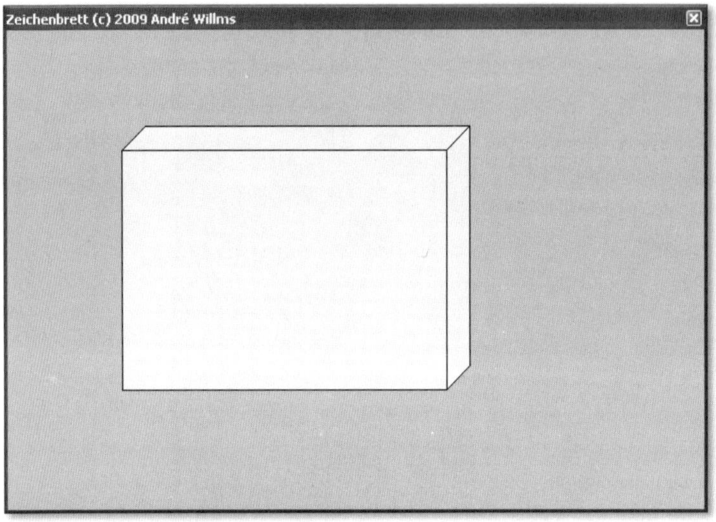

Abbildung 6.5 Ein gefüllter Quader

6.7 Zusammenfassung

Dieses Kapitel hat sich nochmals mit den Funktionen befasst und die Kenntnisse aus Kapitel 3, »Funktionen I«, vertieft. Dabei ging es um die folgenden Fragen:

- Was sind lokale Variablen?
- Wie können Daten an eine Funktion weitergereicht werden?
- Wie werden Funktionsparameter definiert, und wie nutzt man sie?
- Wie kann eine Funktion Werte zurückgeben?

Dieses Kapitel zeigt, wie sich ein Programm unterschiedlichen Situationen anpasst, indem es verschiedene Anweisungen ausführt.

7 Verzweigungen

Mathemahotep schob ihre Brille hoch. »Ihr beiden seid schlauer, als ich dachte. Die meisten sind sehr schnell überfordert.«

Neferu lächelte. Sie hatte sich mittlerweile damit abgefunden, dass ihr Verlobter nun die Form des Käfers Scara hatte, bis er alle Prüfungen der Reinigung bestehen würde. Seltsam, dass nur er Prüfungen zu bestehen hatte und sie nicht, dachte Neferu. Aber dann fiel ihr Blick auf den Münzhaufen und sie erinnerte sich an die Versuchung, einige der Münzen zu stehlen. Vielleicht hatte sie auch Prüfungen zu bestehen, nur eben anderer Art.

Plötzlich machte es paff, und aus einer dunkelgrauen Rauchwolke trat der falkenköpfige Ra heraus und hustete. »Verdammt, dass das nicht ohne Rauch geht.« Ohne Neferu und Scara eines Blickes zu würdigen, wandte er sich direkt an Mathemahotep. »Ich musste feststellen, dass der Käfer verschwunden ist. Und nun bin ich umso erstaunter, ihn bei dir zu finden.«

»Er gehört dir schließlich nicht«, antwortete Mathemahotep schroff.

»Darum geht es nicht. Es ist ja nicht so, als würde er sich bei mir langweilen«, konterte Ra.

Die beiden sahen sich eine Weile an, dann begannen sie gleichzeitig zu reden und unterbrachen sich gegenseitig. »Woher soll ich denn wissen, dass du ...«, begann Mathemahotep. »Hättest du nicht wenigstens vorher ...«, sagte Ra.

Es verging eine Ewigkeit, ohne dass etwas gesagt wurde. Schließlich räusperte sich Ra: »Also?«

»Also was?«, antwortete Mathemahotep.

»Du wolltest doch etwas sagen«, sprach Ra nun in einem etwas freundlicheren Ton.

Mathemahotep verschränkte die Arme vor der Brust. »Nein, ich war fertig.«

»Wie du willst«. Es machte wieder paff, und Scara fand sich in der vertrauten Umgebung der Steinfelder wieder. »Entschuldige die Unterbrechung«, kicherte Ra fast schon kindlich, »aber jetzt machen wir hier weiter. Und zwar im Dunkeln!« Mit einem Mal wurde es schwarz vor Scaras Augen. Er bekam Angst, zitterte und traute sich weder vor noch zurück aus Furcht, von den Steinen zu fallen.

»Du brauchst dich nicht zu fürchten«, beruhigte ihn Ra, »denn schließlich besitzt du Fühler. Du kannst mit ihnen tasten, ob vor dir ein Stein liegt oder nicht. Solltest du vor dir einen Stein ertasten, dann kannst auf ihm laufen. Wenn nicht, dann musst du in einer anderen Richtung nach dem Weg suchen. Und ab jetzt möchte ich nach jeder Übung von dir hören, welchen Lösungsweg du dir ausgedacht hast.«

Scara fragte sich, wie er denn Ra den Lösungsweg mitteilen sollte. Aber offenbar hatte Ra seine Gedanken gelesen, denn er antwortete: »Im Gegensatz zu deinen Vorgängern hast du offenbar noch nicht bemerkt, dass du auch als Käfer sprechen kannst.« Ras Lachen schallte durch den pyramidenförmigen Raum.

7.1 Die Notwendigkeit von Entscheidungen

Unsere Programme hatten bisher ein starres Verhalten. Immer wurden alle Anweisungen in genau derselben Reihenfolge abgearbeitet. Obwohl wir damit schon einiges machen können, sind wir mit unserem bisherigen Kenntnisstand stark eingeschränkt.

Stelle dir vor, du möchtest ein Tennisspiel programmieren. Ich denke, es ist klar, dass sich das Spiel unterschiedlich verhalten muss, je nachdem, ob der Ball beispielsweise ins Feld oder ins Aus gespielt wurde. Mit unserem bisherigen Wissen müssten wir uns bei der Programmierung entscheiden, ob der Ball immer im Aus oder immer im Feld sein soll.

Oder dieses Beispiel: Du willst mit der Achterbahn fahren. Wenn du eine Brille trägst, solltest du sie vor Fahrtbeginn vermutlich ausziehen. Das könnten wir noch nicht programmieren. Entweder würde niemand die Brille abnehmen oder alle müssten sie ausziehen, was für Personen ohne Brille schwierig wäre. Schauen wir uns einmal an, wie dieser Sachverhalt im Aktivitätsdiagramm aussieht, das wir in den letzten Kapiteln schon öfter eingesetzt haben.

Dazu müssen wir zuerst wissen, wie das Symbol einer solchen Entscheidung im Diagramm aussieht. Abbildung 7.1 zeigt es.

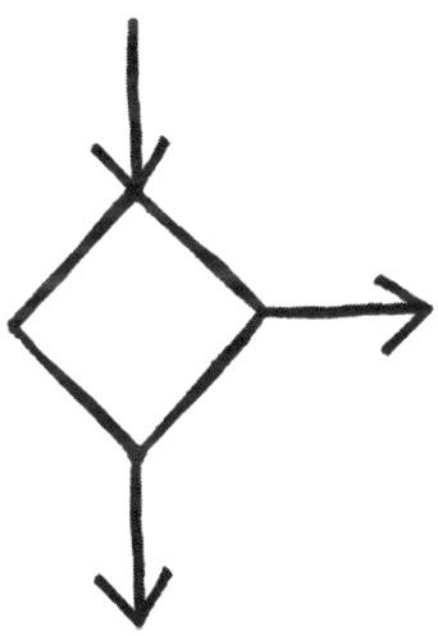

Abbildung 7.1 Das Entscheidungssymbol

Der Programmfluss trifft auf die Entscheidung über den eintretenden Pfeil. Aus der Entscheidung gehen zwei Pfeile heraus. Welchem Pfeil der Programmfluss folgt, hängt von den sogenannten *Wächtern* des Pfeils ab.

Ein Wächter ist eine Bedingung, die in eckigen Klammern an den Pfeil geschrieben wird.

Abbildung 7.2 setzt die oben beschriebene Entscheidung vor der Achterbahnfahrt als Aktivitätsdiagramm um.

Der nach unten aus der Entscheidung heraustretende Pfeil besitzt den Wächter [Brillenträger]. Nur wenn diese Bedingung erfüllt ist, die Person also Brillenträger ist, folgt der Programmfluss diesem Pfad.

Der andere austretende Pfeil ist mit dem Wächter [sonst] versehen. Diese Bedingung ist immer dann erfüllt, wenn keine andere Bedingung zutrifft. Wenn die Person also kein Brillenträger ist, dann folgt der Programmfluss diesem Pfad.

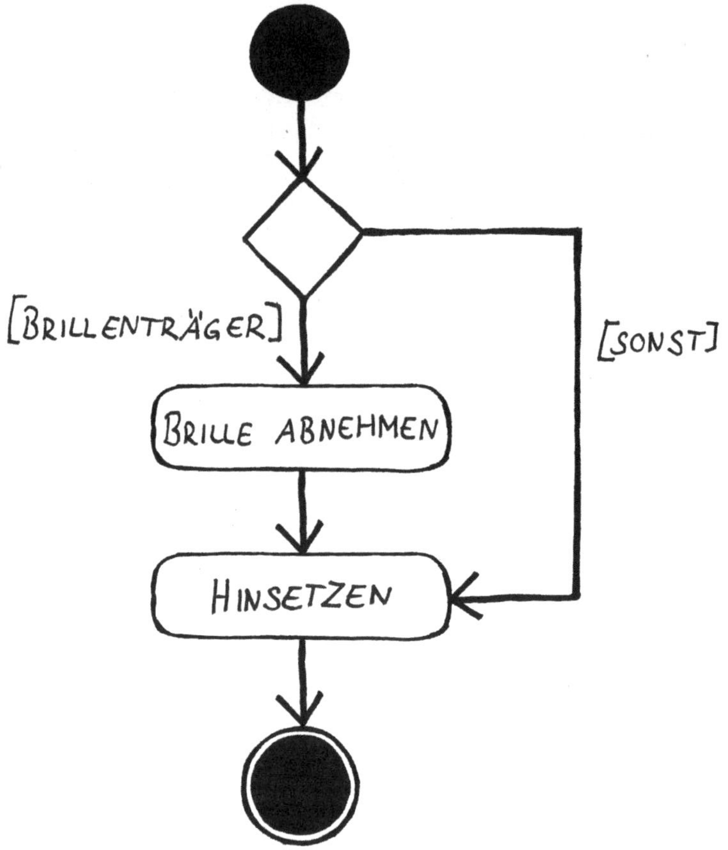

Abbildung 7.2 Das »Brille abnehmen« bei der Achterbahnfahrt

Da momentan keine Achterbahn greifbar ist, werden wir diese Problematik mit dem Käfer Scara umsetzen. Starte dazu Scara mit Übung 5, Szenario 1. Bitte vergiss nicht, dass das Projekt die ägyptischen Erweiterungen aus Abschnitt 1.4 besitzen muss. Der Programmcode sieht so aus:

```
int main() {
  Scara::Starten(5,1);
}
```

Listing 7.1 Das Starten der Übung 5, Szenario 1

Die Übung 5 kennt nur zwei Situationen, die beide in Abbildung 7.3 dargestellt sind.

Abbildung 7.3 Die beiden Möglichkeiten in Übung 5

Entweder liegt das Ankh-Kreuz direkt vor dem Käfer, dann muss er nur einen Schritt nach vorn gehen. Oder das Ankh-Kreuz liegt links vom Käfer, dann muss er sich zuerst nach links drehen, bevor er seinen Schritt nach vorn macht.

Momentan entscheidest du über das Szenario selbst, welche Situation du vorfindest. Es wäre daher leicht für dich, für beide Situationen eine Lösung zu programmieren.

Interessant wird es erst, wenn die Situation zufällig ausgewählt wird und dein Programm selbständig die richtige Lösung wählt. Dazu gibt es die Möglichkeit, das Spielfeld nur durch Angabe der Übung ohne konkrete Wahl des Szenarios zu starten. Das Szenario wird dann zufällig gewählt:

```
int main() {
  Scara::Starten(5);
}
```

Listing 7.2 Die Übung mit zufälliger Wahl des Szenarios starten

7.2 Die Wenn-Dann-Verzweigung

Wir müssen uns jetzt also darüber unterhalten, wie wir die beiden Fälle unterscheiden können. Unterscheidungen basieren immer auf einer Bedingung. Und eine Bedingung kann immer nur wahr oder falsch sein. Zum Beispiel ist die Aussage »Es regnet« entweder wahr oder falsch. Natürlich kann es viel oder wenig regnen, aber selbst, wenn nur ein Tropfen runterkommt, regnet es, und die Bedingung ist wahr.

> Bedingungen sind immer entweder wahr oder falsch. Eine Bedingung ist gewissermaßen eine Frage, die immer mit »ja« oder »nein« beantwortet werden kann.

Bezogen auf unsere Problematik helfen uns die Fühler des Käfers weiter. Mit ihnen kann er fühlen, ob vor ihm ein Stein liegt oder ein Abgrund klafft. Diese Information erhalten wir über die Funktion `Scara::IstVorneAbgrund()`.

Weil Bedingungen immer nur wahr oder falsch sein können, existieren in C++ die beiden Schlüsselwörter `true` (für wahr) und `false` (für falsch).

Schaue dir folgendes Beispiel an:

```
int main() {
  Scara::Starten(5);
  cout << Scara::IstVorneAbgrund() << endl;
}
```

Listing 7.3 Der Aufruf von »IstVorneAbgrund«

Je nachdem, ob vor dem Käfer ein Abgrund ist oder nicht, liefert die Funktion `true` oder `false` zurück, was auf dem Bildschirm als 1 oder 0 erscheint. Versuche es einmal selbst. Mit Hilfe dieser Funktion lässt sich eine Lösung wie in Abbildung 7.4 formulieren.

Jetzt fehlt nur noch der C++-Befehl, mit dem diese Entscheidung umgesetzt werden kann. Dieser Befehl heißt `if` und ist so aufgebaut:

```
if(bedingung)
{
}
```

Listing 7.4 Der Aufbau von »if«

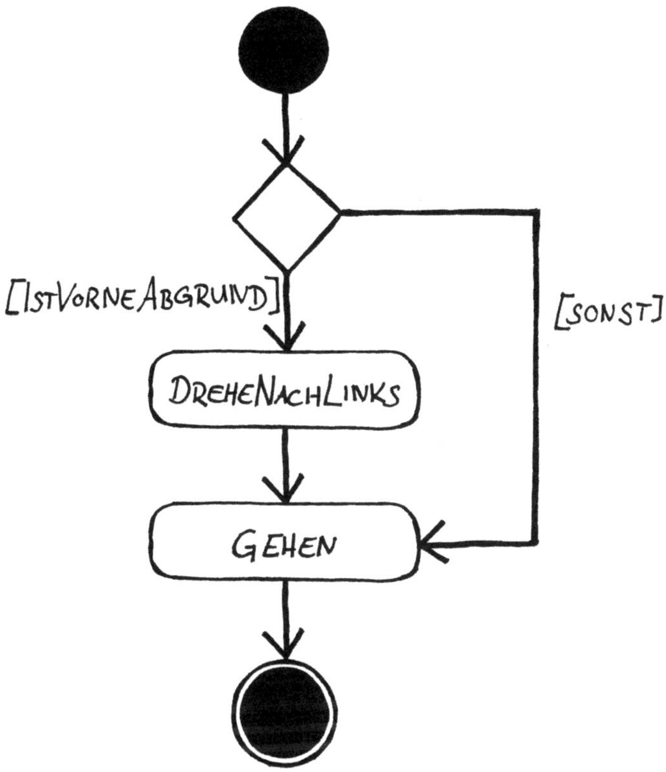

Abbildung 7.4 Der Lösungsansatz für Übung 5

Hinter dem Befehl `if` steht ein rundes Klammernpaar. Diese Klammern enthalten die Bedingung. Ist diese Bedingung wahr, dann wird der Anweisungsblock von `if` abgearbeitet. Ist die Bedingung falsch, dann wird der Anweisungsblock von `if` übersprungen. Der Anweisungsblock von `if` besteht aus den geschweiften Klammern hinter `if` beziehungsweise den darin enthaltenen Anweisungen.

Abbildung 7.5 zeigt die Arbeitsweise von `if` nochmals als Aktivitätsdiagramm.

Nun fehlt nur noch ein Puzzlestück für die Lösung: Wie wird eine Bedingung formuliert?

Eine Bedingung besteht immer aus einem Vergleich.

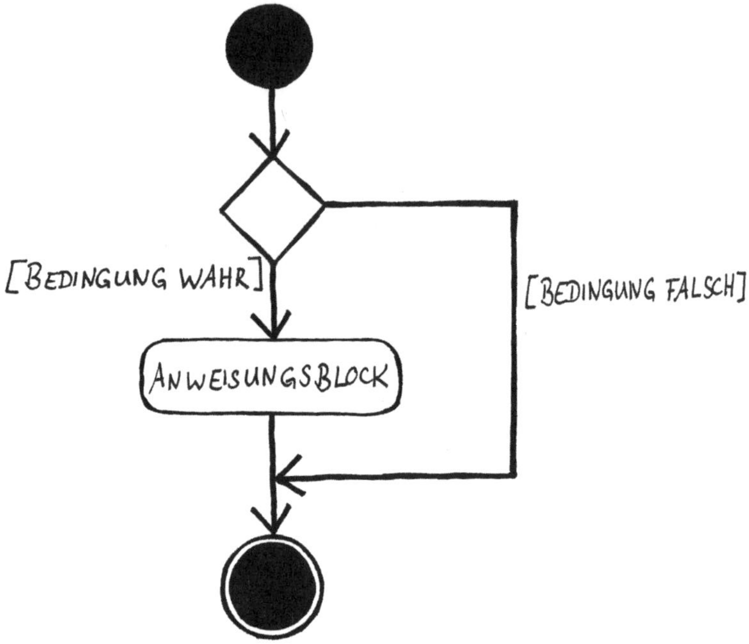

Abbildung 7.5 Die Funktionsweise der »if«-Anweisung

7.3 Vergleichsoperatoren

Um einen Vergleich in C++ zu formulieren, existieren sogenannte *Vergleichsoperatoren*, auch *relationale Operatoren genannt*. Tabelle 7.1 listet die in C++ verfügbaren Vergleichsoperatoren auf.

Operator	Bedeutung
<	kleiner
<=	kleiner gleich
==	gleich
!=	ungleich
>=	größer gleich
>	größer

Tabelle 7.1 Die Vergleichsoperatoren

Es ist ausgesprochen wichtig zu beachten, dass der Gleichheitsoperator mit zwei Gleichheitszeichen geschrieben wird. Der Operator mit einem Gleichheitszeichen ist der Zuweisungsoperator!

Das folgende Beispiel fragt nach einer Zahl. Wenn diese Zahl größer als 100 ist, dann erscheint die Meldung »Die Zahl ist zu groß«. Wenn sie nicht größer als 100 ist, wird der Anweisungsblock von `if` übersprungen, und es wird nichts ausgegeben.

```
#include <iostream>

using namespace std;

int main() {
  cout  << "Zahl eingeben:";
  int zahl;
  cin >> zahl;

  if(zahl>100) {
    cout << "Die Zahl ist zu gross" << endl;
  }

}
```

Listing 7.5 Ein Beispiel zu »if«

In der Lösung habe ich die öffnende geschweifte Klammer von `if` mit in die Zeile von `if` geschrieben – so, wie ich es auch schon bei der `main`-Funktion gemacht habe.

Was die ägyptische Übung 5 angeht, ist die Umsetzung der Lösung aus Abbildung 7.4 auch kein Problem mehr.

```
int main() {
  Scara::Starten(5);
  if(Scara::IstVorneAbgrund()==true) {
    Scara::DreheNachLinks();
  }
  Scara::Gehen();
  Scara::Beenden();
}
```

Listing 7.6 Die Lösung zu Übung 5

Es wird gefragt, ob die Funktion `IstVorneAbgrund` den Wert `true` zurückliefert. Wenn ja, dann wird der Anweisungsblock von `if` ausgeführt. Wir wissen, dass in diesem Fall das Ankh-Kreuz nicht vor, sondern links vom Käfer steht. Deshalb wird dann der Käfer nach links gedreht.

Liefert `IstVorneAbgrund` nicht `true` zurück, also `false`, dann wird der Anweisungsblock übersprungen und die Linksdrehung nicht ausgeführt. Das ist auch in Ordnung, weil das Ankh-Kreuz dann vor dem Käfer steht.

Zum Schluss macht der Käfer noch einen Schritt auf das Ankh-Kreuz, und die Aufgabe ist gelöst.

7.4 Die Entweder-Oder-Verzweigung

Die zuvor besprochene Verzweigung war eine *Wenn-Dann-Verzweigung*. Wenn die Bedingung wahr ist, dann mache etwas, andernfalls mache nichts. Oft haben wir es beim Programmieren aber mit Situationen zu tun, in denen aufgrund einer Bedingung entweder das Eine oder das Andere gemacht werden soll. Solche Verzweigungen nennt man *Entweder-Oder-Verzweigungen*.

Kommen wir kurz zurück auf das Achterbahnfahren. Bevor du die Fahrt antreten kannst, musst du ein Ticket erwerben. Meist ist der Preis für Jüngere günstiger, aber bezahlen müssen alle. Abbildung 7.6 zeigt die Situation: Wenn du älter bist als zwölf Jahre, musst du 5 € bezahlen. Bist du zwölf oder jünger, dann brauchst du nur 3 € zu bezahlen. Entweder du bezahlst 5 € oder 3 € – aber einen der beiden Preise bezahlst du auf jeden Fall.

Ein anderes Beispiel ist die Volljährigkeit. Entweder ist man volljährig oder eben nicht. Eins von beiden trifft auf jeden Fall zu. Die Bedingung der Volljährigkeit ist »Mindestens 18«. Abbildung 7.7 stellt das Ganze in einem Aktivitätsdiagramm dar.

Schauen wir uns doch an, wie eine solche Entweder-Oder-Verzweigung in C++ programmiert wird.

```
if(bedingung)
{
}
else
{
}
```

Listing 7.7 Der Aufbau von »if ... else«

Wir haben wieder ein `if` mit einer Bedingung und dahinter den Anweisungsblock, der ausgeführt wird, wenn die Bedingung wahr ist – genau wie bei der Wenn-Dann-Verzweigung auch.

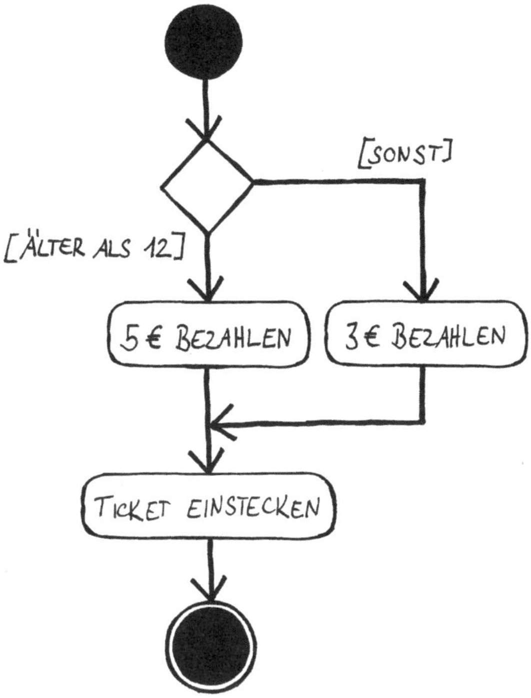

Abbildung 7.6 Der Ticketerwerb für die Achterbahn

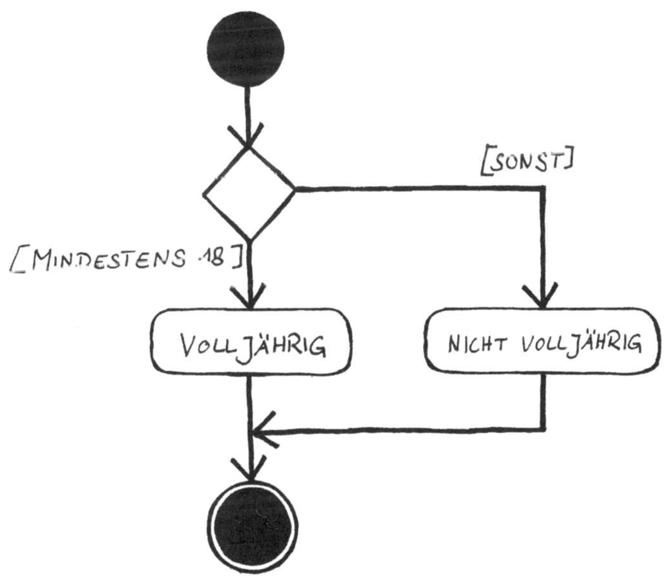

Abbildung 7.7 Die Volljährigkeit

Jetzt folgt dahinter aber als Ergänzung der Befehl `else`, was auf Deutsch so viel wie »andernfalls« bedeutet. Hinter `else` kommt ein weiterer Anweisungsblock, der immer dann abgearbeitet wird, wenn die Bedingung des dazugehörigen `if` falsch ist. Abbildung 7.8 stellt den Ablauf wieder grafisch dar.

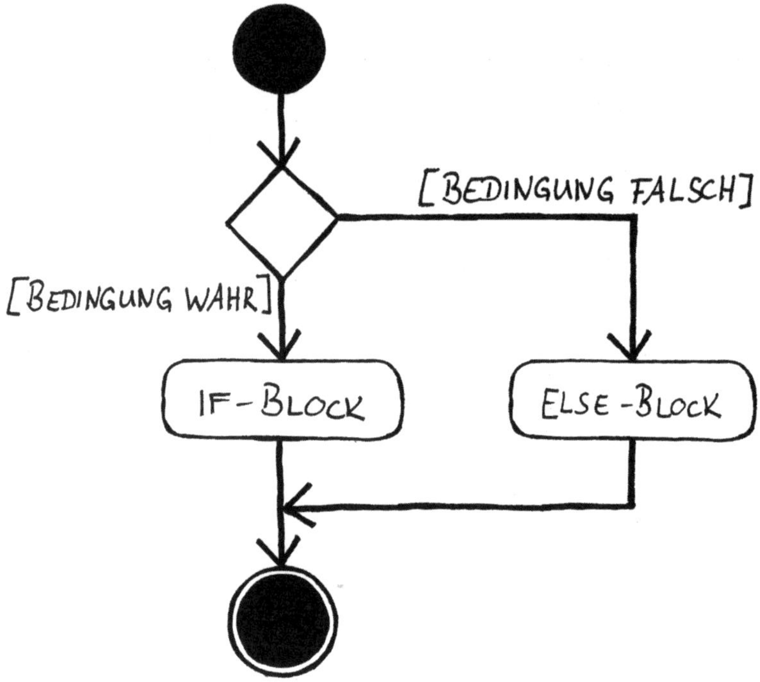

Abbildung 7.8 Die Funktionsweise von »if ... else«

Dieses `if ... else`-Konstrukt verwende ich nun, um die Volljährigkeitsprüfung aus Abbildung 7.7 zu programmieren:

```
#include <iostream>

using namespace std;

int main() {
  cout << "Dein Alter:";
  int alter;
  cin >> alter;

  if(alter>=18) {
    cout << "Du bist volljaehrig." << endl;
  }
  else {
```

```
    cout << "Du bist nicht volljaehrig." << endl;
  }

}
```

Listing 7.8 Die Bestimmung der Volljährigkeit

Zuerst fragt das Programm nach dem Alter. Das Prüfen des Alters läuft ab, wie in Abbildung 7.7 vorgegeben. Die Bedingung hinter `if` ist wahr, wenn das `alter` größer oder gleich 18 ist. Für diesen Fall wird der Anweisungsblock hinter `if` ausgeführt und »Du bist volljaehrig.« ausgegeben.

Ist `alter` kleiner 18, dann ist die Bedingung falsch und der Anweisungsblock hinter `else` wird abgearbeitet. Deshalb erscheint »Du bist nicht volljaehrig.« auf dem Bildschirm.

7.5 Das Formulieren von Und und Oder

Häufig tritt die Situation auf, dass mehrere Bedingungen gleichzeitig wahr sein müssen oder dass es ausreicht, wenn von mehreren Bedingungen wenigstens eine wahr ist. Wie so etwas geht, behandelt dieser Abschnitt.

7.5.1 Verschachtelte Verzweigungen

Wenn du auf die Titelseite des Buches schaust, dann liest du dort, dass das Buch für Programmieranfänger von 12 bis 99 Jahren geeignet ist. Warum schreiben wir nicht einfach ein Programm, das prüft, ob das Buch geeignet ist oder nicht?

Wir haben es hier mit zwei Entscheidungen zu tun, wie das Aktivitätsdiagramm in Abbildung 7.9 zeigt. Zuerst wird geprüft, ob das Alter mindestens 12 ist; wenn nicht, hat sich das Buch bereits als ungeeignet herausgestellt.

Wenn das Alter mindestens 12 ist, wird als Nächstes geprüft, ob der Leser nicht älter als 99 ist. Sollte er älter sein, dann ist das Buch ebenfalls ungeeignet. Ist das Alter aber auch nicht höher als 99, dann sind beide Bedingungen erfüllt (nicht jünger als 12 und nicht älter als 99), und das Buch ist geeignet.

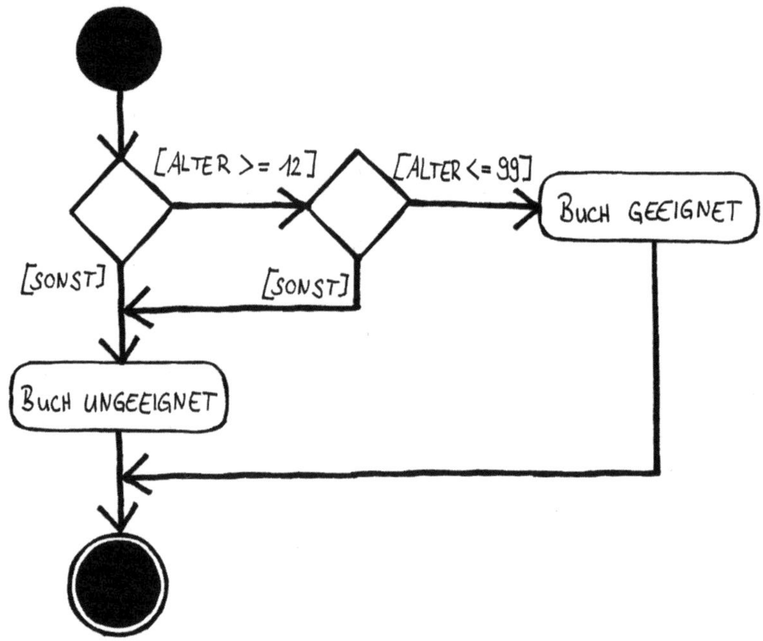

Abbildung 7.9 Die Überprüfung, ob das Buch geeignet ist

Die erste Verzweigung programmieren wir mit einem `if`:

```
if(alter>=12) {
}
else {
  cout << "Buch nicht geeignet." << endl;
}
```

Für den Fall, dass `alter` nicht größer gleich ist, können wir im `else`-Block gleich mitteilen, dass das Buch ungeeignet ist. Wenn die Bedingung von `if` aber wahr ist, also `alter` größer gleich 12 ist, dann muss im `if`-Anweisungsblock die nächste Verzweigung stehen:

```
if(alter>=12) {

  if(alter<=99) {
    cout << "Buch geeignet." << endl;
  }
  else {
    cout << "Buch nicht geeignet." << endl;
  }

}
```

```
else {
  cout << "Buch nicht geeignet." << endl;
}
```

Bei jeder der beiden `if`-Anweisungen kann die Bedingung falsch sein. Es gibt damit zwei Möglichkeiten, weshalb das Buch ungeeignet sein kann. Weil jedes `if` sein eigenes `else` hat, steht die Ausgabe von »Buch nicht geeignet.« daher auch zweimal im Programm.

Die gesamte Lösung sieht so aus:

```
#include <iostream>

using namespace std;

int main() {
  cout << "Dein Alter:";
  int alter;
  cin >> alter;

  if(alter>=12) {
    if(alter<=99) {
      cout << "Buch geeignet." << endl;
    }
    else {
      cout << "Buch nicht geeignet." << endl;
    }
  }
  else {
    cout << "Buch nicht geeignet." << endl;
  }
}
```

Listing 7.9 Die Lösung zu Abbildung 7.9

7.5.2 Logisches Und

Das ist ein ziemlicher Aufwand, nur um zwei Bedingungen miteinander zu verknüpfen. Es wäre doch viel schöner gewesen, wenn wir nur eine Bedingung der Form »`alter` größer gleich `12` ***und*** `alter` kleiner gleich `99`« hätten formulieren können.

Und genau dazu dient das logische *Und*. Der Operator dazu ist `&&`, also zweimal das Kaufmanns-Und. Die obige verschachtelte Verzweigung können wir nun so schreiben:

```
if(alter>=12 && alter<=99) {
  cout << "Buch geeignet." << endl;
}
else {
  cout << "Buch nicht geeignet." << endl;
}
```

Listing 7.10 Der Einsatz des logischen Und

Weitaus kürzer und übersichtlicher, oder?

7.5.3 Logisches Oder

Apropos »oder« – es gibt natürlich auch eine *Oder*-Verknüpfung. Der Operator besteht aus zwei Pipe-Symbolen, die du über `Alt Gr` + `<` erhältst: ||.

Stelle dir einmal folgende Situation vor: Du möchtest auf ein 600 mal 400 Pixel großes Zeichenbrett ein Rechteck zeichnen, dessen Breite und Höhe der Anwender angeben soll. Dabei soll die eingegebene Breite aber nicht größer als 600 Pixel und die angegebene Höhe nicht größer als 400 Pixel sein, denn sonst passt das Rechteck nicht auf das Zeichenbrett.

Andersherum: Wenn die Breite größer als 600 *oder* die Höhe größer als 400 ist, dann gibt es eine Fehlermeldung. Andernfalls wird das Rechteck gezeichnet. Das Programm dazu sieht so aus:

```
#include <iostream>

using namespace std;

int main() {
  cout << "Breite:";
  int b;
  cin >> b;
  cout << "Hoehe:";
  int h;
  cin >> h;

  if(b>600 || h>400) {
    cout << "Rechteck ist zu gross!" << endl;
  }
  else {
    Zeichenbrett::Oeffnen(600,400);
    Zeichenbrett::ZeichneGefuelltesRechteck(0,0,b,h);
    Zeichenbrett::FensterNachVorne();
```

```
    }
}
```

Listing 7.11 Das Überprüfen der Größe eines Rechtecks

Bei der *Oder*-Verknüpfung reicht es aus, wenn mindestens eine Bedingung wahr ist, damit die gesamte Bedingung wahr ist. Es dürfen aber auch mehrere oder alle Bedingungen wahr sein. Wenn in unserem Fall sowohl die Breite als auch die Höhe zu groß ist, gibt es auch eine Fehlermeldung.

7.6 Die logische Verneinung

Schaue dir bitte folgende Verzweigung an:

```
if(x>20) {
  cout << "Buh!" << endl;
}
```

Der Text »Buh!« wird ausgegeben, wenn `x` größer als 20 ist. Nun verwende ich den Negationsoperator **!** zur Verneinung der Aussage:

```
if(!(x>20)) {
  cout << "Buh!" << endl;
}
```

Jetzt wird der Text ausgegeben, wenn `x` *nicht* größer als 20 ist. Die zu negierende Bedingung muss in Klammern gesetzt werden und davor steht der Negationsoperator. Das alles steht in den runden Klammern von `if`.

Formuliert man den Vergleich selbst, lässt sich der Negationsoperator eigentlich immer vermeiden. Oben hätten wir zum Beispiel statt »`x` nicht größer als 20« auch die Bedingung »`x` kleiner gleich 20« nehmen können.

7.7 Fallunterscheidung

Im Folgenden wollen wir ein kleines Programm schreiben, das den Anwender fragt, welche geometrische Form (Kreis, Quadrat oder Dreieck) gezeichnet werden soll. Wie du sicher dem Programm entnehmen kannst, teilt der Anwender seine Wahl durch Eingabe von 1, 2 oder 3 mit:

```
#include <iostream>

using namespace std;
```

```
int main() {
  cout << "Welche Form soll gezeichnet werden?" << endl;
  cout << "1 - Kreis" << endl;
  cout << "2 - Quadrat" << endl;
  cout << "3 - Dreieck" << endl;
  cout << "Deine Wahl:";
  int input;
  cin >> input;
}
```

Listing 7.12 Die Wahl der zu zeichnenden Form

Um die Wahl des Anwenders auszuwerten, muss nun überprüft werden, welcher Wert in `input` gespeichert ist. Momentan wäre da der `if`-Befehl die richtige Wahl:

```
Zeichenbrett::Oeffnen(600,400);

if(input==1) {
  Zeichenbrett::ZeichneGefuellteEllipse(250,150,100,100);
}

if(input==2) {
  Zeichenbrett::ZeichneGefuelltesRechteck(250,150,100,100);
}

if(input==3) {
  Zeichenbrett::ZeichneGefuelltesDreieck(250,150,
                                         350,150,
                                         300,250);
}

Zeichenbrett::FensterNachVorne();
```

Listing 7.13 Die Auswertung der Formwahl

Obwohl das Programm einwandfrei funktioniert, ist das Abfragen der Werte schon viel Tipparbeit. Glücklicherweise gibt es in C++ einen Befehl, der das Reagieren auf unterschiedliche Werte einer Variablen vereinfacht. Und dieser Befehl heißt `switch`. hinter `switch` steht in runden Klammern, für welchen Ausdruck die Werte betrachtet werden sollen. Und dahinter folgt in geschweiften Klammern die Auswertung:

```
switch(input)
{
}
```

Listing 7.14 Die Syntax von »switch«

Innerhalb der geschweiften Klammern von `switch` müssen jetzt die einzelnen Fälle unterschieden werden. »Fall« heißt im Englischen »case«, und so heißt auch der Befehl dazu: `case`.

Hinter `case` steht der Wert, auf den reagiert werden soll, gefolgt von einem Doppelpunkt. Jeder Fall kann aus beliebig vielen Anweisungen bestehen und wird mit dem Befehl `break` beendet:

```
switch(input) {
  case 1:
    Zeichenbrett::ZeichneGefuellteEllipse(250,150,100,100);
    break;
}
```

Listing 7.15 Die Anwendung von »case«

Im Folgenden ist noch die gesamte `switch`-Anweisung für das obige Beispiel aufgeführt. Dort siehst du auch, dass es noch einen besonderen Fall gibt: `default`. Das englische Wort *default* heißt unter anderem »Mangel« und beschreibt, was passieren soll, wenn die Variable einen Wert hat, der mit keinem `case` berücksichtigt wurde. Oder anders ausgedrückt: »In Ermangelung eines passenden `case` mache ...«

Im unteren Beispiel wird nett darauf hingewiesen, dass nur die Zahlen von 1 bis 3 belegt sind.

```
switch(input) {

  case 1:
    Zeichenbrett::ZeichneGefuellteEllipse(250,150,100,100);
    break;

  case 2:
    Zeichenbrett::ZeichneGefuelltesRechteck(250,150,100,100);
    break;

  case 3:
    Zeichenbrett::ZeichneGefuelltesDreieck(250,150,
                                            350,150,
                                            300,250);
```

```
    break;

  default:
    Zeichenbrett::ZeichneText(180,190,
                              "Da stand 1-3, du Pfeife", 15);
}
```

Listing 7.16 »case« und »default«

Die Reihenfolge der `case`-Blöcke spielt keine Rolle. Es hätte auch zuerst `case 3:` und dann `case 1:` kommen können. Es können auch beliebige ganzzahlige Werte verwendet werden, die auch nicht hintereinanderliegen müssen. Ich könnte zuerst auf den Wert 897 reagieren, dann auf 1234 und dann auf –876, völlig egal.

7.8 Der Datentyp »bool«

Variablen mit dem Datentyp `bool` können nur die Werte `true` oder `false` speichern:

```
bool x=true;
```

Dieser Datentyp wird immer dann verwendet, wenn eine Funktion das Ergebnis einer Bedingung als Rückgabewert zurückliefern soll.

Schaue dir als Beispiel die Funktion `IstGerade` an, die `true` zurückliefert, wenn die übergebene Zahl gerade ist. Andernfalls liefert sie `false` zurück:

```
bool IstGerade(int x) {
  return x%2==0;
}
```

Listing 7.17 Die Funktion »IstGerade«

Als Rückgabewert hat die Funktion einen Ausdruck, der eine Bedingung ist. Die Bedingung `x%2==0` ist dann `true`, wenn der Rest der Division durch zwei gleich null ist. Und das ist nur bei einer geraden Zahl der Fall. Wird beispielsweise sieben durch zwei geteilt, dann ist der Rest eins.

Der Rückgabewert der Funktion kann jetzt genauso verwendet werden wie der Rückgabewert von `IstVorneAbgrund`:

```
#include <iostream>

using namespace std;

bool IstGerade(int x) {
  return x%2==0;
}

int main() {
  cout << "Gib eine Zahl ein:";
  int z;
  cin >> z;
  if(IstGerade(z)==true) {
    cout << z << " ist gerade." << endl;
  }
  else {
    cout << z << " ist ungerade." << endl;
  }
}
```

Listing 7.18 Die Funktion »IstGerade« im Einsatz

7.9 Für Fortgeschrittene

Dieser Abschnitt ist wieder eine Vertiefung und Ergänzung zu den Themen, die wir in diesem Kapitel behandelt haben. Er ist zunächst einmal für das weitere Verständnis nicht notwendig. Wenn du möchtest, kannst du ihn also problemlos überspringen und gleich mit Kapitel 8, »Wiederholungen«, weitermachen.

7.9.1 Vereinfachung von Bedingungen

Das erste Beispiel zu `if` hatten wir mit Scara besprochen, und zwar sollte er sich drehen, wenn vor ihm ein Abgrund ist:

```
if(Scara::IstVorneAbgrund()==true) {
  Scara::DreheNachLinks();
}
```

Listing 7.19 Das Drehen vor einem Abgrund

Wir wissen, dass der Anweisungsblock von `if` abgearbeitet wird, wenn das, was in den runden Klammern hinter `if` steht, wahr beziehungsweise `true` ist.

Aber wann ist der Inhalt der runden Klammern `true`? Die Bedingung `Scara::IstVorneAbgrund()==true` ist genau dann `true`, wenn der Rückgabewert von `IstVorneAbgrund` auch `true` ist. Merkst du was? Der Wahrheitswert der Bedingung ist identisch mit dem Rückgabewert der Funktion. Deshalb kann die Abfrage `==true` weggelassen werden:

```
if(Scara::IstVorneAbgrund()) {
  Scara::DreheNachLinks();
}
```

Listing 7.20 Das Drehen vor einem Abgrund verkürzt

Ähnliches gilt für die Abfrage, ob ein Ausdruck `false` ist:

```
if(Scara::IstVorneAbgrund()==false) {
  Scara::DreheNachLinks();
}
```

Listing 7.21 Das Drehen ohne Abgrund

Hier dreht sich der Käfer genau dann, wenn vor ihm kein Abgrund ist.

Genau genommen ist das nur die Negation von Listing 7.19. Wenn aber Listing 7.20 die Verkürzung von Listing 7.19 ist, dann brauchen wir Listing 7.20 nur mit dem Negationsoperator zu negieren, um die Verkürzung von Listing 7.21 zu haben:

```
if(!Scara::IstVorneAbgrund()) {
  Scara::DreheNachLinks();
}
```

Listing 7.22 Das Drehen ohne Abgrund verkürzt

7.9.2 Vereinfachung von Anweisungsblöcken

In C++ gilt folgende Regel:

Bei Kontrollstrukturen wie `if` – und auch später bei den Schleifen – kann auf die geschweiften Klammern verzichtet werden, wenn der Anweisungsblock nur aus einer Anweisung besteht. Deshalb lässt sich Listing 7.19 auch so schreiben:

```
if(Scara::IstVorneAbgrund()==true)
  Scara::DreheNachLinks();
```

Listing 7.23 Der Verzicht auf geschweifte Klammern

Das Einrücken der `DreheNachLinks`-Anweisung hat lediglich optische Gründe, sollte aber hier auf jeden Fall beibehalten werden, um klarer zu zeigen, dass es sich um den Anweisungsblock von `if` handelt. Auch die verschachtelte `if`-Anweisung aus Listing 7.9 lässt sich ohne geschweifte Klammern schreiben:

```
if(alter>=12)
  if(alter<=99)
    cout << "Buch geeignet." << endl;
  else
    cout << "Buch nicht geeignet." << endl;
else
  cout << "Buch nicht geeignet." << endl;
```

Listing 7.24 Verschachteltes »if« ohne geschweifte Klammern

Eine `if`-Anweisung gilt mitsamt ihrem Anweisungsblock, dem `else` und dessen Anweisungsblock als eine Anweisung, deshalb brauchen wir bei dem ersten `if` keine geschweiften Klammern. Du siehst aber sehr schön, dass optisch nur noch durch das Einrücken zu erkennen ist, dass das zweite `else` zum ersten `if` gehört. Der Verzicht auf geschweifte Klammern kann gerade in der Anfängerzeit schnell zu Fehlern führen.

7.9.3 Kurzschlüsse bei den logischen Operatoren

Bei den logischen Operatoren Und und Oder kann es zu einem sogenannten *Kurzschlussverhalten* kommen, das wir uns hier genauer anschauen wollen.

Um dieses Phänomen besser demonstrieren zu können, habe ich die Funktionen `GibTrueZurueck` und `GibFalseZurueck` programmiert, die auf dem Bildschirm ausgeben, dass sie aufgerufen wurden und entsprechend ihrem Namen `true` oder `false` zurückliefern:

```
bool GibFalseZurueck() {
  cout << "GibFalseZurueck" << endl;
  return false;
}

bool GibTrueZurueck() {
  cout << "GibTrueZurueck" << endl;
  return true;
}
```

Listing 7.25 Die Funktionen »GibTrueZurueck« und »GibFalseZurueck«

Nun betrachten wir folgende `main`-Funktion, die die beiden oben aufgeführten Funktionen verwendet:

```
int main() {
  if(GibFalseZurueck()==false && GibTrueZurueck()==false) {
    cout << "Buh!" << endl;
  }
}
```

Listing 7.26 Ein Einsatz von »GibTrueZurueck« und »GibFalseZurueck«

Die Bedingung von `if` prüft zunächst, ob `GibFalseZurueck` den Wert `false` zurückliefert. Durch den Funktionsaufruf erscheint auf dem Bildschirm *GibFalseZurueck*. Dann prüft `if`, ob `GibTrueZurueck` den Wert `false` zurückliefert. Auch hier sorgt der Funktionsaufruf dafür, dass jetzt *GibTrueZurueck* auf dem Bildschirm erscheint.

Die beiden Bedingungen werden mit Und verknüpft. Da nur die erste Bedingung wahr ist, wird der Anweisungsblock von `if` nicht ausgeführt. So weit verhält sich noch alles, wie erwartet. Schaue dir jetzt diese `main`-Funktion an:

```
int main() {
  if(GibFalseZurueck()==true && GibTrueZurueck()==true) {
    cout << "Buh!" << endl;
  }
}
```

Listing 7.27 Die Kurzschlusseigenschaft macht sich bemerkbar.

Nun wird bei beiden Funktionen geprüft, ob sie `true` zurückliefern. Weil `GibFalseZurueck` kein `true` liefert, sind nicht alle Bedingungen der Und-Verknüpfung `true`, und deshalb erscheint wieder kein *Buh!*. Auch das war zu erwarten. Das Erstaunliche ist aber, dass auf dem Bildschirm nur *GibFalseZurueck* erscheint und kein *GibTrueZurueck*. Das war nicht zu erwarten gewesen.

Und genau das ist die Kurzschlusseigenschaft. Wir wissen, dass bei einer Und-Verknüpfung alle Einzelbedingungen wahr sein müssen, damit die Gesamtbedingung wahr ist. In Listing 7.27 ist aber bereits die erste Einzelbedingung falsch. Die Gesamtbedingung kann damit nicht mehr wahr werden. Es macht aus logischer Sicht also keinen Sinn mehr, die zweite Einzelbedingung überhaupt noch zu prüfen. Genau das passiert aber, und das ist die Kurzschlusseigenschaft.

Sobald das Ergebnis der Gesamtbedingung feststeht, werden keine weiteren Einzelbedingungen mehr geprüft. Und eben weil die zweite Bedingung nicht mehr geprüft wird, wird auch `GibTrueZurueck` nicht mehr aufgerufen und kann deshalb auch keinen Text ausgeben.

Bei der Oder-Verknüpfung gibt es die Kurzschlusseigenschaft übrigens auch. Eine Oder-Verknüpfung liefert ja einen wahren Wert, wenn mindestens eine Einzelbedingung wahr ist. Sobald also die erste Einzelbedingung wahr ist, brauchen alle weiteren Bedingungen nicht mehr geprüft zu werden.

7.10 Übungen

Kommen wir nun wieder zur praktischen Anwendung, um Nedjem zu zeigen, wie er sich als Käfer vernünftig bewegt.

Übung 1

In diesem Kapitel haben wir die Verzweigung an einem ägyptischen Beispiel gesehen, nämlich der Übung 5. Dort befand sich das Ankh-Kreuz entweder vor oder links von Scara.

Die Übung 6 ist nun so aufgebaut, dass sich das Ankh-Kreuz zufällig vor, hinter, links oder rechts von Scara befinden kann. Damit das Szenario zufällig gewählt wird, gibst du nur die Übung ohne Szenario an:

```
int main() {
  Scara::Starten(6);
}
```

Listing 7.28 Der Aufruf der 6. ägyptischen Übung

Übung 2

Die Übung 7 ist wieder eine Übung zum Geradeauslaufen. Die Szenarien unterscheiden sich in der Anzahl der Schritte, die der Käfer zum Erreichen des Ankh machen muss. Es werden zufällig ein bis vier Schritte sein. Abbildung 7.10 zeigt die Übung mit der maximalen Entfernung des Käfers zum Ankh. Wie immer muss das Ankh erreicht werden.

Abbildung 7.10 Die 7. Übung von Scara

7.11 Zusammenfassung

In diesem Kapitel ging es um Verzweigungen in C++. Die Themen waren:

- Wozu sind Verzweigungen notwendig?
- Was ist eine Bedingung?
- Wie funktioniert eine Wenn-Dann-Verzweigung?
- Wie funktioniert eine Entweder-Oder-Verzweigung?
- Welche Vergleichsoperatoren kennt C++?
- Wie können Bedingungen logisch verknüpft werden?
- Was ist eine logische Negation?
- Was genau ist die Fallunterscheidung?
- Wozu verwendet man den Datentyp `bool`?
- Wie können Bedingungen und Anweisungsblöcke vereinfacht werden?
- Was bedeutet die Kurzschlusseigenschaft?

In diesem Kapitel erfährst du, wie bestimmte Programmabschnitte beliebig oft wiederholt werden können.

8 Wiederholungen

Ich bin gereinigt, formte Scara in seinem Geist und fühlte dieses mittlerweile vertraute Reißen an seinem Körper, wenn ihn der Ankh-Stein in die nächste Prüfungshalle transportierte. Doch dieses Mal landete er nicht in der nächsten Prüfung, sondern auf Ras Hand.

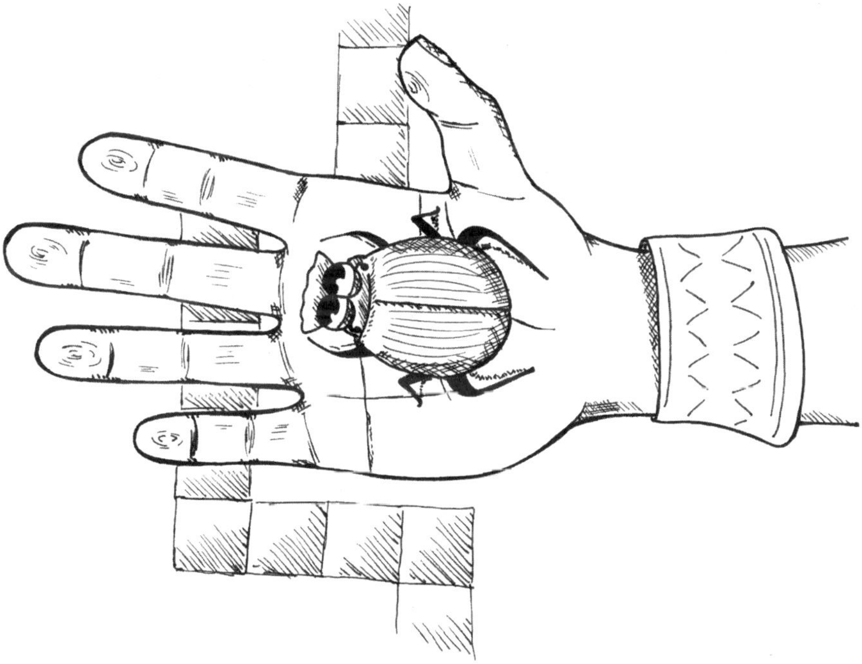

»Nicht schlecht«, lobte Ra und tätschelte Scaras Kopf. »Du bist wirklich nicht auf die Fühler gefallen«, grinste er. »Nur die Art, wie du mir deine Lösungen präsentierst, ist sehr umständlich. Kannst du dir denn nichts Einfacheres einfallen lassen, als mir dreimal zu sagen ›Wenn vorne kein Stein ist, drehe ich mich nach links‹?«

Scara dachte nach. »Es funktioniert doch.«

»Natürlich funktioniert es, aber stelle dir vor, du müsstest mir auf diese Weise den Weg durch die gesamte Pyramide erklären. Das würde Bände von Büchern füllen, und die sind in eurer Zeit noch nicht mal erfunden.«

Scara verstand nicht ganz, wovon Ra sprach, aber der fuhr einfach fort. »Es wäre doch viel einfacher, wenn du mir die Lösung beschreiben würdest mit ›*Solange* kein Stein vor mir ist, drehe ich mich nach links‹. Auf diese Weise sind alle Möglichkeiten abgedeckt.«

Nun erkannte der Käfer, worauf der falkenköpfige Ra hinauswollte. »So könnte ich auch das Ablaufen einer beliebig langen Steinfolge beschreiben, indem ich sage ›Solange vor mir ein Stein liegt, gehe ich einen Stein weiter‹, oder nicht?«

»Genau«, freute sich Ra, »du hast es verstanden. Wir wollen nun ...« Etwas brüllte fürchterlich. Die Halle erbebte. Staub rieselte herab.

»Furchtbar, dieses Tier.« Ra wischte mit übertriebener Ruhe den Staub von seinen Schultern und von Scaras Kopf. »Du solltest dich übrigens mit den nächsten Hallen beeilen, denn wie ich Mathemahotep kenne, wird sie deine Verlobte bald mit diesem Monster allein lassen.«

8.1 Die einfachste Art der Wiederholung: »while«

In der zweiten Übung des vorigen Kapitels musstest du den Käfer unterschiedlich weit in eine Richtung laufen lassen, um das Ankh zu erreichen. Glücklicherweise bestand die weiteste Entfernung aus vier Steinen. Was aber, wenn die Entfernung noch weiter sein könnte?

Gut, der Teil des Programms, der viermal wiederholt wurde, um den Käfer maximal vier Schritte gehen zu lassen, könnte auch noch öfter verwendet werden, zehnmal zum Beispiel. Was aber, wenn die Entfernung beliebig weit sein kann? Es macht ja keinen Sinn, den Programmcode, der den Käfer einen Schritt gehen lässt, falls vor ihm kein Abgrund ist, tausendmal zu wiederholen, nur um genug Luft zu haben.

Stattdessen gibt es in Programmiersprachen die Möglichkeit, einen bestimmten Programmabschnitt aufgrund einer Bedingung wiederholen zu lassen. Nehmen wir dazu Scaras 8. Übung, bei der die zu laufende Strecke schon etwas länger sein kann, wie Abbildung 8.1 zeigt.

Abbildung 8.1 Scaras 8. Übung

Um das Problem zu lösen, schauen wir uns einen neuen Befehl namens `while` an:

```
while(bedingung)
{
}
```

Listing 8.1 Die Schreibweise von »while«

while heißt auf Deutsch so viel wie »solange«. Optisch hat der Befehl große Ähnlichkeit mit `if`, nur dass eben anstelle von `if` nun `while` steht. Die Funktionsweise ist auch ähnlich. Sollte die Bedingung hinter `while` wahr sein, dann wird der Anweisungsblock ausgeführt, sollte die Bedingung falsch sein, dann wird der Anweisungsblock übersprungen.

Der große Unterschied liegt darin, dass nach Abarbeitung des Anweisungsblocks das Programm wieder »hochspringt« und die Bedingung von `while` erneut prüft. Sollte die Bedingung wieder wahr sein, dann wird der Anweisungsblock nochmal abgearbeitet und dann wieder die Bedingung geprüft usw. Abbildung 8.2 zeigt den Ablauf als Aktivitätsdiagramm.

Bevor du weiterliest, kannst du ja mal selbständig versuchen, Übung 8 von Scara zu lösen.

```
int main() {
  Scara::Starten(8);

  while(Scara::IstVorneAbgrund()==false) {
    Scara::Gehen();
  }

  Scara::Beenden();
}
```

Listing 8.2 Die Lösung von Scaras 8. Übung

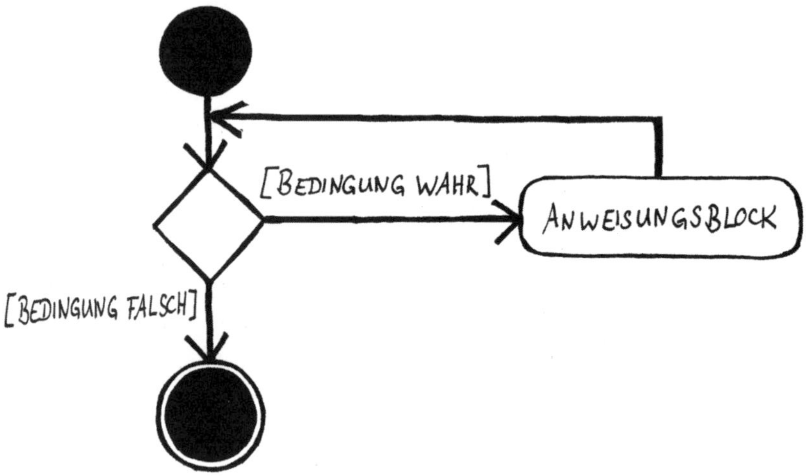

Abbildung 8.2 Die Funktionsweise von »while«

Solange vor Scara noch ein Stein ist, geht er einen Schritt weiter. Die Übung 1 aus dem vorigen Kapitel (Seite 1) lässt sich mit `while` auch viel eleganter lösen:

```
int main() {
  Scara::Starten(6);

  while(Scara::IstVorneAbgrund()==true) {
    Scara::DreheNachLinks();
  }

  Scara::Gehen();
  Scara::Beenden();
}
```

Listing 8.3 Die Lösung von Übung 1 aus Abschnitt 7.10 mit »while«

Der Käfer dreht sich so lange, bis vor ihm kein Abgrund mehr ist. Diese Lösung setzt natürlich voraus, dass es noch einen weiteren Stein gibt als den, auf dem der Käfer steht.

8.2 Auf immer und ewig: Endlosschleifen

Aber was würde passieren, wenn es in der obigen Übung einen solchen zweiten Stein nicht gäbe?

Versuche es einfach mal, indem du Listing 8.3 mit Übung 9 startest, also `Scara::Starten(9)` verwendest. Dort steht Scara gleich zu Beginn auf dem Ankh, und sonst gibt es keine anderen Steine. Da in dieser Situation die Funktion `IstVorneAbgrund` immer `true` liefert, weil es in keiner Himmelsrichtung einen weiteren Stein gibt, wird sich der Käfer endlos lange drehen. Hier hilft nichts anderes, als entweder [Esc] zu drücken oder das Spielfeld mit der Maus zu schließen.

Ich denke, es ist klar, dass solche Endlosschleifen vermieden werden sollten, denn für den Anwender hat sich das Programm dann »aufgehängt«. Die Lösung zu Übung 9 ist denkbar einfach:

```
int main() {
  Scara::Starten(9);
  Scara::Beenden();
}
```

Listing 8.4 Die Lösung zu Scaras 9. Übung

8.3 Erst machen, dann prüfen: »do ... while«

Die `while`-Schleife prüft zuerst die Bedingung. Sollte die Bedingung wahr sein, wird der Anweisungsblock ausgeführt. Was aber, wenn die Bedingung erst geprüft werden kann, nachdem der Anweisungsblock der Schleife abgearbeitet wurde?

Ein Beispiel wäre das Prüfen einer eingegebenen Zahl, ob diese größer als 0 ist. Die Zahl soll vom Anwender so lange eingegeben werden, bis er eine Zahl größer 0 eingibt. Damit die Eingabe wiederholt wird, muss sie im Anweisungsblock der Schleife stehen. Die Bedingung lautet »Solange Eingabe kleiner gleich 0«, aber sie kann erst nach dem Anweisungsblock geprüft werden, weil dort ja die Eingabe vom Anwender geholt wird.

Die `while`-Schleife macht es aber genau andersherum: Erst wird die Bedingung geprüft, dann gegebenenfalls der Anweisungsblock ausgeführt. Diese Schwierigkeit kann mit einem anderen Schleifenbefehl umgangen werden, der `do ... while`-Schleife:

```
do
{
} while(bedingung);
```

Listing 8.5 Der Aufbau der »do ... while«-Schleife

Beachte bitte, dass hinter den runden Klammern von `while` ein Semikolon steht.

Wie im Aktivitätsdiagramm in Abbildung 8.3 sehr schön zu sehen, wird zuerst der Anweisungsblock der `do ... while`-Schleife abgearbeitet und dann erst die Bedingung geprüft.

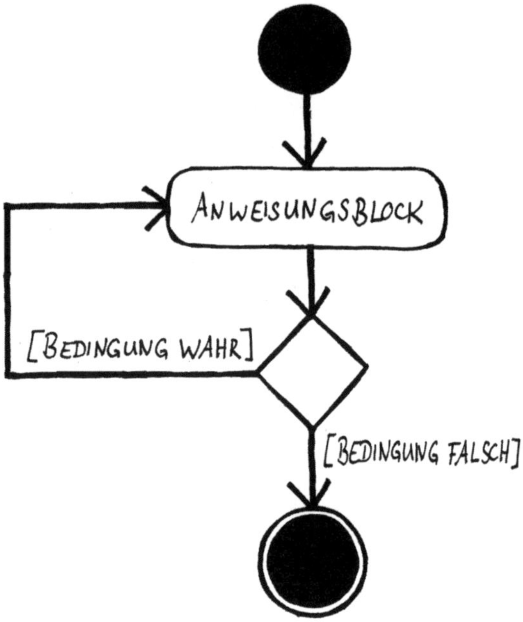

Abbildung 8.3 Die Funktionsweise von »do ... while«

Nun können wir auch eine Lösung für das Problem des Prüfens auf eine gültige Zahl programmieren:

```
#include <iostream>

using namespace std;

int main() {
  int x;

  do {
    cout << "Bitte Wert eingeben:";
    cin >> x;
  } while(x<=0);

}
```

Listing 8.6 Das Prüfen auf einen gültigen Wert

Zuerst wird eine Variable x definiert, die im weiteren Verlauf die Eingabe des Anwenders speichern soll. Innerhalb der Schleife wird dann der Wert des Anwenders eingelesen. Danach wird geprüft, ob die Zahl ungültig ist, denn die Schleife soll ja laufen, solange keine gültige Zahl eingegeben wurde. Und wenn eine gültige Zahl größer als 0 ist, dann ist eine ungültige Zahl die Negation der Aussage, also kleiner gleich 0.

Man hätte hier auch schön den Negationsoperator anwenden können:

```
do {
  cout << "Bitte Wert eingeben:";
  cin >> x;
} while(!(x>0));
```

Listing 8.7 Die Schleifenbedingung mit dem Negationsoperator

Bevor du weiterliest, versuche doch mal, das obige Beispiel so zu verbessern, dass der Anwender nach der Eingabe einer ungültigen Zahl noch die Nachricht »Zahl ist ungueltig!« angezeigt bekommt.

```
#include <iostream>

using namespace std;

int main() {
  int x;
  do {
    cout << "Bitte Wert eingeben:";
    cin >> x;

    if(x<=0) {
      cout << "Zahl ist ungueltig!" << endl;
    }

  } while(x<=0);
}
```

Listing 8.8 Das Prüfen der Zahl mit zusätzlicher Fehlerinformation

8.4 Zählen mit Schleifen

Überaus oft kommst du beim Programmieren in die Situation, dass du zählen musst. Der Anfangswert, der Endwert und auch die Schrittweite mögen sich verändern, aber gezählt werden muss häufig.

Nehmen wir als einfaches Beispiel das Zählen von eins bis zehn mit Ausgabe der Zahlen. Zuerst brauchen wir eine Variable. Da wir mit 1 beginnen wollen, können wir diesen Wert direkt der Variablen zuweisen:

```
int x=1;
```

Wenn wir zehnmal eine Variable ausgeben wollen, dann bietet sich eine Wiederholung an. Und wie lange soll wiederholt werden? Solange der Wert 10 noch nicht überschritten ist, also x kleiner gleich 10 ist:

```
while(x<=10) {
```

Was muss innerhalb der Schleife geschehen? Zum einen muss der Wert ausgegeben werden:

```
cout << x << endl;
```

Und damit beim nächsten Mal nicht mehr der Wert 1, sondern der Wert 2 ausgegeben wird, muss zum anderen der in `x` gespeicherte Wert um 1 erhöht werden:

```
x=x+1;
```

Abbildung 8.4 zeigt den Ablauf als Aktivitätsdiagramm.

Und hier das vollständige Programm:

```
#include <iostream>

using namespace std;

int main() {
  int x=1;
  while(x<=10) {
    cout << x << endl;
    x=x+1;
  }
}
```

Listing 8.9 Das Zählen von eins bis zehn mit »while«

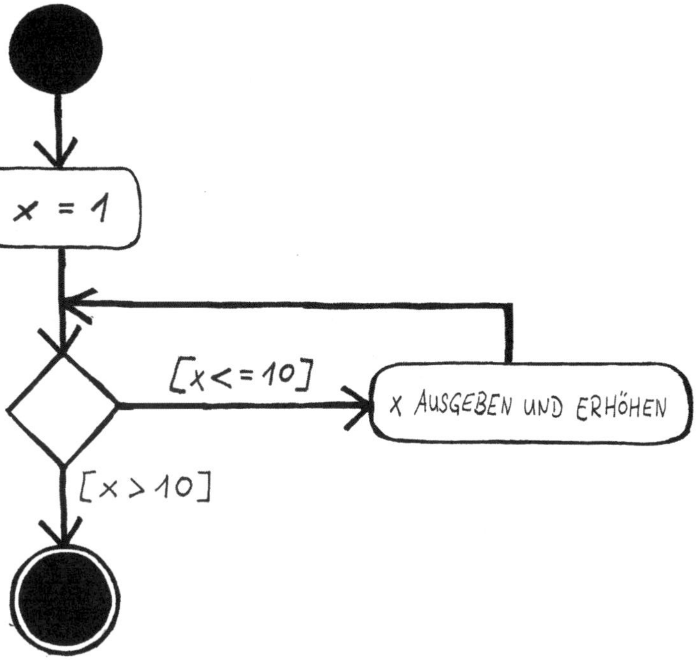

Abbildung 8.4 Das Zählen von eins bis zehn als Aktivitätsdiagramm

8.5 Von vorn bis hinten: »for«

Für diesen speziellen Einsatz des Zählens gibt es in C++ eine besondere Schleife, die den Zählmechanismus kompakter darstellt, die `for`-Schleife:

```
for(int x=1; x<=10; x=x+1) {
  cout << x << endl;
}
```

Die für das Zählen wesentlichen Teile, nämlich Definition des Startwertes, Bedingung, wie weit gezählt wird, und das Erhöhen des Zählers, sind bei `for` im Kopf der Schleife zusammengefasst. Diese drei Elemente stehen in den runden Klammern von `for` und werden untereinander mit Semikolon getrennt. Abbildung 8.5 zeigt die in `while` verwendeten Elemente und ihren Platz bei `for`.

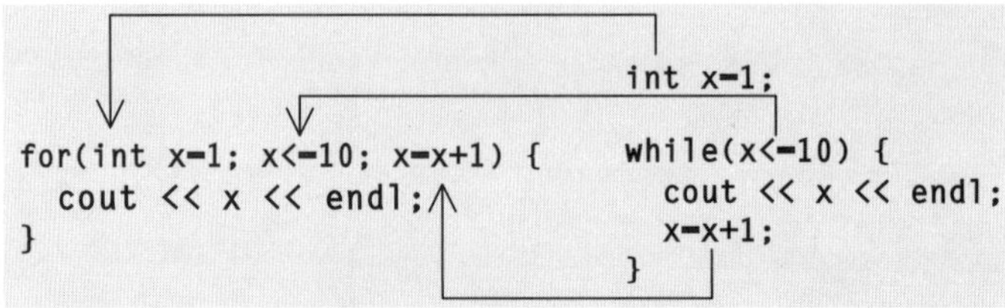

Abbildung 8.5 Die Ähnlichkeiten zwischen »for« und »while«

In Abschnitt 6.1 hast du erfahren, was lokale Variablen sind. Wenn du eine `for`-Schleife verwendest und die Zählvariable wie im obigen Beispiel im Schleifenkopf definierst, dann ist diese Zählvariable eine lokale Variable von `for`. Das bedeutet, dass sie hinter `for` nicht mehr existiert:

```
#include <iostream>

using namespace std;

int main() {
  for(int x=1; x<=10; x=x+1) {
    cout << x << endl;
  }

  cout << x << endl;

}
```

Listing 8.10 Der fehlerhafte Zugriff auf die lokale Zählvariable

Im Listing oben wird der Compiler bei der `cout`-Anweisung sagen, dass er `x` nicht kennt. Denn wie schon erwähnt, ist `x` eine lokale Variable von `for` und deshalb nur innerhalb der Schleife existent. Das hat den Vorteil, dass hintereinanderliegende Schleifen Zählvariablen mit demselben Namen verwenden können, ohne dass es Probleme gibt.

Manchmal ist es aber notwendig, dass die Zählvariable hinter der Schleife noch existiert. Du musst die Variable dann vor der Schleife definieren, so wie wir es auch bei `while` gemacht haben. Die Zuweisung des Startwertes lassen wir aber weiterhin im Schleifenkopf:

```
#include <iostream>

using namespace std;

int main() {
  int x;
  for(x=1; x<=10; x=x+1) {
    cout << x << endl;
  }
  cout << x << endl;
}
```

Listing 8.11 Der Zugriff auf die Zählvariable

Nun ist `x` innerhalb des Anweisungsblocks von `main` definiert und daher eine lokale Variable von `main`. Deshalb kann auf `x` überall in `main` zugegriffen werden, auch hinter der Schleife.

8.6 Schleifen verschachteln

So wie du `if`-Befehle verschachteln kannst, kannst du auch Schleifen verschachteln. Ich zeige dir hier ein Beispiel zweier verschachtelter `for`-Schleifen:

```
#include <iostream>

using namespace std;

int main() {
  for(int a-1; a<-4; a-a+1) {
    for(int b=1; b<=3; b=b+1) {
      cout << "a=" << a << ", b=" << b << endl;
    }
  }
}
```

Listing 8.12 Zwei verschachtelte »for«-Schleifen

Auf dem Bildschirm erscheint das so:

a=1, b=1
a=1, b=2
a=1, b=3
a=2, b=1
a=2, b=2

a=2, b=3
a=3, b=1
a=3, b=2
a=3, b=3
a=4, b=1
a=4, b=2
a=4, b=3

Zuerst beginnt die äußere Schleife und setzt ihre Zählvariable `a` auf 1.

Im Anweisungsblock der äußeren Schleife steht die innere Schleife, die ihre Zählvariable `b` auch mit 1 initialisiert und dann ihren Anweisungsblock abarbeitet. Dort wird *a=1, b=1* ausgegeben. Die innere Schleife läuft weiter, so dass bei der nächsten Ausgabe `b` den Wert 2 hat. Die Variable `a` hat noch immer den Wert 1, daher wird *a=1, b=2* ausgegeben.

So läuft die innere Schleife komplett durch. Mit ihrem Ende ist auch der Anweisungsblock der äußeren Schleife zu Ende, und `a` wird um 1 erhöht. Mit a=2 wird dann die innere Schleife erneut gestartet, die `b` von 1 bis 3 hochzählen lässt bei gleichbleibendem `a` usw.

Solche verschachtelten Schleifen machen je nach Anwendungsfall durchaus Sinn. Im folgenden Abschnitt zeige ich dir ein Anwendungsbeispiel.

8.7 Ein paar Beispiele

In diesem Abschnitt möchte ich ein paar Beispiele dazu zeigen, wie vielfältig wir mit den Schleifen und den anderen bisher gelernten Befehlen programmieren können.

8.7.1 Zeichnen einer Röhre

Das folgende Programm verwendet eine `for`-Schleife, um an verschiedenen X-Koordinaten einen Kreis zu zeichnen. Dadurch entsteht der Effekt einer Röhre:

```
int main() {
  Zeichenbrett::Oeffnen(600,400);
  for(int x=0; x<=500; x=x+10) {
    Zeichenbrett::ZeichneEllipse(x,150,100,100);
  }
}
```

Listing 8.13 Das Zeichnen einer Röhre

Abbildung 8.6 zeigt das Ergebnis.

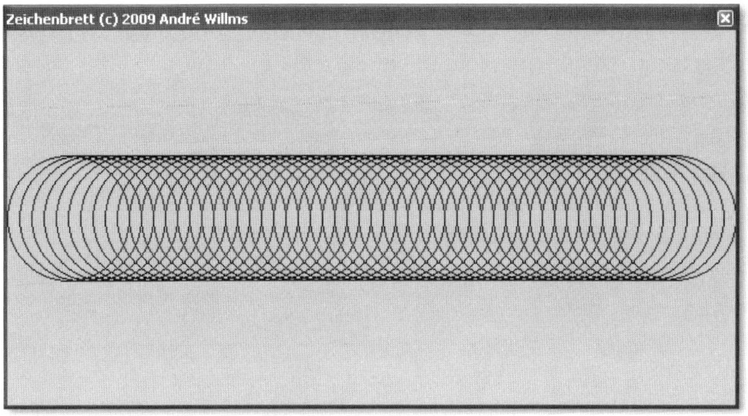

Abbildung 8.6 Eine gezeichnete Röhre

8.7.2 Ein Effekt mit Ellipsen

Das im Folgenden besprochene Programm zeichnet den in Abbildung 8.7 dargestellten Effekt.

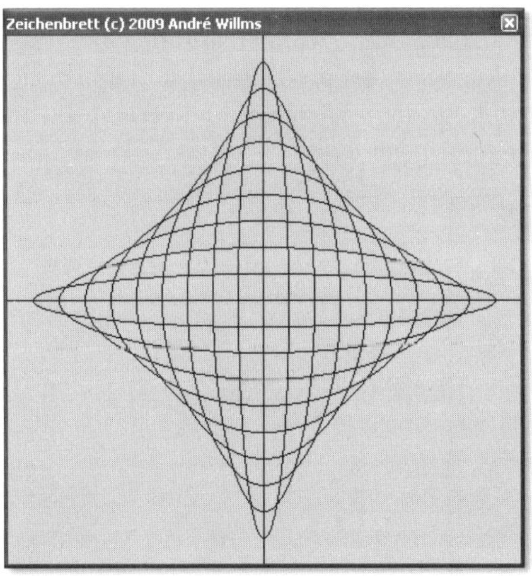

Abbildung 8.7 Ein Effekt mit Ellipsen

In Kapitel 6 hast du eine Übung gelöst, in der eine Funktion programmiert werden sollte, die einen Kreis zeichnet unter Angabe der Position seines Mittelpunktes und seines Radius (Lösung siehe Listing A.19).

Basierend auf dieser Funktion habe ich eine Funktion ZeichneEllipse geschrieben, der ich den Mittelpunkt der Ellipse sowie ihren X- und Y-Radius übergebe und die dann eine Ellipse zeichnet. Die Schleife im Hauptprogramm zeichnet dann Ellipsen mit unterschiedlichen Radien an dieselbe Position:

```
void ZeichneEllipse(int x, int y, int rx, int ry) {
  Zeichenbrett::ZeichneEllipse(x-rx, y-ry, rx*2, ry*2);
}

int main() {
  Zeichenbrett::Oeffnen(400,400);
  for(int x=0; x<=200; x=x+20) {
    ZeichneEllipse(200,200, x, 200-x);
  }
}
```

Listing 8.14 Ein Ellipsen-Effekt

Du solltest dieses Programm einmal selbst ausprobieren und ein bisschen mit den Werten spielen. Dann lernst du die Funktionsweise der Schleifen noch besser kennen.

Auf diese Weise können tolle Sachen entstehen. Wenn du zum Beispiel die Y-Position der zu zeichnenden Ellipse änderst auf 200+x, dann erhältst du einen Tannenbaum wie in Abbildung 8.8. Die Kugeln musst du dann selbst dranhängen. Oder ändere einmal den Wert, der im Kopf der Schleife auf x addiert wird, von 20 auf 10, und schon werden die Maschen enger usw.

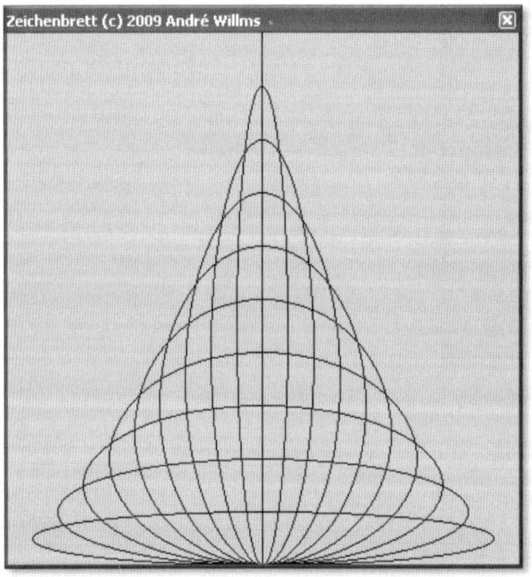

Abbildung 8.8 Ein Tannenbaum aus Ellipsen

8.7.3 Farben mischen

In diesem Beispiel werden wir das Zeichenbrett mit einem Farbverlauf füllen. Hier lernst du auch noch eine weitere Eigenschaft des Zeichenbretts kennen.

Jedes Mal, wenn du eine Zeichenfunktion aufrufst, wird diese sofort auf den Bildschirm gebracht. Das nächste Beispiel zeichnet über 65.000 Punkte, das heißt, das Zeichenbrett wird über 65.000 mal aktualisiert, obwohl es eigentlich ausreichen würde, nur das Ergebnis anzuzeigen.

Und dazu gibt es zwei Funktionen. Mit `Zeichenbrett::AusgabeAnhalten()` wird das permanente Aktualisieren des Fensters abgeschaltet. Alle Änderungen am Zeichenbrett werden jetzt nicht mehr angezeigt.

Das Gegenstück ist die Funktion `Zeichenbrett::AusgabeFortsetzen()`, die die Darstellung wieder aktiviert. Dieses Beispiel schaltet die Ausgabe zu Beginn des Zeichenvorgangs ab und nach Beendigung wieder ein. So wird das Zeichnen viel schneller erledigt.

Für dieses Beispiel werden zwei Schleifen verschachtelt. Und zwar zählt die äußere Schleife alle X-Koordinaten des Zeichenbretts durch, und die innere Schleife zählt für jede X-Koordinate alle Y-Koordinaten durch. Auf diese Weise werden die Koordinaten aller Pixel auf dem Zeichenbrett durchlaufen.

Die beiden Zählvariablen werden dann verwendet, um die Zeichenfarbe zu ändern. Warum ich bei `SetzeBlau x` verwendet habe, bei `SetzeRot 255-y` usw., kann ich dir nicht sagen. Ich habe etwas rumgespielt, bis es nett aussah.

Bei `SetzeGruen` ist `(128+x+y)%256` angegeben. Du weißt, dass jede Farbkomponente einen Wert von 0–255 annehmen kann. Der Ausdruck `128+x+y` wird aber schnell größer als 255. Durch den Einsatz einer Modulo-Berechnung mit 256 ist gewährleistet, dass der Ausdruck niemals größer als 255 wird. Denn bei einer Division durch 256 kann der Rest nicht größer sein als 255. 256 könnte ja wieder durch 256 geteilt werden.

```
int main() {
  Zeichenbrett::Oeffnen(256,256);
  Zeichenbrett::AusgabeAnhalten();
  for(int x=0; x<=255; x=x+1) {
    for(int y=0; y<=255; y=y+1) {
      Zeichenbrett::SetzeBlau(x);
      Zeichenbrett::SetzeRot(255-y);
      Zeichenbrett::SetzeGruen((128+x+y)%256);
      Zeichenbrett::ZeichnePunkt(x,y);
    }
  }
```

```
  Zeichenbrett::AusgabeFortsetzen();
}
```

Listing 8.15 Das Mischen von Farben mit Schleifen

Hier in Abbildung 8.9 kannst du das Farbspektakel leider nicht sehen, deshalb solltest du dieses Beispiel einmal selbst ausprobieren. Über 65.000 verschiedene Farben in einem Quadrat sehen schon klasse aus.

Abbildung 8.9 Mit Schleifen gemischte Farben

8.8 Für Fortgeschrittene

Dieser Abschnitt vertieft und ergänzt wieder die bisher besprochenen Dinge. Sie sind für das weitere Verständnis nicht zwingend erforderlich, deshalb kannst du auch gleich mit den Übungen weitermachen, wenn dir jetzt mehr nach selbst programmieren ist.

8.8.1 Inkrement und Dekrement

Auch wenn Schleifen nicht immer nur mit eins hoch- oder runterzählen, ist das jedoch überwiegend der Fall. Deshalb gibt es dafür zwei spezielle Operatoren: den Inkrementoperator ++ zum Hochzählen und den Dekrementoperator -- zum Runterzählen.

Die folgende Schleife setzt den Inkrementoperator ein, um die Schleifenvariable immer um eins hochzuzählen.

```
for(int a=1; a<=10; ++a) {
  cout << a << endl;
}
```

Listing 8.16 Eine Schleife mit Inkrementoperator

Inkrement- und Dekrementoperatoren dürfen auch auf der rechten Seite einer Zuweisung stehen:

```
int a=10;
int b= --a;

cout << b << endl;
```

Listing 8.17 Der Dekrementoperator bei der Zuweisung

Die Variablen a und b haben anschließend beide den Wert 9.

Eine Besonderheit gibt es noch bei den Inkrement- und Dekrementoperatoren: Man kann sie auch hinter die Variable schreiben, aber dann verhalten sie sich etwas anders:

```
int a=10;
int b= a--;

cout << b << endl;
```

Listing 8.18 Der Einsatz von Postdekrement

Steht der Inkrement- oder Dekrementoperator hinter der Variablen, dann steht der Ausdruck a-- für den alten Wert der Variablen. Obwohl im Listing oben a nach dem Dekrement den Wert 9 hat, bekommt b den Wert 10 zugewiesen, weil 10 der alte Wert von a ist.

Diese Schreibweise wird *Postinkrement* beziehungsweise *Postdekrement* genannt. Die Schreibweise mit dem Operator vor der Variablen nennt man *Präinkrement* beziehungsweise *Prädekrement*.

Diese Operatoren können Programme häufig verkürzen. Nehmen wir folgendes Beispiel:

```
int a=1;
while(a<=10) {
  cout << a << endl;
  a=a+1;
}
```

Im Anweisungsblock der Schleife wird a zuerst ausgegeben und dann um eins erhöht. Man könnte auch sagen, dass der alte Wert des erhöhten a ausgegeben wird. Und das klingt stark nach Postinkrement:

```
int a=1;
while(a<=10)
  cout << a++ << endl;
```

Die geschweiften Klammern des Anweisungsblocks der Schleife können weggelassen werden, weil er nur aus einer Anweisung besteht (siehe Abschnitt 7.9.2).

8.8.2 Schleifenabbruch

Wir haben den Befehl break schon im Zusammenhang mit der Fallunterscheidung (siehe Abschnitt 7.7) kennengelernt. Innerhalb einer Schleife angewendet, bricht er die innerste Schleife ab. Nehmen wir folgende alte Bekannte:

```
for(int a=1; a<=10; a=a+1) {
  cout << a << endl;
}
```

Diese Schleife zählt von eins bis zehn, was für eine Überraschung. Aber jetzt bauen wir für den Fall, dass a den Wert 5 hat, eine break-Anweisung ein:

```
for(int a=1; a<=10; a=a+1) {
  if(a==5) {
    break;
  }
  cout << a << endl;
}
```

Bei a gleich 5 wird break ausgeführt. Wie bereits erklärt, bricht break die innerste Schleife ab. Da wir nur eine Schleife haben, ist dies automatisch auch die innerste. Auf dem Bildschirm erscheinen nur die Zahlen von 1 bis 4.

Du kannst jetzt natürlich einwenden, dass du den gleichen Effekt mit einer Schleife hinbekommst, die von vornherein nur bis 4 zählt:

```
for(int a=1; a<=4; a=a+1) {
  cout << a << endl;
}
```

Und damit hast du Recht. Wenn du auf break verzichten kannst, umso besser, denn gerade unter Lehrern ist der Einsatz von break verpönt. Zum einen, weil break dazu verleitet, unstrukturiert zu programmieren, und unstrukturiert solltest du wirklich nicht programmieren. Zum anderen aber auch einfach, weil die

Lehrer mit so alten Programmiersprachen aufgewachsen sind, die `break` noch nicht besaßen. Und das wiederum ist kein Grund.

In Maßen eingesetzt, kann der Befehl `break` ein Programm wirklich leistungsfähiger machen. Den Befehl aber zu meiden – koste es, was es wolle – oder ihn krampfhaft einsetzen zu wollen ist beides kein guter Programmierstil. Zumindest nicht in C++.

8.9 Übungen

Endlich, wir sind wieder bei den Übungen. Mit den Schleifen in Kombination mit Verzweigungen lassen sich eigentlich bereits fast alle Algorithmen programmieren. Wir wollen uns jetzt etwas austoben und Scara über das Spielfeld jagen.

Übrigens, wenn du eine Übung mit einem Zufallsszenario startest, wird im Ausgabefenster die Nummer des zufällig ausgewählten Szenarios angezeigt. Wenn du also deine Lösung testest und sie mit einem Szenario nicht funktioniert, dann kannst du dir die Nummer des Szenarios merken und es beim nächsten Mal direkt aufrufen. So kannst du besser prüfen, ob du den Fehler in deinem Programm behoben hast.

Übung 1

Die 10. Übung von Scara besteht aus zwei Strecken, die unterschiedlich lang sein können. Die zweite Strecke knickt von der ersten immer nach links ab. Abbildung 8.10 zeigt ein Beispiel.

Abbildung 8.10 Scaras 10. Übung

Damit die Übung ein zufälliges Szenario wählt, musst du sie ohne Angabe eines Szenarios starten:

```
int main() {
  Scara::Starten(10);
}
```

Übung 2

Wir machen die Sache jetzt noch etwas interessanter. Als Programmierer ist es nicht nur wichtig, zu einem Problem eine Lösung zu finden. Häufig muss man auch erst einmal das Problem beziehungsweise dessen Struktur erkannt haben.

Abbildung 8.11 zeigt ein Szenario von Scaras 11. Übung. Starte die Übung ein paarmal, um die Regelmäßigkeit in der Problemstellung zu erkennen, und schreibe dann ein Programm, das den Käfer immer ans Ziel bringt.

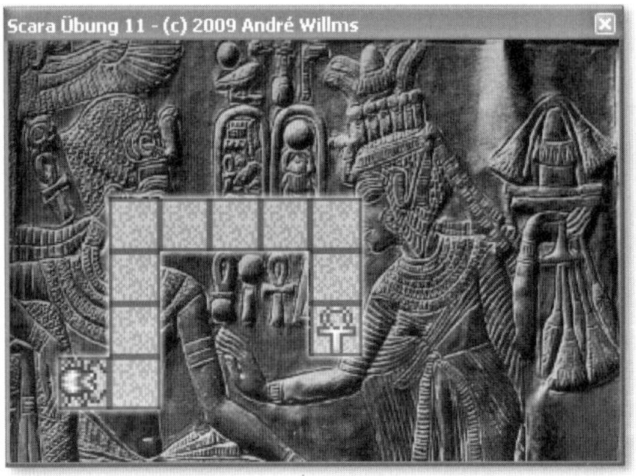

Abbildung 8.11 Scaras 11. Übung

Wenn du eine Lösung programmiert hast, solltest du die Übung auf jeden Fall einmal mit den Szenarien 1 und 2 starten (`Scara::Starten(11,2)`).

Übung 3

In Abbildung 8.12 siehst du die 12. Übung von Scara. Finde die Regelmäßigkeit beziehungsweise die Unterschiede der Szenarien heraus, und programmiere eine Lösung. Zum Testen sind hier die Szenarien 2 und 3 interessant.

Abbildung 8.12 Scaras 12. Übung

Übung 4

In dieser Übung werden wir vor ein neues Problem gestellt: Das Ankh-Kreuz steht nicht mehr am Ende des Weges, sondern irgendwo mittendrin, wie Abbildung 8.13 zeigt.

Abbildung 8.13 Scaras 13. Übung

Das ist aber nicht weiter tragisch, denn Scara ist jetzt schon so oft über steinige Wege zum Ankh gelaufen, dass er fühlen kann, ob er auf dem Ankh-Kreuz steht. Die Funktion, mit der er uns das mitteilen kann, heißt `Scara::StehtAufAnkh()`. Die Funktion liefert `true` zurück, wenn Scara auf dem Ankh steht, andernfalls liefert sie `false` zurück. Versuche einmal, diese Übung zu lösen.

Übung 5

In Scaras 14. Übung muss er auf einem rechteckigen Steinring das Ankh-Kreuz finden. Abbildung 8.14 zeigt ein Beispiel.

Abbildung 8.14 Scaras 14. Übung

Falls du es für die anderen Übungen nicht auch schon gemacht hast, versuche doch einmal vor dem Programmieren, die Lösung in Form eines Aktivitätsdiagramms auf Papier zu bringen. Testen solltest du deine Lösung mit den Szenarien 1, 10, 11, 27 und 32.

Übung 6

In dieser 15. Übung von Scara stößt der horizontale Weg immer auf eine T-Kreuzung. Das Ankh-Kreuz kann irgendwo auf dem Weg sein. Schaue einmal, ob deine Prüfung den Szenarien 1, 3, 5 und 22 standhält.

Abbildung 8.15 Scaras 15. Übung

Übung 7

Diese 16. Übung von Scara erfordert, dass alle Fallensteine zerstört werden. Erst dann kann Scara die Übung durch Betreten des Ankh-Steins erfolgreich beenden.

Zur Erinnerung: Der Käfer kann einen Fallenstein betreten, er kann sich auch auf ihm drehen, aber sobald er ihn verlässt, zerfällt der Stein zu Staub, und eine Lücke klafft im Boden.

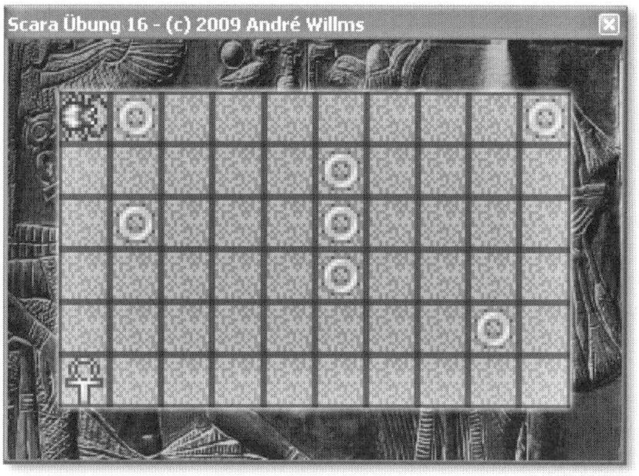

Abbildung 8.16 Scaras 16. Übung

Übung 8

Die 17. Übung von Scara ist die schwerste in diesem Kapitel. Vom Hauptweg gehen nach oben und unten Verzweigungen ab. Auf einer dieser Verzweigungen (nicht unbedingt am Ende wie in Abbildung 8.17) befindet sich das Ankh.

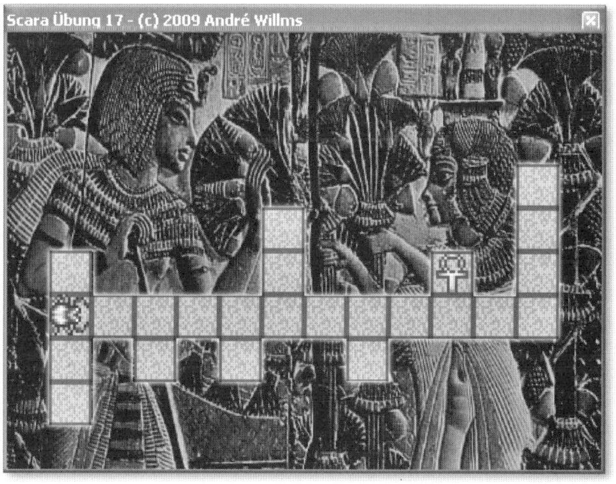

Abbildung 8.17 Scaras 17. Übung

Wenn man glaubt, eine Lösung gefunden zu haben, und diese dann auch programmiert hat, dann muss sie natürlich auch getestet werden. Testen ist nicht immer einfach, weil ja alle wichtigen Möglichkeiten geprüft werden müssen.

Für diese Übung decken die Szenarien 3, 7, 8, 13, 17, 22, 28 und 36 alle kniffligen Situationen ab. Wenn deine Lösung diese acht Szenarien meistert, dann wird sie mit großer Sicherheit auch mit allen anderen Szenarien dieser Übung zurechtkommen.

Du wirst sehen, dass der Käfer in dieser Übung zum Ablaufen des Spielfeldes einige Zeit braucht. Deswegen möchte ich hier ein paar Funktionen vorstellen, mit denen du Einfluss auf die Geschwindigkeit des Käfers nehmen kannst.

Funktion	Bedeutung
`Scara::TempoSehrSchnell()`	vierfache Geschwindigkeit
`Scara::TempoSchnell()`	doppelte Geschwindigkeit
`Scara::TempoNormal()`	normale Geschwindigkeit (Standard)
`Scara::TempoLangsam()`	halbe Geschwindigkeit
`Scara::TempoZeitlupe()`	ein Viertel der Normalgeschwindigkeit

Tabelle 8.1 Die Tempo-Funktionen von Scara

Die Geschwindigkeit ändert sich ab dem Zeitpunkt im Programm, an dem du eine der Funktionen aufrufst.

Es gibt noch eine andere nette Funktion namens `Scara::Drehverzoegerung()`. Dieser Funktion übergibst du `true`, wenn du eine Drehverzögerung haben möchtest. Das ist zum Programmstart bereits eingestellt. Oder du übergibst der Funktion `false`, und das Drehen des Käfers wird ohne Verzögerung ausgeführt. Das beschleunigt Scara ungemein:

```
Scara::Drehverzoegerung(false);
```

8.10 Zusammenfassung

Dieses Kapitel hatte folgende Schwerpunkte:

- Wie können Programmabschnitte wiederholt werden?
- Welche verschiedenen Schleifenarten gibt es in C++?

- Wie werden Schleifen verschachtelt?
- Welche weiteren Möglichkeiten gibt es zum Hoch- oder Runterzählen einer Variablen?
- Auf welche Weise kann eine Schleife noch abgebrochen werden?

Dieses Kapitel zeigt, wie ein Projekt in mehrere Dateien aufgeteilt werden kann und dadurch die Übersetzungszeit verkürzt und die Wiederverwendbarkeit der Programmteile vereinfacht wird.

9 Module

Das in diesem Kapitel behandelte Thema ist ein kleiner Einschub, der dir helfen wird, deine Programme besser zu strukturieren und zu gliedern. Die Geschichte wird dann im nächsten Kapitel fortgeführt.

Bevor wir aber ein Programm in verschiedene Dateien aufteilen, möchte ich noch auf eine Besonderheit von C++ zu sprechen kommen. Dazu brauchen wir ein Programm, in dem eine von uns selbst geschriebene Funktion aufgerufen wird. Prinzipiell könnte ich zur Demonstration jede Funktion verwenden, ich habe mich hier aber für die Funktion `ZeichneKreuz` aus Abschnitt 6.3 entschieden:

```
void ZeichneKreuz(int x, int y) {
  Zeichenbrett::ZeichneLinie(x-50, y, x+50, y);
  Zeichenbrett::ZeichneLinie(x, y-50, x, y+50);
}

int main() {
  Zeichenbrett::Oeffnen(600,400);
  ZeichneKreuz(200,150);
  ZeichneKreuz(500,300);
}
```

Listing 9.1 Die Funktion »ZeichneKreuz« mit der »main«-Funktion

Dieses Beispiel funktioniert einwandfrei, wenn es in einem Projekt mit ägyptischen Erweiterungen steht.

Jetzt machen wir Folgendes: Momentan steht die Funktion `ZeichneKreuz` vor der Hauptfunktion. Wir verschieben sie nun hinter die Hauptfunktion:

```
int main() {
  Zeichenbrett::Oeffnen(600,400);
  ZeichneKreuz(200,150);
  ZeichneKreuz(500,300);
```

```
}

void ZeichneKreuz(int x, int y) {
  Zeichenbrett::ZeichneLinie(x-50, y, x+50, y);
  Zeichenbrett::ZeichneLinie(x, y-50, x, y+50);
}
```

Listing 9.2 Die Funktion steht hinter »main«.

Und siehe da, das Programm lässt sich nicht mehr kompilieren. In der Fehlerliste werden die in Abbildung 9.1 gezeigten Fehler aufgeführt.

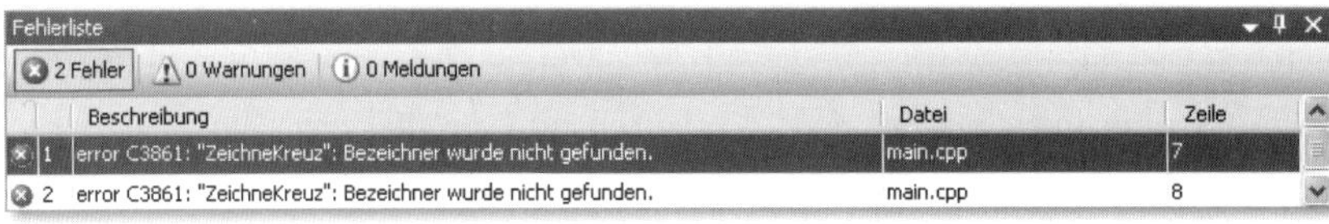

Abbildung 9.1 Die entstandenen Fehler

Dass ein Fehler auftritt, ist eigentlich nicht verwunderlich. Der Compiler liest den zu übersetzenden Programmcode von oben nach unten. Als die Funktion `ZeichneKreuz` noch vor der `main`-Funktion stand, hat der Compiler sie zuerst gelesen und wusste dann in der `main`-Funktion, dass eine Funktion namens `ZeichneKreuz` existiert.

Jetzt aber, wo die Funktion `ZeichneKreuz` hinter der `main`-Funktion steht, liest der Compiler die Aufrufe der Funktion in `main`, bevor er überhaupt weiß, dass `ZeichneKreuz` existiert. Deshalb meldet er als Fehler, dass er den Namen »ZeichneKreuz« nicht kennt.

9.1 Funktionen deklarieren

Die wichtige Information aus diesem Experiment:

> Damit eine Funktion aufgerufen werden kann, muss sie dem Compiler bekannt sein. Der Compiler muss jedoch nicht unbedingt wissen, was die aufzurufende Funktion macht. Es reicht aus, wenn er weiß, dass die aufzurufende Funktion existiert.

Und dieses Informieren darüber, dass eine Funktion existiert, ohne dem Compiler zu sagen, was die Funktion tatsächlich macht, nennt man *Funktionsdeklaration*. Die Funktionsdeklaration besteht aus dem Kopf der Funktion ohne deren Anweisungsblock. Das Paar geschweifter Klammern wird durch ein Semikolon ersetzt:

```
void ZeichneKreuz(int x, int y);

int main() {
  Zeichenbrett::Oeffnen(600,400);
  ZeichneKreuz(200,150);
  ZeichneKreuz(500,300);
}

void ZeichneKreuz(int x, int y) {
  Zeichenbrett::ZeichneLinie(x-50, y, x+50, y);
  Zeichenbrett::ZeichneLinie(x, y-50, x, y+50);
}
```

Listing 9.3 Eine Funktionsdeklaration

Die Funktionsdeklaration enthält folgende Informationen:

- den Namen der Funktion
- welche Funktionsparameter sie besitzt
- von welchem Typ der Rückgabewert ist

9.2 Die Funktion auslagern

Jetzt wirst du dich sicher fragen, wozu dieses Deklarieren der Funktion gut sein soll, wir hätten ja auch einfach `ZeichneKreuz` vor der `main`-Funktion stehen lassen können.

Der Vorteil liegt darin, dass wir die Funktion selbst nun in eine eigene Datei packen können. Dazu legst du in deinem aktuellen Projekt eine zweite Programmcodedatei an, wie in Abschnitt 2.2 beschrieben. Nenne diese neue Datei *funktionen*. Grundsätzlich spielt der Name keine Rolle, solange es sich um einen gültigen Dateinamen handelt. In diese Datei verschiebst du dann die Funktion `ZeichneKreuz`.

Wie in Abbildung 9.2 zu sehen, ist die neue Datei *funktionen.cpp* in das bestehende Projekt eingefügt worden und enthält `ZeichneKreuz`. In der Datei *main.cpp* stehen jetzt nur noch die Deklaration von `ZeichneKreuz` und die `main`-Funktion.

C++ kann Quellcodedateien immer nur komplett übersetzen. Durch die Aufteilung unseres Projekts in mehrere Dateien braucht der Compiler aber nur noch die Datei neu zu übersetzen, an der Änderungen vorgenommen wurden. Dadurch reduziert sich die Übersetzungszeit bei der Arbeit mit großen Projekten enorm.

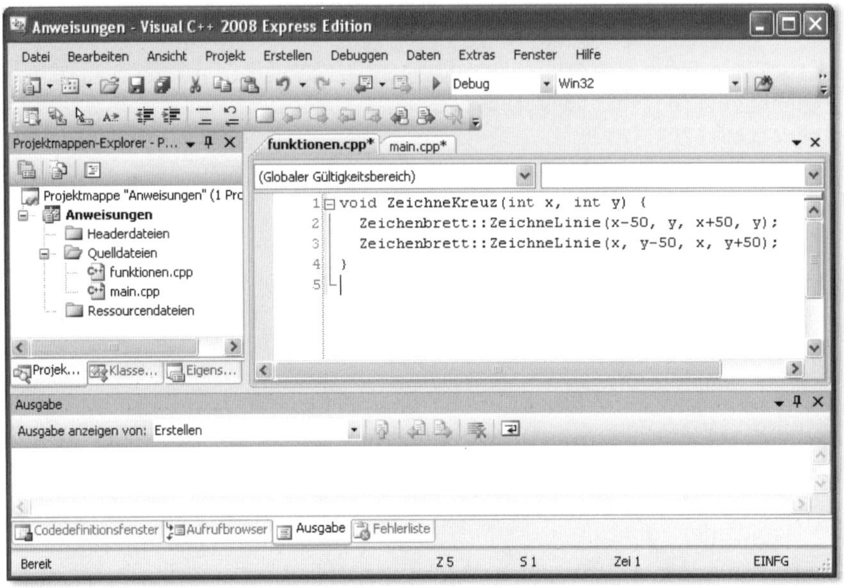

Abbildung 9.2 Die Datei »funktionen.cpp«

Die einzelnen Programmcodedateien mit der Endung *.cpp* werden übrigens *Module* genannt.

9.3 Die Deklaration auslagern

Wenn du diesen Gedanken von der Aufteilung in mehrere Dateien weiterspinnst, kannst du dir vorstellen, dass die Funktion `ZeichneKreuz` in verschiedenen Dateien benötigt werden könnte. In all diesen Dateien muss `ZeichneKreuz` dann vor ihrer Verwendung deklariert werden.

Deshalb gibt es die Möglichkeit, auch die Deklaration einer Funktion auszulagern. Dazu dienen die sogenannten *Header-Dateien*. Füge dazu wieder, wie in Abschnitt 2.2 beschrieben, eine neue Datei deinem Projekt hinzu, nur dass es jetzt eine Header-Datei sein soll. Abbildung 9.3 zeigt das entsprechende Auswahlfenster. Die neue Header-Datei soll auch *funktionen* heißen und erhält automatisch die Endung *.h*.

Es ist nicht zwingend vorgeschrieben, aber um einen besseren Überblick zu haben, sollten die Dateien, die die Deklarationen und Definitionen derselben Funktionen enthalten, auch gleich heißen.

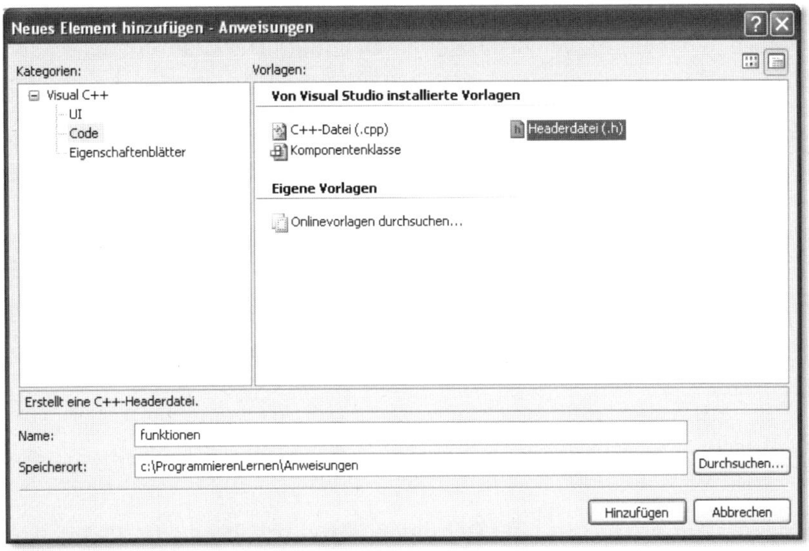

Abbildung 9.3 Das Hinzufügen einer neuen Header-Datei

Abbildung 9.4 zeigt die hinzugefügte Header-Datei, in die bereits die Deklaration von `ZeichneKreuz` verschoben wurde.

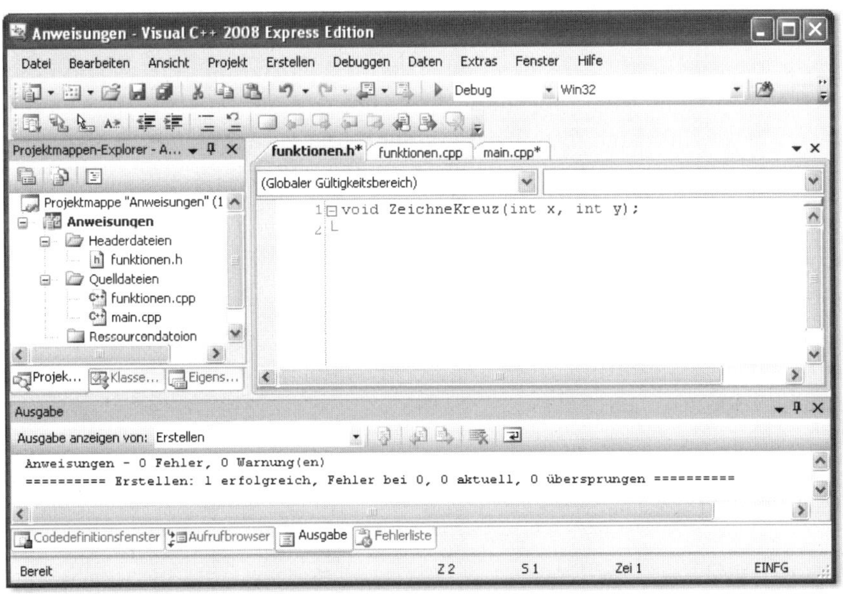

Abbildung 9.4 Die hinzugefügte Header-Datei

Das Projekt lässt sich jetzt noch nicht kompilieren, denn wir müssen in der Datei *main.cpp* noch angeben, in welcher Datei die benötigte Deklaration von `ZeichneKreuz` steht.

Dazu verwenden wir den in Abschnitt 2.7.3 vorgestellten Befehl `include`, mit dem wir auch eigene Header-Dateien einbinden können. Wir schreiben dazu die einzubindende Datei in doppelten Anführungszeichen hinter das `include`:

```
#include "funktionen.h"
```

Und schon müsste sich das Projekt wieder problemlos kompilieren lassen. Der Übersicht wegen liste ich noch einmal die Inhalte der drei Dateien auf, damit du die Aufteilung leichter nachvollziehen kannst.

Die Datei *funktionen.h* enthält nur die Deklaration von `ZeichneKreuz`:

```
void ZeichneKreuz(int x, int y);
```

In der Datei *funktionen.cpp* steht die Definition von `ZeichneKreuz`:

```
#include "funktionen.h"

void ZeichneKreuz(int x, int y) {
  Zeichenbrett::ZeichneLinie(x-50, y, x+50, y);
  Zeichenbrett::ZeichneLinie(x, y-50, x, y+50);
}
```

Du siehst, dass ich jetzt in dieser Datei auch die Deklaration der Funktion mit `include` eingebunden habe. Üblicherweise stehen in einer Datei mehrere Deklarationen oder Definitionen. Durch das Einbinden der Deklarationen in die Datei, in der die Definitionen stehen, sind alle Funktionen bekannt, und die Reihenfolge spielt keine Rolle.

Würden sich in der Datei *funktionen.cpp* verschiedene Funktionen untereinander aufrufen, ohne dass deren Deklarationen mit `include` eingebunden würden, dann müsstest du darauf achten, dass die Funktion, die aufgerufen wird, vor der Funktion steht, die sie aufruft. Aufgrund des Einbindens der Deklarationen ist die Reihenfolge egal.

Zum Schluss fehlt noch die Datei *main.cpp*:

```
#include "funktionen.h"

int main() {
  Zeichenbrett::Oeffnen(600,400);
  ZeichneKreuz(200,150);
  ZeichneKreuz(500,300);
}
```

9.4 Einbinden bestehender Dateien

Weil die Funktion `ZeichneKreuz` jetzt in zwei eigenständigen Dateien steht, ist eine Wiederverwendung in einem anderen Projekt kein Problem. In diesem Abschnitt möchte ich dir kurz zeigen, wie das geht.

Wenn du mit dem Windows-Explorer in den Projektordner schaust, wirst du etwas Ähnliches sehen wie in Abbildung 9.5.

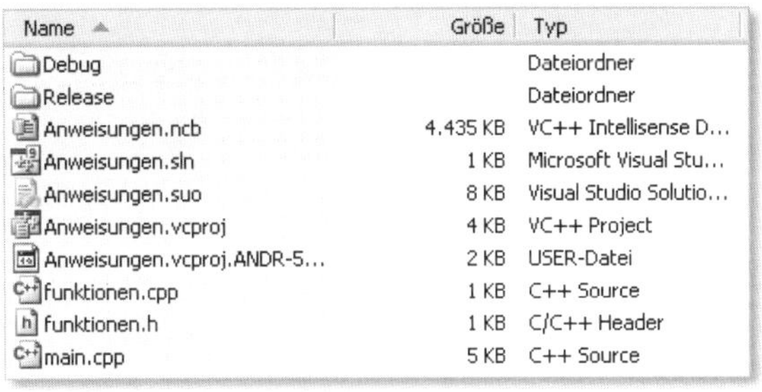

Abbildung 9.5 Das Projektverzeichnis

Neben Dateien, die Visual C++ zur Verwaltung braucht, findest du auch die drei Dateien, die wir im Projekt angelegt haben: *funktionen.cpp*, *funktionen.h* und *main.cpp*.

Wenn du jetzt beispielsweise die Funktionen in den Dateien *funktionen.cpp* und *funktionen.h* in einem neuen Projekt nochmals verwenden willst, musst du als ersten Schritt ein neues Projekt anlegen und dann die beiden Dateien in das Verzeichnis des neuen Projekts kopieren.

Im Projektmappen-Explorer der Entwicklungsumgebung klickst du mit der rechten Maustaste auf den Projektnamen (nicht auf die Projektmappe!) und wählst dort HINZUFÜGEN • VORHANDENES ELEMENT... Abbildung 9.6 zeigt den Menüpunkt.

Im sich daraufhin öffnenden Fenster (zu sehen in Abbildung 9.7) wählst du die Dateien aus, die zum Projekt hinzugefügt werden sollen. Dabei kannst du ruhig Quellcodedateien und Header-Dateien zusammen auswählen. Die Entwicklungsumgebung sortiert sie dann automatisch im Projektmappen-Explorer ein.

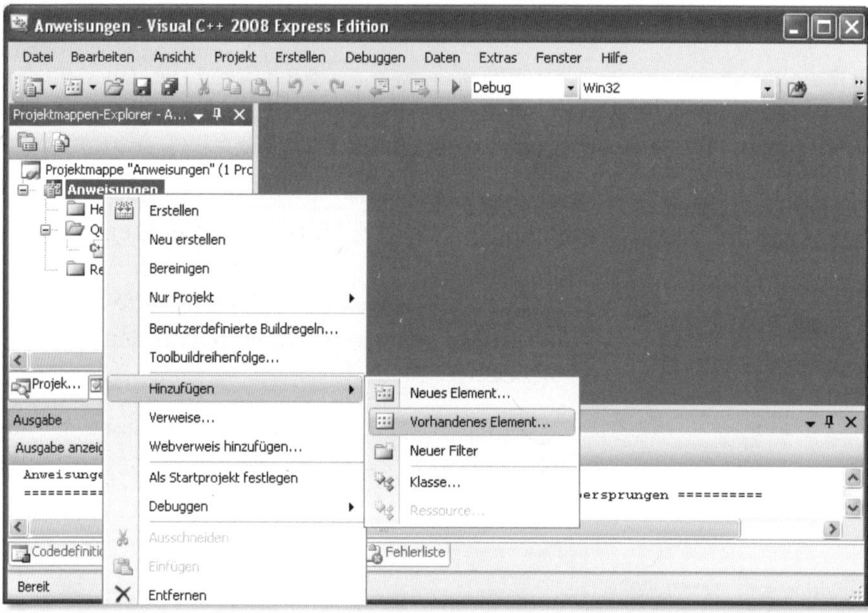

Abbildung 9.6 Das Hinzufügen vorhandener Dateien

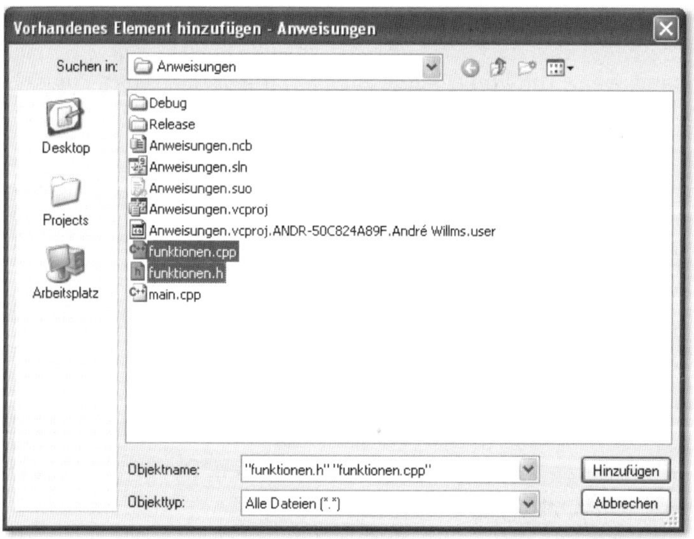

Abbildung 9.7 Die Auswahl der einzubindenden Dateien

9.5 Übungen

Übung 1

Diese Übung ist reine Fleißarbeit, das Ergebnis wird dir aber helfen, deine Funktionen schneller in neue Projekte zu übertragen.

Und zwar sollst du alle Hilfsfunktionen, die du bereits für die Übungen mit Scara geschrieben hast, in die Dateien *scarafunktionen.cpp* und *scarafunktionen.h* übertragen. Alle selbstgeschriebenen Zeichenfunktionen kopierst du bitte in die Dateien *zeichenfunktionen.cpp* und *zeichenfunktionen.h*. Diese vier Dateien musst du natürlich vorher in einem Projekt anlegen.

Nach getaner Arbeit kannst du diese Dateien dann beim weiteren Lesen des Buches mit deinen neuen Lösungen ergänzen. Da es keinen Sinn macht, alle Funktionen noch einmal im Buch aufzulisten, gibt es zu dieser Übung keine gedruckte Lösung in Anhang A.

Übung 2

Während wir uns mit der Aufteilung von Programmen in Module beschäftigt haben, ist Scara bereits ziemlich weit in die Tiefen der Übungshallen vorgedrungen und wird nun mit einer neuen Schwierigkeit konfrontiert. Der Weg kann in manchen Übungen nämlich Lücken aufweisen, die mit speziellen Palettensteinen gefüllt werden müssen. Ab und zu versperren auch Palettenstapel den Weg, die von dem Käfer weggeräumt werden müssen.

Schauen wir uns also an, mit welchen Befehlen wir im Programm die Paletten bewegen können. Abbildung 9.8 zeigt die 18. Übung, in der zum ersten Mal der Palettenstein (ganz links) vorkommt.

Abbildung 9.8 Der Palettenstein in Scaras 18. Übung

Zu den Palettensteinen gibt es folgende Dinge zu sagen:

- Über eine einzelne Palette kann der Käfer laufen, als wäre es ein normaler Stein.
- Gestapelte Paletten blockieren für Scara den Weg.
- Läuft Scara gegen einen Palettenstapel, stößt er sich den Kopf, und die Übung ist beendet.
- Die Funktion `Scara::IstVornePalette` liefert `true`, wenn vor Scara eine oder mehrere Paletten gestapelt sind. Andernfalls liefert sie `false`.
- Die Funktion `Scara::ErmittlePalettenhoehe` liefert die Höhe des Palettenstapels vor Scara zurück. Liegt vor dem Käfer nur eine einzelne Palette, dann liefert sie den Wert 1. Befindet sich vor Scara überhaupt keine Palette, gibt es einen Fehler.
- Mit dem Befehl `Scara::NimmPalette()` nimmt Scara eine Palette auf.
- Scara kann nur eine Palette gleichzeitig tragen.
- Das Kommando `Scara::LegePaletteAb()` legt die getragene Palette vor Scara ab.
- Eine Palette kann nur auf ein freies Feld oder auf eine andere Palette gelegt werden.

Verwende in dieser Übung den hinter Scara liegenden Palettenstein, um die Lücke zum Ankh zu schließen.

Übung 3

In dieser 19. Übung von Scara (siehe Abbildung 9.9) muss Scara den mit Paletten versperrten Weg freiräumen. Er kann die überflüssigen Paletten auf den Stapel ganz links legen.

Abbildung 9.9 Scaras 19. Übung

Übung 4

In der 20. Übung von Scara (siehe Abbildung 9.10) muss Scara eine zufällige Anordnung von Lücken überwinden, um das Ankh-Kreuz zu erreichen. An der linken Seite des Weges sind genügend Paletten gestapelt.

Die Aufgabe ist gelöst, wenn der Käfer das Ankh-Kreuz erreicht hat. Es müssen nicht alle Lücken geschlossen werden. Beachte, dass wie in Szenario 1 der Weg auch keine Lücken aufweisen kann. Dementsprechend gibt es auch keine Paletten.

Abbildung 9.10 Scaras 20. Übung

Du solltest deine Lösung auf jeden Fall mit den Szenarien 1, 4, 14 und 23 prüfen.

Übung 5

Diese Übung verschärft das Problem des Wegfreiräumens. Abbildung 9.11 zeigt ein Beispiel der 21. Scara-Übung. Sie sieht aber schwerer aus, als sie ist. Du solltest deine Lösung auf jeden Fall mit den Szenarien 3 und 4 testen.

Abbildung 9.11 Scaras 21. Übung

Übung 6

Die abschließende Aufgabe in diesem Übungsabschnitt ist wieder etwas zum Knobeln. Und zwar muss Scara erneut die Lücken auf dem Weg zum Ankh mit Paletten füllen, aber die Lücken können tückisch positioniert sein.

Wie du in Abbildung 9.12 siehst, reicht es nicht aus, die Palette einfach in Laufrichtung abzulegen, denn der Weg kann auch links oder rechts weitergehen. Scara muss also die Palette testweise ablegen, auf sie steigen und prüfen, ob dadurch eine Lücke geschlossen wurde. Wenn nicht, muss die Palette an eine andere Position gebracht werden.

Diese Übung ist schon etwas kniffliger, und es ist völlig normal, wenn du sie nicht auf Anhieb löst oder vielleicht etwas länger brauchst. Du solltest es aber trotzdem versuchen. Um den Palettenstapel am Anfang des Weges leichter wiederzufinden, liegt dort immer eine Palette mehr, als benötigt wird.

Abbildung 9.12 Scaras 22. Übung

Auch bei dieser Übung ist es möglich, dass der Weg überhaupt keine Lücken aufweist. Du solltest deine Lösung auf jeden Fall mit den Szenarien 5, 53 und 105 testen.

9.6 Zusammenfassung

In diesem Kapitel hast du erfahren, wie du dein Programm innerhalb eines Projekts auf mehrere Dateien aufteilen kannst und damit die Wiederverwendbarkeit und die Übersetzungsgeschwindigkeit erhöhst.

In diesem Kapitel werden die bisher erworbenen Kenntnisse eingesetzt, um zwei einfache Spiele zu programmieren.

10 Spielereien I

Neferu sah auf den leeren Münzhaufen, auf dem gerade eben noch ihr Verlobter gesessen hatte, der in einen Käfer verwandelt worden war.

»Männer sind manchmal so unsensibel«, sagte Mathemahotep aufgebracht und stemmte ihre Arme in die Hüften. »Ich brauche mal eine Pause.« Sie blickte eine Zeitlang gedankenverloren zu Neferu. »Hmm«, machte sie. »Eigentlich kann ich dir ja meinen Kleinen anvertrauen. Du wirkst gewitzt genug, um es schaffen zu können.«

»Ihren Kleinen?«, fragte Neferu.

»Ja, mein Haustier«, kicherte Mathemahotep. »Meistens ganz lieb, aber so launisch.«

»Aber ich weiß wirklich nicht, ob ...«, begann Neferu, wurde aber von Mathemahotep unterbrochen. »Ich bin gleich wieder da«, sagte sie und verließ den Raum durch die hinter einer Ecke verborgene Tür. Es dauerte nicht lang, bis ein tierisches Brüllen das Zimmer erzittern ließ. »Hörst du jetzt auf, dich zu zieren«, hörte sie Mathemahotep in der Ferne brüllen. »Du kommst mit, ob es dir passt oder nicht!«

Ein paar Minuten später hörte Neferu das Öffnen der Tür. »Du gehst jetzt da rein! SOFORT!«, befahl Mathemahotep ihrem Kleinen. Der an die Wand geworfene Schatten sah allerdings bei weitem nicht so klein aus, wie Neferu ihn gerne gehabt hätte. Ein widerstrebendes Schnauben hallte durch den Raum, gepaart mit kleinen Rauchwolken. »Weiter!«, forderte Mathemahotep, und ihr angestrengter Ton ließ erahnen, dass sie ihren Kleinen ins Zimmer schieben musste.

Langsam wurde der Schatten an der Wand immer kleiner, und schließlich kam ein etwa ein Meter großer grüner Drache um die Ecke, der nicht annähernd so bedrohlich aussah, wie er sich anhörte. Er watschelte wie eine Ente, hatte einen fast kugelrunden Bauch, und sein Kopf schien direkt auf seinen Schultern zu sitzen. Zwei kleine Fangzähne schauten vorn aus seinem Maul heraus. Seine Ohren bewegten sich wie die einer Katze.

»Das ist Dracinu«, stellte Mathemahotep den kleinen Drachen vor.

Dracinu blickte zu Neferu, öffnete das Maul, schien Luft zu holen, und dann kam eine klitzekleine Rauchwolke aus seinen Nüstern. »Menno, nie klappt das mit dem Feuer, wenn ich aufgeregt bin«, jammerte er.

Mathemahotep ging nicht weiter darauf ein. »Neferu hier wird ein wenig auf dich aufpassen.« Dracinu musterte sie skeptisch. »Spielt sie gern?« »Bestimmt«, versicherte Mathemahotep und nickte Neferu aufmunternd zu. »Dann rate eine Zahl zwischen 1 und 1.000«, forderte Dracinu sie auf.

Neferu blickte kurz zu Mathemahotep, die nur nickte, und sah dann wieder zu Dracinu. »Ähm, 456?«

»Zu groß«, grinste der Drache.

»200?«

Während das Spiel lief, winkte Mathemahotep Neferu stumm zu und verließ dann lautlos den Raum. »Jetzt, wo Mathi weg ist, spielen wir ein viel tolleres Spiel«, freute sich Dracinu, holte ein Holzkästchen hervor und stellte es aufgeklappt auf den Tisch neben den Goldmünzenhaufen.

Das Spielfeld bestand aus zwölf nebeneinanderliegenden Feldern, die von eins bis zwölf durchnummeriert waren.

»Das Spiel ist ganz einfach«, sagte Dracinu. »Erste Regel: Ich als der Kleinere fange an. Wir legen jeder abwechselnd ein oder zwei Steine an die bereits gelegten. Wer seinen Stein auf den 12. Platz legt, hat gewonnen.«

Dracinu legte den Kopf zur Seite. »Und ich hoffe, du bist schlecht. Dann darf ich dich nämlich fressen.« Er lachte, und aus seinen Nüstern kam ein kleines Flämmchen.

10.1 Ein Zahlenratespiel

Wir wollen zunächst das einfache Zahlenratespiel programmieren, das Neferu mit Dracinu zuerst gespielt hat. Der Computer denkt sich dabei eine Zahl im Bereich von 1 bis 1.000 aus, und wir müssen diese Zahl raten. Der Computer unterstützt uns beim Raten derart, dass er uns mitteilt, ob die gesuchte Zahl größer oder kleiner als die geratene ist.

10.1.1 Zufallszahlen

Das erste Problem bei der Programmierung des Spiels besteht darin, dass der Computer zufällig eine Zahl von 1 bis 1.000 ermitteln soll. Da uns Mathemahotep ihre Hilfe angeboten hat, wollen wir diese für die Zufallszahlen auch in Anspruch nehmen. In Abschnitt 18 erkläre ich, wie du in C++ Zufallszahlen ohne ägyptische Erweiterungen erzeugen kannst, damit das Zahlenratespiel auch unabhängig von Mathemahotep läuft. Der Einfachheit halber nutzen wir hier aber Mathemahoteps Hilfe.

Um diese Hilfe von Mathemahotep zu erbitten, rufen wir die Funktion `Mathemahotep::HilfMir` auf:

```
Mathemahotep::HilfMir();
```

Auf dem Bildschirm erscheint die Meldung, dass Mathemahotep dir beisteht. Sie bietet dir die Funktion `ErmittleZufallszahl`, der der kleinste und der größte Wert übergeben wird und die dann zufällig eine ganze Zahl aus diesem Bereich zurückgibt.

Hier ein vollständiges Beispiel, das mit Mathemahoteps Hilfe eine zufällige Zahl im Bereich von 1 bis 1.000 ermittelt und diese Zahl auf dem Bildschirm ausgibt:

```
#include <iostream>

using namespace std;

int main() {
  Mathemahotep::HilfMir();
  int zufallszahl=Mathemahotep::ErmittleZufallszahl(1,1000);
  cout << zufallszahl << endl;
}
```

Listing 10.1 Die Ermittlung und die Ausgabe einer Zufallszahl

10.1.2 Die Spielschleife

Das Programm hat bereits eine zufällige Zahl ermittelt, die der Spieler raten muss. Um unser Spiel einfacher testen zu können, soll die zu ratende Zahl erst einmal weiterhin ausgegeben werden.

Wenn wir ein Spiel programmieren wollen, bei dem der Spieler eine Zahl raten muss, dann heißt das im Umkehrschluss, dass das Spiel so lange läuft, wie die Zahl noch nicht geraten wurde.

Bevor du weiterliest, versuche doch einmal, den Anfang des Spiels aus Listing 10.1 mit einer Schleife zu erweitern, die so lange läuft, bis der Spieler die richtige Zahl eingegeben hat.

```
int zahl;
do {
  cout << "Rate die Zahl von 1 bis 1000:";
  cin >> zahl;
} while(zahl!=zufallszahl);
```

Listing 10.2 Die Spielschleife

Zuerst wird eine Variable `zahl` definiert, die die geratene Zahl speichern wird. Für die Spielschleife wird eine `do ... while`-Schleife verwendet, weil die Zahl zuerst vom Spieler erfragt werden muss, bevor sie geprüft werden kann. Es ist also notwendig, dass der Schleifenblock vor der Bedingungsprüfung abgearbeitet wird.

Damit das Programm nach erfolgreichem Raten nicht einfach sang- und klanglos beendet wird, schreibe ich hinter die Schleife noch eine Ausgabe mit einem lobenden Text:

```
cout << "Super! Du hast die Zahl geraten!" << endl;
```

10.1.3 Spielerhilfen hinzufügen

Momentan gleicht unser Zahlenratespiel allerdings noch einer Lotterie, denn der Spieler erfährt lediglich, dass die eingegebene Zahl falsch war. Um das Spiel fairer zu gestalten, wollen wir in der Spielschleife nach der Zahleingabe durch den Spieler mitteilen, ob die gesuchte Zahl größer oder kleiner als die eingegebene ist.

Versuche doch einmal, diese Ergänzung selbst in das Spiel zu integrieren, bevor du weiterliest.

```
do {
  cout << "Rate die Zahl von 1 bis 1000:";
  cin >> zahl;

  if(zufallszahl < zahl) {
    cout << "Die gesuchte Zahl ist kleiner." << endl;
  }

  if(zufallszahl > zahl) {
    cout << "Die gesuchte Zahl ist groesser." << endl;
  }

} while(zahl!=zufallszahl);
```

Listing 10.3 Die Spielschleife mit Spielerinfo

Damit ist das Grundspiel des Zahlenratens programmiert. Diese einfache Variante des Spiels lässt sich natürlich noch ergänzen. Zum Beispiel könnte nach erfolgreichem Raten noch mit ausgegeben werden, wie viele Versuche der Spieler benötigt hat. Solche *Add-ons* werden wir im Übungsteil dieses Kapitels noch programmieren.

10.2 Das Zwölferspiel

Das Programmieren des Zahlenratespiels war gewissermaßen die Aufwärmrunde. Wirkliche Hilfe braucht Neferu beim Gewinnen des Zwölferspiels[1]. Wir wollen das Spiel dazu zunächst so programmieren, dass wir es gegen den Computer spielen können. Anschließend wird der Computer stark genug gemacht, um gegen Dracinu zu gewinnen.

10.2.1 Die Darstellung des Spielbretts

Befassen wir uns als Erstes mit der Darstellung des Spielbretts. Abbildung 10.1 zeigt das Spielbrett, nachdem fünf Steine gespielt wurden.

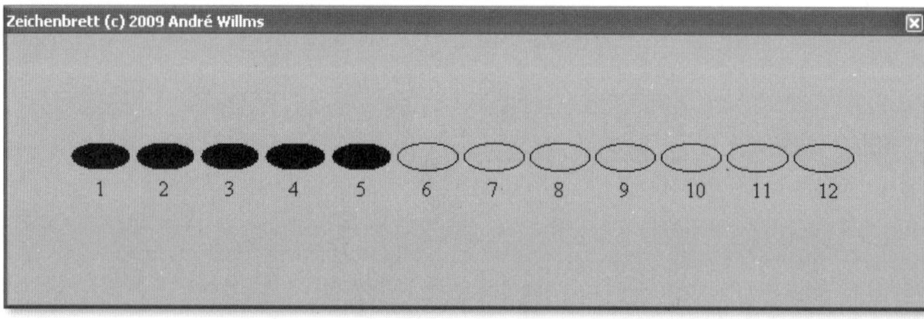

Abbildung 10.1 Das Spielbrett des Zwölferspiels

Der Einfachheit halber zeichnen wir gesetzte Steine mit einer ausgefüllten Ellipse und freie Felder mit einer nicht ausgefüllten Ellipse.

Die Steine der Spieler unterscheiden sich nicht voneinander, deshalb müssen wir für das Zeichnen des Spielfeldes nur wissen, wie viele Steine bereits gespielt wurden. Mit dieser Information können dann die belegten und freien Spielfelder mit deren Positionsnummern gezeichnet werden.

Bevor du weiterliest, kannst du ja mal versuchen, die Funktion `ZeichneSpielfeld` zu programmieren, der die Anzahl der belegten Steine als Funktionsparameter übergeben wird und die dann das Spielfeld zeichnet.

1 Dieses Spiel haben Kinder aus meiner Verwandtschaft mit mir gespielt, die den Namen auch nicht kannten. Deshalb nenne ich es hier einfach Zwölferspiel wegen der zwölf Felder im Spiel.

```
void ZeichneSpielfeld(int steine) {

// Ausgabe während des Zeichnens anhalten und
// Zeichenbrett mit grauer Farbe leeren
  Zeichenbrett::AusgabeAnhalten();
  SetzeRGB(190,190,190);
  Zeichenbrett::PutzeZeichenbrett();

// Schleife läuft zwölfmal durch
  for(int i=1; i<=12; i=i+1) {

// Noch nicht alle Steine gezeichnet?
// -> Zeichne Stein
    if(i<=steine) {
      SetzeRGB(0,0,0);
      Zeichenbrett::ZeichneGefuellteEllipse(i*50,80,45,20);
    }

// Andernfalls zeichne freies Feld
    else {
      SetzeRGB(0,0,0);
      Zeichenbrett::ZeichneEllipse(i*50,80,45,20);
    }

// Ausgabe der Positionsnummer
    Zeichenbrett::ZeichneText(15+i*50,105,i,12);
  }

// Zeichenbrettausgabe wieder aktivieren
  Zeichenbrett::AusgabeFortsetzen();
}
```

Listing 10.4 Die Funktion »ZeichneSpielfeld«

Die Lösung lässt eine Schleife über alle zwölf Spielfeldpositionen laufen. Sie gibt belegte Felder aus, wenn die Position kleiner oder gleich der Anzahl der gespielten Steine ist, und unbelegte Felder, wenn die Position größer als die Anzahl der gespielten Steine ist.

10.2.2 Der menschliche Spieler

Der Spieler kann pro Zug nur einen oder zwei Steine setzen. Zwei Steine darf er aber nur dann setzen, wenn noch mindestens zwei Felder frei sind, oder andersherum formuliert: wenn weniger als elf Steine gespielt wurden.

Für den menschlichen Spieler schreiben wir dazu eine Funktion `Mensch`, der wir die Anzahl der bisher gespielten Steine übergeben und die dann den Spieler fragt, wie viele Steine er spielen möchte. Dabei darf er nur entweder einen Stein spielen oder zwei Steine, wenn weniger als elf Steine gespielt wurden. In allen anderen Fällen ist die Eingabe ungültig und muss wiederholt werden.

Zum Schluss liefert die Funktion die Anzahl der zu spielenden Steine zurück:

```
int Mensch(int steine) {
  int anz;
  do {
    cout << "Wie viele Steine moechtest du setzen:";
    cin >> anz;
  }while(!(anz==1 || (anz==2 && steine<11)));
  return(anz);
}
```

Listing 10.5 Die Funktion »Mensch«

10.2.3 Der Computerspieler

Die Logik des Computerspielers fällt zunächst einmal sehr simpel aus:

Wenn bereits elf Steine gelegt wurden, dann legt der Computer einen Stein und gewinnt. Wenn bereits zehn Steine gelegt wurden, dann legt der Computer zwei Steine und gewinnt.

In allen anderen Fällen verwenden wir den Zufallszahlengenerator von Mathemahotep, um den Computer zufällig einen oder zwei Steine spielen zu lassen:

```
int Computer(int steine) {
  if(steine==11) {
    return 1;
  }

  if(steine==10) {
    return 2;
  }

  return Mathemahotep::ErmittleZufallszahl(1,2);
}
```

Listing 10.6 Die Funktion »Computer«

10.2.4 Die Spielschleife

Da es sich bei dem Zwölferspiel um ein Spiel für zwei Spieler handelt, muss die Spielschleife die Spieler abwechselnd spielen lassen. Ich verwende dazu eine Variable des Typs `bool` namens `computer`, mit deren Hilfe entschieden wird, ob der Computer an der Reihe ist (die Variable hat den Wert `true`) oder der menschliche Spieler (die Variable hat den Wert `false`). Am Anfang des Spiels wird `computer` auf `false` gesetzt, damit der menschliche Spieler beginnt.

Über die Variable `steine` merkt sich das Programm, wie viele Steine bereits gespielt wurden. Am Anfang erhält diese Variable den Wert 0.

In der Spielschleife muss dann die Variable `computer` abgefragt und entsprechend entweder die Funktion `Mensch` für den menschlichen Spieler oder die Funktion `Computer` für den Computerspieler aufgerufen werden. Anschließend wird die Variable `computer` negiert, damit in der nächsten Runde der andere Spieler an der Reihe ist.

Die gesamte Spielschleife läuft so lange, bis alle zwölf Steine gespielt wurden. Am Ende des Spiels wird der Gewinner sowohl im Textfenster als auch auf dem Zeichenbrett bekannt gegeben.

```
int main() {

// Zeichenbrett oeffnen und Mathemahotep
// um Hilfe bitten
  Zeichenbrett::Oeffnen(700,200);
  Mathemahotep::HilfMir();

// Variable zum Wechseln des Spielers
// Mensch beginnt
  bool computer=false;

// Spielfeld ist zu Beginn leer
  int steine=0;

  do {
// Spielfeld zeichnen und Fenster
// nach vorne holen
    ZeichneSpielfeld(steine);
    Zeichenbrett::FensterNachVorne();

// Computerspieler am Zug?
// => Computer aufrufen und Anzahl der
//    zu spielenden Steine ausgeben.
```

```
    if(computer==true) {
      int anz=Computer(steine);
      cout << "Der Computer spielt ";
      cout << anz << " Stein(e)" << endl;
      steine=steine+anz;
    }

// Menschlicher Spieler am Zug?
// -> Mensch aufrufen
    else {
      steine=steine+Mensch(steine);
    }

// Spiel noch nicht zu Ende?
// -> Spieler wechseln
    if(steine<12) {
      computer=!computer;
    }
  } while(steine<12);

  ZeichneSpielfeld(steine);

// Ausgabe, falls Computer gewinnt
  if(computer==true) {
    cout << "Schade, du hast verloren!" << endl;
    Zeichenbrett::ZeichneText(225,140,"Gewinner: Computer!",20);
  }

// Ausgabe, falls Mensch gewinnt
  else {
    cout << "Super, du hast gewonnen!" << endl;
    Zeichenbrett::ZeichneText(225,140,"Gewinner: Mensch!",20);
    Zeichenbrett::FensterNachVorne();
  }
}
```

Listing 10.7 Das Hauptprogramm des Zwölferspiels

10.2.5 Ein unschlagbarer Computerspieler

Jetzt fehlt nur noch eins: Wir müssen den Computerspieler so »schlau« machen, dass Dracinu nicht mehr gegen ihn gewinnt. Um einen guten Computerspieler zu programmieren, gibt es drei wesentliche Aspekte, die durchaus auch in Kombination angewendet werden können:

- Der Computerspieler verfügt über einen sehr tiefen Einblick in die Spiellogik und kann daher Regeln besser ausnutzen.
- Der Computerspieler kennt alle möglichen (oder die wichtigsten) Situationen im Spiel und weiß daher, bei welcher Situation welche Vorgehensweise am besten ist.
- Der Computerspieler arbeitet mit Informationen, die er eigentlich überhaupt nicht besitzen dürfte. Zum Beispiel könnte er bei einem Kartenspiel die Karten der anderen Spieler einsehen oder bei einem Würfelspiel den Würfel manipulieren. Diese Taktik wird zwar öfter eingesetzt, aber wegen ihrer Unpopularität bleibt das unerwähnt.

Für das Zwölferspiel werden wir eine Kombination aus den ersten beiden Ansätzen wählen. Wir schauen uns die Natur des Spiels genauer an und werden sehen, dass bestimmte Spielsituationen für das Gewinnen besser sind als andere.

Um eine bessere Vorstellung davon zu bekommen, welche Strategie für das Zwölferspiel sinnvoll sein könnte, betrachten wir das Spiel in der Endphase. Abbildung 10.2 zeigt zwei Spielsituationen, einmal mit einem freien Platz und einmal mit zwei freien Plätzen.

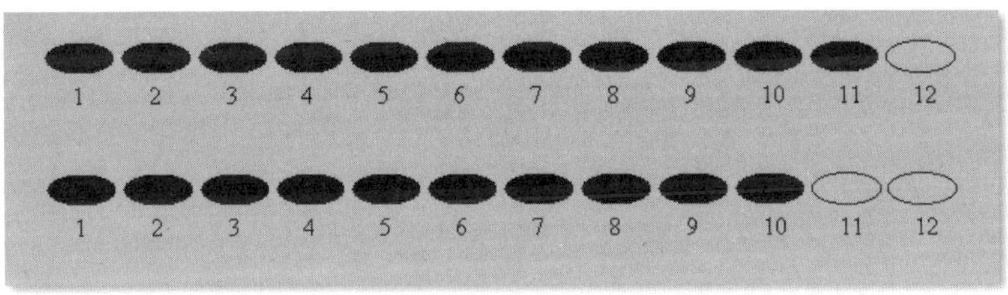

Abbildung 10.2 Zwei Spielsituationen mit 100 % Gewinnchance

Wenn wir bei einer dieser beiden Spielsituationen an der Reihe sind, dann haben wir gewonnen. Im Umkehrschluss bedeutet das: Bringen wir das Spiel durch unseren eigenen Zug in eine dieser beiden Situationen, dann hat der Gegner gewonnen. Ein wesentlicher Punkt unserer Taktik sollte also sein, diese beiden Situationen möglichst zu vermeiden, den Gegner aber dazu zu bringen, eine der beiden Situationen hervorzurufen.

Um die einzelnen Spielsituationen besser benennen zu können, nummerieren wir sie entsprechend der Anzahl der gelegten Steine durch. Die in Abbildung 10.2 zu sehenden Situationen sind damit die Situationen 11 und 10.

Überlegen wir weiter. Die Spieler haben immer nur die Möglichkeit, entweder einen oder zwei Steine zu legen. Angenommen, der Gegner hat einen Stein gelegt, dann muss die ursprüngliche Situation entweder Situation 10 sein (wenn sie jetzt 11 ist) oder Situation 9 (wenn sie jetzt 10 ist). Hat er zwei Steine gelegt, dann war die ursprüngliche Situation entweder 9 (wenn sie jetzt 11 ist) oder 8 (wenn sie jetzt 10 ist).

Und jetzt sehen wir: Bei beiden Möglichkeiten, die der Spieler hatte (einen oder zwei Steine setzen) ist eine Ursprungssituation die Situation 9. Abbildung 10.3 zeigt sie.

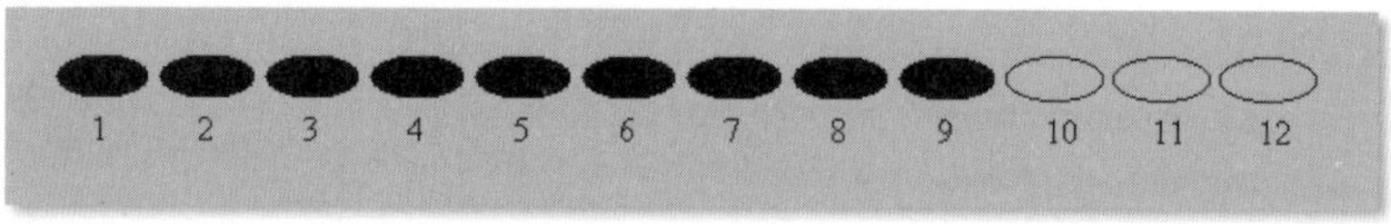

Abbildung 10.3 Die Spielsituation 9

Denken wir wieder rückwärts, dann heißt das, wenn wir durch unseren Zug die Spielsituation 9 hervorgerufen haben, dann haben wir das Spiel praktisch bereits gewonnen, denn der Gegner kann nur zu den Situationen 10 oder 11 kommen, die uns dann den Sieg bringen.

Gehen wir noch weiter zurück. Da auch wir nur einen oder zwei Steine legen können, ist die Spielsituation 9 für uns nur erreichbar von den Situationen 8 und 7 aus. Für die Situationen 8 und 7 gelten aber ähnliche Bedingungen wie zuvor für die Situationen 10 und 11. Nämlich: Haben wir die Spielsituation 6 hervorgerufen, dann kann der Gegner nur die Situationen 7 oder 8 erreichen, die uns auf die Position 9 bringen, die den Sieg verspricht. Das heißt, erreichen wir durch unseren Zug die Situation 6, dann haben wir das Spiel auch schon gewonnen.

Diese Logik lässt sich fortsetzen, und du wirst sehen, das Gleiche gilt für Situation 3. Die Taktik lautet also, wir müssen die Situationen 3, 6 oder 9 erreichen, denn dann haben wir gewonnen. Im Gegenzug müssen wir verhindern, dass der Gegner sie erreicht.

Und jetzt kommt der Clou: Dracinu will ja immer das Spiel beginnen. Da er zu Beginn aber nur die Spielsituationen 1 und 2 erreichen kann, sind wir immer in der Lage, die Situation 3 zu erzielen, und haben damit gewonnen. Dracinu kann nur noch verlieren.

Die Funktion, die den starken Computerspieler umsetzt, heißt `ComputerStark`:

```
int ComputerStark(int steine) {
  if(steine==2 || steine==5 || steine==8 || steine==11) {
    return 1;
  }
```

```
  if(steine==1 || steine==4 || steine==7 || steine==10) {
    return 2;
  }

  return Mathemahotep::ErmittleZufallszahl(1,2);
}
```

Listing 10.8 Die Funktion »ComputerStark«

In der Spielschleife braucht dann nur noch der Aufruf von `Computer` durch `ComputerStark` ersetzt zu werden.

10.3 Übungen

Übung 1

Wir werden die ersten Übungen damit verbringen, die in diesem Kapitel programmierten Spiele etwas aufzupeppen. Dazu beginnen wir mit dem Zahlenratespiel.

Und zwar sollst du versuchen, das Zahlenratespiel so zu erweitern, dass am Ende nicht nur ausgegeben wird, dass der Spieler gewonnen hat, sondern auch noch, wie viele Versuche er dafür benötigt hat.

Übung 2

Ergänze die letzte Übung so, dass dem Spieler beim Spielen sein aktueller Versuch angezeigt wird.

Übung 3

In der vorigen Übung wurde das Zählen der Versuche hinzugefügt. Es ist möglich, dass bei 1.000 Zahlen jede dieser Zahlen mit maximal zehn Versuchen erraten werden kann.

Um das Spiel nicht zu schwer zu machen, sollen dem Spieler maximal 15 Versuche zur Verfügung stehen. Sollte der Spieler die Zahl nach dem 15. Versuch nicht geraten haben, soll das Spiel mit der Meldung *Du hast leider verloren* beendet werden.

Übung 4

Kommen wir nun zum Zwölferspiel. Die bisherige Version des Spiels lässt immer den Spieler beginnen. In Kombination mit dem starken Computerspieler ist damit nur noch Verlieren möglich.

Ändere das Spiel daher so ab, dass zufällig bestimmt wird, ob der Computer oder der Mensch das Spiel beginnt.

Übung 5

Damit der Spieler wählen kann, wie stark der Computer spielt, soll zu Beginn des Spiels gefragt werden, ob der Computer normal (Verwenden der Funktion `Computer`) oder stark (Verwenden der Funktion `ComputerStark`) spielen soll.

In diesem Kapitel erfährst du, wie gleichzeitig mehrere Werte mit einer Variablen gespeichert werden können.

11 Arrays

Die Geschichte geht weiter, nachdem wir in diesem Kapitel die Arrays besprochen haben.

11.1 Einfaches Speichern mehrerer Werte

Oft kommt es bei der Programmierung vor, dass mit vielen Werten gearbeitet werden muss. Zum Beispiel kann es sein, dass in der Physik ein Experiment mehrmals durchgeführt und gemessen wird und die verschiedenen Ergebnisse dann in einem Programm ausgewertet werden sollen. Oder du möchtest ein Spiel mit vielen Gegnern programmieren. Deren Positionen und andere wichtige Werte muss das Programm alle speichern.

Mit unserem bisherigen Wissen bleibt uns nichts anderes übrig, als für jeden Wert eine eigene Variable anzulegen. Müssen wir fünf Werte speichern, dann brauchen wir fünf Variablen, bei zehn Werten benötigen wir zehn Variablen. Das wiederum bedeutet, dass wir unser Programm grundlegend ändern müssen, wenn sich die Anzahl der Werte verändert.

Das ist bereits lästig genug, noch schlimmer wird es aber, wenn die Anzahl der benötigten Werte während des Programmlaufs wächst. Stelle dir vor, du programmierst ein Spiel, bei dem der Spieler im ersten Level gegen zwei Gegner kämpfen muss, im fünften Level aber schon gegen 20. Um mit diesen Problemen vernünftig umgehen zu können, brauchen wir eine verbesserte Möglichkeit der Speicherung von Werten. Und das sind die Arrays.

Programmiertechnisch betrachtet ist ein Array nichts weiter als eine Variable, die mehrere Werte gleichzeitig speichern kann. Wir hatten uns in Kapitel 5, »Rechnen und Variablen«, den Arbeitsspeicher des Computers bildlich als Kleiderschrank vorgestellt. Ein Array wäre in diesem Bild nichts anderes als eine Schublade, die mit Karteikarten in mehrere Bereiche unterteilt ist, von denen jeder eigene Informationen aufnehmen kann. Abbildung 11.1 zeigt den Sachverhalt grafisch.

Abbildung 11.1 Der Aufbau eines Arrays

Erzeugt wird so ein Array sehr einfach. Die Definition sieht genauso aus wie die einer einzelnen Variablen, nur dass hinter dem Variablennamen in eckigen Klammern angegeben wird, wie viele Werte das Array aufnehmen kann. Im Folgenden wird ein Array von `int`-Werten angelegt. Arrays können aber von jedem Datentyp gebildet werden:

```
int x[5];
```

Die obige Anweisung legt ein Array an, das fünf Werte speichern kann. Die einzelnen Werte werden angesprochen, indem innerhalb der eckigen Klammern der gewünschte Wert angegeben wird. Man spricht hier vom sogenannten *Index*:

```
x[0]=80;
```

Wie an der Nummerierung der Karteikarten in Abbildung 11.1 zu sehen ist, besitzt der erste Wert den Index 0. Demnach hat der 5. Wert den Index 4. Daran muss man sich zu Beginn etwas gewöhnen, das ist gerade in der Anfangszeit eine beliebte Fehlerquelle.

Der Index kann aber nicht nur ein fester Wert sein, auch eine ganzzahlige Variable ist dort erlaubt, wie das folgende Beispiel zeigt.

```
#include <iostream>

using namespace std;

int main() {

  int x[5];
```

```
  int wert;
  cout << "Wert eingeben:";
  cin >> wert;

  int pos;
  cout << "Wo speichern?:";
  cin >> pos;

  x[pos]=wert;
}
```

Listing 11.1 Ein Beispiel für einen variablen Index

Das kleine Programm fragt den Anwender nach einem Wert, der gespeichert werden soll. Anschließend soll der Anwender noch bestimmen, an welcher Position im Array der Wert gespeichert werden soll. Die eingegebene Position wird in der Variablen `pos` gespeichert, die später dann als Index für das Array verwendet wird.

Du solltest dieses Programm einmal testen und als Indexwert eine ungültige Position angeben. Da das Array fünf Elemente groß ist, liegt das erste Element an Index 0 und das letzte Element an Index 4. Jeder Index kleiner als 0 oder größer als 4 ist also ungültig.

Auch eine Schleifenvariable kann als Index verwendet werden. Das nachstehende Programm gibt alle Werte des Arrays aus:

```
int main() {

  int x[5];

  for(int i=0; i<=4; i=i+1) {
    cout << x[i] << endl;
  }
}
```

Listing 11.2 Eine Schleifenvariable als Index

Du siehst an dem Beispiel oben sehr schön, dass das Array gleich zu Beginn schon mit Werten belegt ist, obwohl wir selbst keine darin gespeichert haben. Noch erstaunlicher ist die Tatsache, dass es sich um scheinbar zufällige Werte handelt. Das muss bei der Programmierung berücksichtigt werden. Im Zweifel solltest du einfach mit einer Schleife alle Werte des Arrays auf 0 setzen.

11.2 Vektoren

Wenn in einem Programm an einer Stelle mal mehrere Werte verwendet werden müssen, sind Arrays immer eine gute Wahl. Sie haben allerdings auch einige Nachteile:

- Arrays haben immer eine feste Größe. Einmal angelegt, können sie nicht vergrößert oder verkleinert werden.
- Es ist nicht möglich, die Größe eines Arrays während des Programmlaufs festzulegen. Das Programm kann also den Anwender nicht fragen, wie groß das Array werden soll.
- Ein Array als Parameter an eine Funktion zu übergeben oder es als Rückgabewert von einer Funktion zurückzubekommen ist viel komplizierter als mit einer einfachen Variablen.

Aus diesem Grund existieren in C++ die sogenannten *Vektoren*. Vektoren verhalten sich ähnlich wie Arrays, haben aber die Möglichkeit, sich zu vergrößern, wenn ihre Kapazität nicht mehr ausreicht. Und sie können wie herkömmliche Variablen an eine Funktion übergeben werden.

Der Vektor ist in der Datei `vector` definiert, wir müssen daher in unserem Programm `vector` einbinden – so, wie wir für `cout` die Datei `iostream` einbinden mussten, nämlich mit `include`:

```
#include <iostream>
#include <vector>

using namespace std;

int main() {

  vector<int> v;
}
```

Listing 11.3 Die Definition eines Vektors

Ein Vektor wird definiert, indem hinter `vector` in spitzen Klammern (das Kleiner- und Größer-Zeichen) angegeben wird, welchen Datentyp der Vektor speichern soll. Im obigen Beispiel ist das `int`. Dahinter steht dann – wie bei Variablendefinitionen auch – der Name, den der neue Vektor erhalten soll. Mein Vektor heißt hier `v`.

Ein so angelegter Vektor ist zu Beginn erst einmal leer. Er speichert noch keinen einzigen Wert. Werte an den Vektor anhängen können wir mit der Funktion

push_back, die über den Namen des Vektors aufgerufen wird und die den anzuhängenden Wert übergeben bekommt:

```
v.push_back(4);
v.push_back(12);
v.push_back(8);
```

Die oberen drei Anweisungen hängen die Werte 4, 12 und 8 in genau dieser Reihenfolge an den Vektor v an. Der Vektor wächst dabei automatisch mit. Danach besitzt der Vektor drei Werte. Auf diese Werte kann dann wie bei den Arrays über den Indexoperator (die eckigen Klammern) zugegriffen werden:

```
cout << v[1] << endl;
```

Weil auch hier der Index bei 0 beginnt, wird mit der obigen Anweisung der Wert 12 ausgegeben. Denn der Index 1 spricht den 2. Wert des Vektors an.

Auch für Vektoren gilt, dass nur Indizes verwendet werden dürfen, die eine gültige Position ansprechen.

11.2.1 Die Größe eines Vektors

Es gibt verschiedene Möglichkeiten, auf die Größe eines Vektors einzuwirken. Zum einen kann bei der Definition eines Vektors eine Startgröße angegeben werden. Diese steht dann in runden Klammern hinter dem Namen des Vektors:

```
vector<int> v(10);
```

Die obige Anweisung definiert einen Vektor, der bereits mit zehn Elementen gefüllt ist. Im Gegensatz zu den Arrays, die zufällig erscheinende Werte enthalten, werden die Elemente von Vektoren mit einem sinnvollen Wert initialisiert. Bei nummerischen Datentypen ist das üblicherweise der Wert 0.

Um in Erfahrung zu bringen, wie viele Elemente im Vektor gespeichert sind, existiert die Funktion **size**. Die folgende Anweisung gibt die Anzahl der im Vektor v gespeicherten Werte aus:

```
cout << v.size() << endl;
```

Genauso gut könnten wir den von size zurückgegebenen Wert auch für eine weitere Verwendung in eine Variable speichern.

11.2.2 Elemente entfernen

Um alle Elemente eines bestehenden Vektors zu löschen, existiert die Funktion `clear`:

```
v.clear();
```

Nach der obigen Anweisung besitzt `v` keine Elemente mehr.

Eine weniger drastische Variante des Löschens von Elementen ist die Funktion `pop_back`, die das letzte Element des Vektors entfernt:

```
v.pop_back();
```

In diesem Zusammenhang ist auch noch die Funktion `back` interessant, die das letzte Element des Vektors zurückliefert:

```
vector<int> v;

v.push_back(4);
v.push_back(12);
v.push_back(8);

cout << v.back() << endl;
```

Die letzte Anweisung gibt das letzte Element des Vektors aus, also 8. Auch hier könnte statt der Ausgabe der Wert einer Variablen zugewiesen werden oder in eine Rechnung einfließen.

11.2.3 Vektoren als Funktionsparameter

Wie ich zu Beginn der Einführung in die Vektoren schon gesagt hatte, lassen sich Vektoren sehr leicht als Funktionsparameter verwenden.

Das folgende Programm besitzt eine Funktion `addiere`, die alle im übergebenen Vektor gespeicherten Werte addiert und die Summe dann zurückliefert. Das Hauptprogramm legt einen Vektor an und nutzt `addiere`, um die Summe der Werte auszugeben. Der Vektor als Funktionsparameter und die Übergabe an die Funktion sind fett hervorgehoben (dass der Vektor in der `main`-Funktion und der Vektor in `addiere` denselben Namen besitzen ist Zufall und nicht notwendig, denn der Vektor in der Funktion ist eine lokale Variable, die beim Aufruf eine Kopie des übergebenen Vektors enthält):

```
#include <iostream>
#include <vector>

using namespace std;
```

```
int addiere(vector<int> v) {
  int summe=0;
  for(int i=0; i<v.size(); i=i+1) {
    summe=summe+v[i];
  }
  return summe;
}

int main() {
  vector<int> v;

  v.push_back(4);
  v.push_back(12);
  v.push_back(8);

  cout << addiere(v) << endl;
}
```

Listing 11.4 Ein Vektor als Funktionsparameter

Bevor ich die Funktion noch genauer erkläre, solltest du das Programm einmal ausprobieren. Beim Kompilieren wird nämlich eine Warnung für den Schleifenkopf in der Funktion angezeigt.

```
Warnung 1 warning C4018: '<': Konflikt zwischen 'signed' und
'unsigned' c:\ProgrammierenLernen\Anweisungen\main.cpp 8
```

Diese Warnung kommt dadurch zustande, dass `size` einen Wert ohne Vorzeichen zurückliefert, unsere `int`-Variable aber ein Vorzeichen zulässt.

Wir befinden uns bei der Schleife in einem Wertebereich, in der dieser Konflikt keine Auswirkungen hat. Wenn du diese Warnung aber trotzdem gerne weg haben möchtest, musst du dem Compiler nur mitteilen, dass unsere Variable auch kein Vorzeichen verwenden soll. Und das machst du mit dem Schlüsselwort `unsigned`:

```
int addiere(vector<int> v) {
  int summe=0;
  for(unsigned int i=0; i<v.size(); i=i+1) {
    summe=summe+v[i];
  }
  return summe;
}
```

Listing 11.5 Die Schleife mit vorzeichenloser Variablen

Kommen wir zurück zum Ablauf der Funktion `addiere`. Damit die Schleife weiß, bis wohin der Index laufen muss, verwendet sie `size`. Wir wissen, der Index eines Vektors beginnt bei 0. Wenn uns also beispielsweise `size` den Wert 5 liefert, dann liegen die Indizes von 0–4, also kleiner 5. Deswegen verwendet die Schleife die Bedingung `i<v.size()`.

Eine Funktion kann auch einen Vektor zurückliefern. Im Folgenden findest du ein simples Beispiel, das eine Funktion `liefere1bis10` enthält, die einen mit den Werten von 1 bis 10 gefüllten Vektor zurückliefert:

```
#include <vector>

using namespace std;

vector<int> liefere1bis10() {
  vector<int> vec;
  for(int i=0; i<10; i=i+1) {
    vec.push_back(i+1);
  }
  return vec;
}

int main() {

  vector<int> v=liefere1bis10();
}
```

Listing 11.6 Ein Vektor als Rückgabewert

11.3 Deques

Eine besondere Form der Vektoren bilden die sogenannten *Deques*. Sie sind in der Header-Datei *deque* definiert und arbeiten ähnlich wie die Vektoren. Sie besitzen aber zusätzlich noch die Funktionen `push_front`, `pop_front` und `front`, um Elemente am Anfang einzufügen, zu entfernen und anzusprechen:

```
deque<int> d;
d.push_front(50);
```

Die zusätzliche Funktionalität wird dadurch erkauft, dass die Deques etwas langsamer arbeiten als die Vektoren. Sie sollten daher nur eingesetzt werden, wenn Elemente wirklich am Anfang eingefügt oder entfernt werden müssen.

11.4 Übungen

Übung 1

In dieser ersten Übung sollen die Arrays eingesetzt werden. Und zwar soll der Anwender fünf Zahlen eingeben. Diese Zahlen werden in einem Array gespeichert, und anschließend wird der Durchschnittswert der fünf Zahlen berechnet (der Durchschnittswert ist die Summe aller Zahlen dividiert durch deren Anzahl). Verwende als Datentyp `double`.

Übung 2

Die Übung 1 soll so verbessert werden, dass der Anwender zuerst gefragt wird, wie viele Werte eingegeben werden sollen. Anschließend wird dann die gewünschte Anzahl an Werten eingelesen und deren Durchschnittswert berechnet. Verwende zur Lösung dieser Übung einen Vektor.

Übung 3

Kommen wir wieder zu Scara und seinem Problem beim Durchschreiten der Prüfungshallen. Seine 23. Übung ist in Abbildung 11.2 zu sehen.

Abbildung 11.2 Scaras 23. Übung

Auf den ersten Blick scheint die Übung leicht zu sein. Aber die Schwierigkeit entsteht dadurch, dass beide Fallensteine verschwinden müssen. Bei genauerem Hinsehen wird schnell klar, dass beim Überqueren der Fallensteine der Weg zurück abgeschnitten wird.

Damit diese Aufgabe überhaupt lösbar ist, benötigt Scara neue Fähigkeiten, die uns in Form weiterer Funktionen zur Verfügung stehen:

- `MerkePosition` merkt sich die aktuelle Position und Blickrichtung des Käfers. Es können beliebig viele Positionen gespeichert werden.
- `SpringeZurueck` lässt den Käfer an die zuletzt mit `MerkePosition` gespeicherte Position springen und dreht ihn in die gespeicherte Richtung.

- Durch das Zurückspringen »vergisst« der Käfer die Position, zu der er zurückgesprungen ist. Ein weiterer Aufruf von `SpringeZurueck` lässt den Käfer an die davor gespeicherte Position springen.
- Wird `SpringeZurueck` aufgerufen, obwohl keine Position gespeichert war, gibt es einen Fehler.
- `SindPositionenGespeichert` liefert den Wert `true` zurück, wenn noch mindestens eine Position gespeichert ist. Andernfalls kommt `false` zurück.

Versuche einmal, diese kleine Übung mit Hilfe der neuen Funktionen zu lösen.

Übung 4

Scaras 24. Übung ist etwas schwerer, wie in Abbildung 11.3 zu sehen ist.

Abbildung 11.3 Scaras 24. Übung

Die Merkmale dieser Übung sind die folgenden:

- Es gibt immer einen horizontalen Weg mit fester Länge.
- Die Position des Ankhs und Scaras Startposition sind immer gleich.
- Es zweigen vertikale Pfade mit unterschiedlicher Position und Länge vom Hauptweg ab.
- Die Pfade liegen immer rechts vom Käfer und niemals am rechten Ende des Hauptweges.

Es ist zu berücksichtigen, dass alle Fallensteine verschwinden müssen und der Käfer sich dabei den Rückweg abschneiden kann.

Übung 5

Scaras 25. Übung ist eine Verschärfung der vorigen Übung. Abbildung 11.4 zeigt, dass nun auch auf dem Hauptweg Fallensteine sein können. Diese Fallensteine befinden sich aber nie an Abzweigungen und nie an Scaras Startposition.

Abbildung 11.4 Scaras 25. Übung

Übung 6

Die letzte Übung dieses Kapitels, nämlich Scaras 26. Übung, ist mal wieder etwas zum Knobeln. Und zwar ist die Problemstellung identisch mit der Übung davor, nur dass die Funktionen `MerkePosition` und `SpringeZurueck` nicht verfügbar sind.

Stattdessen gibt es jetzt Funktionen, die die Positionsbestimmung des Käfers erlauben, und eine Spring-Funktion, der die Zielposition in Form von X- und Y-Koordinate übergeben wird:

- `ErmittleXPosition` liefert die X-Koordinate der aktuellen Käferposition. Die X-Koordinate beginnt wie bei dem Zeichenbrett an der linken Seite mit 0.
- `ErmittleYPosition` liefert die Y-Koordinate der aktuellen Käferposition. Die Y-Koordinate beginnt wie bei dem Zeichenbrett an der oberen Seite mit 0.
- `SpringeZu(x,y)` springt an die der Funktion übergebenen Koordinaten. Der Aufruf `Scara::SpringeZu(0,0)` beispielsweise lässt den Käfer an die linke obere Ecke des Spielfeldes springen.

Du musst bei dieser Übung das Merken der Rücksprungpositionen also selbst programmieren. Ein kleiner Tipp: Du solltest Arrays oder Vektoren verwenden.

11.5 Zusammenfassung

In diesem Kapitel haben wir die Möglichkeit besprochen, unter einem Variablennamen mehrere Werte zu speichern und diese über einen Index anzusprechen. Dazu gab es zwei Möglichkeiten.

Zum einen haben wir die Arrays kennengelernt. Sie sind ganz nützlich, wenn die Anzahl der zu speichernden Werte im Vorfeld bekannt ist, da ihre Größe fest ist. Allerdings sind sie nicht so gut geeignet, wenn sie an Funktionen übergeben werden sollen.

Zum anderen sind wir den Vektoren begegnet. Sie vergrößern sich bei Bedarf eigenständig und können auch problemlos als Funktionsparameter oder Rückgabewert einer Funktion verwendet werden.

Dieses Kapitel zeigt, wie Zeichen und Zeichenketten in eigenen Programmen verarbeitet werden können.

12 Strings

Scara war bisher guter Dinge gewesen, er hatte die Prüfungen besser bestanden, als er gedacht hatte. Es war fast so, als würde ihn eine unsichtbare Hand leiten und vor Fehlern bewahren.

Aber jetzt steckte er wirklich in der Klemme. Er stand in einer Halle auf einem Stein, rechts und links von ihm war auch noch ein begehbarer Stein, aber vor ihm klaffte ein Abgrund, das spürte er mit seinen Fühlern. Aber das Irritierende war die Tatsache, dass diese Halle nicht komplett dunkel war. Er konnte das Ankh-Kreuz sehen – auf der *anderen Seite* des Abgrunds.

Er hatte keine Möglichkeit, den Abgrund zu überwinden. Die Schwerkraft hier war wieder normal. Er konnte nicht mehr springen wie in den vorigen Hallen.

Eine Zeitlang stand er ratlos auf seinem Stein, bis er einen Luftzug bemerkte. Dann ein Rascheln. Da! Über ihm bewegte sich etwas, kam etwas näher. Etwas senkte sich auf ihn herab. Bald erkannte er einen kleinen Zettel, der unruhig zu ihm herabwehte. Fast hätte er ihn nicht greifen können und er wäre in die Tiefen der Halle geweht. Doch mit einem geschickten Griff seiner Scheren konnte er den Zettel einfangen.

Er legte den Pergamentfetzen neben sich auf den Stein und schaute darauf. Etwas stand darauf geschrieben.

YHUWUDXHPLUXQGJHKHZHLWHU

Was um alles in der Welt sollten diese Buchstaben bedeuten? Er konnte beim besten Willen keinen Sinn darin erkennen. Aber er hatte das unbestimmte Gefühl, dass in diesen Buchstaben die Lösung zur Prüfung lag.

Er versuchte, den Buchstaben durch Rückwärtslesen einen Sinn zu geben, ließ jeden zweiten Buchstaben aus, aber nichts ergab einen Sinn. Was sollte er bloß tun? Entweder, er würde die geheime Botschaft entschlüsseln, oder diese Halle würde sein Tod sein.

12.1 Ein Zeichen speichern

Es sieht so aus, als müssten wir wieder helfend eingreifen. Aber bevor wir uns an die Lösung des Problems machen können, müssen wir uns zuerst anschauen, wie in C++ ein Zeichen gespeichert werden kann. Dazu benötigen wir einen neuen Datentyp namens `char`. Von diesem Datentyp kann wie von den anderen Datentypen auch eine Variable angelegt werden:

```
char c;
```

Dieser Variablen kann dann ein Zeichen zugewiesen werden. Ein Zeichen steht dabei in einfachen Anführungszeichen, die du über [⇧] + [#] erhältst:

```
c='d';
```

Ein einzelnes Zeichen steht immer in einfachen Anführungszeichen.

Ein in einer `char`-Variablen gespeichertes Zeichen kann auch problemlos mit `cout` ausgegeben werden:

```
cout << c << endl;
```

12.1.1 Zeichen sind Werte, Werte sind Zeichen

Eine Besonderheit in C++ ist die Tatsache, dass eine Zeichenvariable einer Wertvariablen zugewiesen werden kann und umgekehrt. Im folgenden Beispiel wird eine `char`-Variable einer `int`-Variablen zugewiesen und diese dann ausgegeben:

```
char c='a';
int i=c;
cout << i << endl;
```

Der Variablen `c` wird dabei direkt bei der Definition ein Zeichen zugewiesen, so wie wir es auch schon mit anderen Variablentypen gemacht haben.

Auf dem Bildschirm erscheint der Wert 97, weil das der dem Zeichen »a« entsprechende Wert ist. Wie bei einer `int`-Variablen üblich, können wir mit dieser auch rechnen:

```
i=i+2;
```

Wenn wir das veränderte `i` unserer `char`-Variablen `c` zuweisen und diese ausgeben, erscheint auf dem Bildschirm das Zeichen »c« (zwei Buchstaben weiter als »a«).

```
c=i;
cout << c << endl;
```

Dieser Dualismus geht so weit, dass sich ein Zeichen und ein Wert addieren lassen:

```
char d='g'+5;
cout << d << endl;
```

Auf dem Bildschirm erscheint ein »l«.

12.1.2 Die Zeichenart feststellen

Um zu überprüfen, zu welcher Kategorie ein Zeichen gehört, existieren verschiedene Funktionen, die in der Header-Datei *cctype* definiert sind. Ein paar davon wollen wir uns hier mal anschauen:

isalnum

Die Funktion `isalnum` liefert einen Wert ungleich 0, wenn es sich bei dem zu testenden Zeichen um einen Buchstaben (a–z oder A–Z) oder eine Zahl (0–9) handelt. Andernfalls liefert die Funktion 0.

Folgendes Beispiel prüft das Zeichen »x«:

```
if(isalnum('x')!=0) {
  cout << "Alphanumerisch" << endl;
}
```

Den Testfunktionen darf auch eine `char`-Variable übergeben werden.

isalpha

Die Funktion `isalpha` liefert einen Wert ungleich 0, wenn es sich bei dem zu testenden Zeichen um einen Buchstaben (a–z oder A–Z) handelt. Andernfalls liefert die Funktion 0.

isdigit

Die Funktion `isdigit` liefert einen Wert ungleich 0, wenn es sich bei dem zu testenden Zeichen um eine Zahl (0–9) handelt. Andernfalls liefert die Funktion 0.

islower

Die Funktion `islower` liefert einen Wert ungleich 0, wenn es sich bei dem zu testenden Zeichen um einen Kleinbuchstaben (a–z) handelt. Andernfalls liefert die Funktion 0.

isspace

Die Funktion `isspace` liefert einen Wert ungleich 0, wenn es sich bei dem zu testenden Zeichen um ein sogenanntes *Whitespace*-Zeichen handelt. Die bekanntesten Zeichen dieser Sorte sind das Leerzeichen, der Tabulator und der Zeilenvorschub. Andernfalls liefert die Funktion 0.

isupper

Die Funktion `isupper` liefert einen Wert ungleich 0, wenn es sich bei dem zu testenden Zeichen um einen Großbuchstaben (A–Z) handelt. Andernfalls liefert die Funktion 0.

12.1.3 Groß- und Kleinbuchstaben

Zusätzlich zu den oben erwähnten Testfunktionen gibt es noch die Funktionen `tolower` und `toupper`, die entsprechend den dazugehörigen Klein- oder Großbuchstaben zum übergebenen Zeichen liefern. Folgende Anweisung wandelt den Buchstaben »a« in »A« um:

```
char c=toupper('a');
```

Wird bei `toupper` ein Zeichen übergeben, das kein Kleinbuchstabe ist, dann liefert die Funktion das übergebene Zeichen einfach zurück. Das Gleiche gilt bei `tolower` bei Zeichen, die keine Großbuchstaben sind.

12.2 Speichern von Zeichenketten

Jetzt, wo wir mit einzelnen Zeichen umgehen können, wollen wir uns ansehen, wie ganze Wörter und Sätze gespeichert werden. Dazu gibt es einen Datentyp namens `string`, der in der Header-Datei *string* definiert ist. Diese Header-Datei muss eingebunden werden, damit der Datentyp im Programm zur Verfügung steht.

Wie schon bei der Ausgabe von Text müssen wir auch hier konstante Zeichenketten in doppelte Anführungszeichen setzen. Das folgende kleine Programm zeigt die Definition, Initialisierung und Ausgabe einer `string`-Variablen:

```
#include <iostream>
#include <string>

using namespace std;

int main() {
  string s="Andre Willms";
  cout << s << endl;
}
```

Listing 12.1 Ein einfaches Beispiel für Strings

12.2.1 Strings einlesen

C++ erlaubt es auch, Strings einzulesen. Die Vorgehensweise ist aber anders als bei den bisherigen Datentypen. Und zwar benötigen wir eine Funktion namens `getline`, die zum einen übergeben bekommt, von wo eingelesen wird (in unserem Fall `cin`), und zum anderen als zweiten Parameter den String bekommt, in den das Eingelesene gespeichert wird.

```
cout << "Bitte vollen Namen eingeben:";
string s;
getline(cin, s);
cout << "Hallo " << s << endl;
```

12.2.2 Mit Strings arbeiten

Die `string`-Variablen bieten allerlei Funktionalität, von der wir hier ein paar Dinge besprechen wollen.

Zeichenkettenlänge

Zum Beispiel kann die Anzahl der Zeichen in der Zeichenkette mit `size` bestimmt werden:

```
cout << "Dein Name ist " << s.size();
cout << " Zeichen lang." << endl;
```

Teil der Zeichenkette kopieren

Mit Hilfe der Funktion `substr` kann ein Teil der Zeichenkette herauskopiert werden. Der Funktion wird zuerst angegeben, ab welcher Position (bei 0 beginnend) herauskopiert werden soll. Als zweiter Parameter wird die Anzahl der zu kopierenden Zeichen übergeben. Folgendes Beispiel kopiert die ersten drei Zeichen des Namens in den String `drei`:

```
string drei;
drei=s.substr(0,3);
cout << "Die ersten drei Zeichen: " << drei << endl;
```

Gibst du bei `substr` keine Länge an, werden von der angegebenen Position an alle Zeichen bis zum Ende der Zeichenkette kopiert.

In einer Zeichenkette suchen

Man kann in einer Zeichenkette nach Zeichensequenzen suchen. Dazu dient die Funktion `find`. Sie liefert entweder die Position der gefundenen Zeichensequenz zurück oder `string::npos`, falls die Zeichensequenz nicht gefunden wurde.

Folgendes Beispiel sucht nach der Position des Leerzeichens. Sollte ein Leerzeichen gefunden werden, geht das Programm davon aus, dass vor dem Leerzeichen der Vorname und dahinter der Nachname steht, und kopiert diese in die Strings `vname` und `nname`.

```
int spos=s.find(" ");
if(spos==string::npos) {
  cout << "Kein Leerzeichen im Namen!" << endl;
}
else {
  string vname=s.substr(0,spos);
  string nname=s.substr(spos+1);
  cout << "Vorname: " << vname << endl;
  cout << "Nachname: " << nname << endl;
}
```

Im Beispiel oben steht das zu suchende Leerzeichen in doppelten Anführungszeichen, weil immer nach einer Zeichensequenz gesucht wird, auch wenn diese nur aus einem Zeichen besteht.

Als zweiter Parameter kann bei `find` noch angegeben werden, ab welcher Position in der Zeichenkette gesucht werden soll. Analog zu `find` gibt es noch die Funktion `rfind`, die die Zeichenkette von hinten nach vorn durchsucht.

Zeichenketten und Index

Auf Zeichenketten kann wie bei Arrays ein Index (eckige Klammern) angewendet werden, um einzelne Zeichen der Zeichenkette auszulesen oder zu verändern. Folgendes Beispiel gibt die Zeichenkette zeichenweise aus:

```
for(unsigned  int i=0; i<s.size(); i-i+1) {
  cout << s[i] << endl;
}
```

Wie schon bei den Vcktoren arbeite ich bei der Schleifenvariablen mit `unsigned`, weil der von `size` gelieferte Wert ebenfalls vorzeichenlos ist.

Zeichenketten verknüpfen

Auf den Datentyp `string` kann der Operator + angewendet werden, mit dessen Hilfe Zeichenketten verknüpft werden können. Eine `string`-Variable kann dabei mit einer anderen `string`-Variablen, einer konstanten Zeichenkette oder einem einzelnen Zeichen verknüpft werden:

```
string s="abc";
string x="def";
```

```
s=s+x;
s=s+"ghi";
s=s+'j';
```

In `s` steht dann die Zeichenkette »abcdefghij«.

12.3 Texte verschlüsseln

Wenn wir uns ansehen, was auf diesem merkwürdigen Zettel steht, der Scara zugeweht wurde, dann können wir davon ausgehen, dass es sich um einen verschlüsselten Text handelt. Und wir besitzen jetzt genug Kenntnisse über die Speicherung und Verarbeitung von Zeichen und Zeichenketten, um uns der Verschlüsselung mit einem Programm zu nähern.

Ich weiß natürlich, welche Verschlüsselung diesem Text zugrunde liegt, deshalb besprechen wir zuerst die Art und Weise der Verschlüsselung und werden dann ein Programm schreiben, das Texte ver- und entschlüsseln kann. So werden wir auch erfahren, was dem armen Käfer mitgeteilt wurde.

12.3.1 Die Caesar-Verschlüsselung

Die hier verwendete Textverschlüsselung wird *Caesar-Verschlüsselung* genannt, weil sie bereits von Julius Caesar verwendet wurde, der 100–40 vor Christus gelebt hat. Das Prinzip der Verschlüsselung ist denkbar einfach und eignet sich heutzutage nicht mehr, um Informationen sicher zu verschlüsseln. Aber um einfach Texte für andere auf den ersten Blick unlesbar zu halten, eignet es sich allemal.

Das Verfahren basiert darauf, dass das Alphabet durchnummeriert wird. Der Buchstabe A erhält den Wert 0, B den Wert 1, C den Wert 2, D den Wert 3 usw., bis schließlich Y den Wert 24 und Z den Wert 25 hat.

Die Zahlen für die Zeichen meines Namens (»ANDRE«) wären damit 0, 13, 3, 17 und 4. Zu jeder Zahl addiere ich jetzt 3. Sollte das Ergebnis größer 25 (der Wert des letzten Buchstabens) sein, dann ziehe ich 26 ab. Für die Zahlen meines Namens erhalte ich dann die Werte 3, 16, 6, 20 und 7.

Im letzten Schritt verwende ich die oben erklärte Zuordnung der Buchstaben zu den Werten, um die neuen Werte wieder in Buchstaben umzuformen, und erhalte so den Text »DQGUH«.

12.3.2 Ein Zeichen verschlüsseln

Jetzt wollen wir die oben beschriebene Vorgehensweise für einen einzelnen Buchstaben in ein Programm umwandeln. Gehen wir davon aus, es existiert eine char-Variable c, die den zu verschlüsselnden Großbuchstaben enthält:

```
char c;
```

Der erste Schritt ist das Umwandeln des zu verschlüsselnden Großbuchstabens in einen Wert. Dazu nutzen wir die Möglichkeit, mit Zeichen zu rechnen, und ziehen vom Großbuchstaben einfach »A« ab. Denn »A« – »A« ergibt 0, »B« – »A« ergibt 1 usw. Diesen Wert speichern wir in einer int-Variablen:

```
int i=c-'A';
```

Jetzt kommt die tatsächliche Verschlüsselung, indem wir mit dem Wert 3 addieren:

```
i=i+3;
```

Nun müssen wir darauf achten, dass die Verschlüsselung wie ein Ring funktioniert. Denn wenn wir beispielsweise zu »X« den Wert 3 addieren, erhalten wir ja einen Wert, der keinem Buchstaben mehr zugeordnet ist. Aus dem »X« muss daher ein »A«, aus dem »Y« ein »B« und aus dem »Z« ein »C« werden. Das erreichen wir, wenn wir bei Werten größer als 25 (25 ist der größte Wert mit gültigem Buchstaben) einfach 26 abziehen. Aus 26 wird dann 0, aus 27 der Wert 1 und die 28 wird in die 2 umgewandelt:

```
if(i>25) {
  i=i-26;
}
```

Zum Schluss wird zu dem Wert wieder das »A« addiert und der char-Variablen zugewiesen:

```
c = 'A'+i;
```

Damit hätten wir die Anweisungen zur Programmierung der Caesar-Verschlüsselung zusammen. Um die Verschlüsselung besser nutzen zu können, packen wir sie in eine Funktion namens verschluesseln, die das zu verschlüsselnde Zeichen übergeben bekommt und das verschlüsselte Zeichen zurückliefert:

```
char verschluesseln(char c) {
  int i=c-'A';
  i=i+3;
  if(i>25) {
    i=i-26;
```

```
  }
  return 'A'+i;
}
```

Listing 12.2 Die Funktion »verschluesseln« für Zeichen

12.3.3 Ein Zeichen entschlüsseln

Analog zu der Funktion `verschluesseln` schreiben wir noch eine Funktion `entschluesseln`, die das genaue Gegenteil von `verschluesseln` macht: Sie bekommt das verschlüsselte Zeichen übergeben und liefert das entschlüsselte Zeichen zurück.

```
char entschluesseln(char c) {
  int i=c-'A';
  i=i-3;
  if(i<0) {
    i=i+26;
  }
  return 'A'+i;
}
```

Listing 12.3 Die Funktion »entschluesseln« für Zeichen

Da wir als Umkehrung jetzt den Wert 3 abziehen müssen, entsteht für die Zeichen »A«, »B« und »C« ein negativer Wert. Damit aus »A« wieder »X«, aus »B« wieder »Y« und aus »C« wieder »Z« wird, müssen wir für den Fall eines negativen Wertes wieder 26 addieren.

12.3.4 Einen Text verschlüsseln

Die Hauptproblematik der Verschlüsselung bestand in der Verschlüsselung eines einzelnen Zeichens. Nachdem wir dies gelöst haben, ist eine Funktion zum Verschlüsseln einer Zeichenkette kein Problem mehr, denn wir müssen lediglich für jedes Zeichen der Zeichenkette die `verschluesseln`-Funktion aufrufen:

```
string verschluesseln(string s) {
  for(unsigned int i=0; i<s.size(); i=i+1) {
    s[i]=verschluesseln(s[i]);
  }
  return s;
}
```

Listing 12.4 Die Funktion »verschluesseln« für Zeichenketten

Die Funktion ruft für jedes Zeichen des Strings die Funktion `verschluesseln` auf und überschreibt das Zeichen im String mit der verschlüsselten Version.

Es mag merkwürdig erscheinen, dass die Funktion zum Verschlüsseln eines Zeichens und die Funktion zum Verschlüsseln einer Zeichenkette denselben Namen besitzen. Dieses Phänomen wird *Überladen* genannt. Man sagt, der Funktionsname `verschluesseln` ist überladen.

Das Überladen ist in modernen Programmiersprachen eine übliche Technik. Damit sie funktioniert, müssen sich die überladenen Funktionen in ihrer Parameterliste (also den an sie übergebenen Parametern) unterscheiden. Das kann auf zwei Arten geschehen:

- Die Funktionen besitzen eine unterschiedliche Anzahl an Parametern.
- Bei gleicher Parameteranzahl unterscheidet sich mindestens ein Parameter im Datentyp.

In unserem Fall greift die zweite Variante. Beide Funktionen haben exakt einen Parameter, aber bei der einen Funktion ist der Datentyp `char`, bei der anderen `string`.

12.3.5 Einen Text entschlüsseln

Passend zur `verschluesseln`-Funktion für Zeichenketten schreiben wir noch eine `entschluesseln`-Funktion:

```
string entschluesseln(string s) {
  for(unsigned int i=0; i<s.size(); i=i+1) {
    s[i]=entschluesseln(s[i]);
  }
  return s;
}
```

Listing 12.5 Die Funktion »entschluesseln« für Zeichenketten

12.3.6 Das Hauptprogramm

Jetzt fehlt nur noch das Hauptprogramm, das den Anwender fragt, ob ver- oder entschlüsselt werden soll und um welchen Text es sich handelt.

Es ist zu beachten, dass der zu ver- oder entschlüsselnde Text nur Großbuchstaben und keine Leerzeichen enthalten darf. Funktionen, die das gewährleisten, besprechen wir im Übungsteil dieses Kapitels.

```
int main() {
```

```
  cout << "Waehle:" << endl;
  cout << " 1 - Verschluesseln" << endl;
  cout << " 2 - Entschluesseln" << endl;
  cout << "Deine Wahl:";

  int wahl;
  cin >> wahl;

  cin.ignore();

  cout << "Gib den Text ein:";
  string text;
  getline(cin, text);

  if(wahl==1) {
    cout << "Verschluesselter Text:";
    cout << verschluesseln(text) << endl;
  }

  else {
    cout << "Entschluesselter Text:";
    cout << entschluesseln(text) << endl;
  }
}
```

Listing 12.6 Das Hauptprogramm zur Zeichenverschlüsselung

Einzige zu erklärende Besonderheit ist der Aufruf von `cin.ignore()` hinter der Eingabe der Auswahl. Und zwar ist diese Anweisung notwendig, weil sonst das Drücken der [Enter]-Taste zur Beendigung der ersten Eingabe im Eingabepuffer bliebe und dann direkt von der Stringeingabe eingelesen würde. Deshalb würde die Stringeingabe auch direkt beendet. Du solltest diese Anweisung einmal entfernen und das Programm starten, damit du siehst, was für ein Effekt dann auftritt.

Nun ist das Programm fertig und du bist in der Lage, die Botschaft auf dem Zettel für Scara zu entschlüsseln. Versuch es einmal.

12.4 Übungen

Dieser Übungsabschnitt beschäftigt sich primär mit dem Thema dieses Kapitels: der Verarbeitung von Zeichen.

Übung 1

Schreibe eine Funktion `ZaehleZiffern`, die einen String übergeben bekommt sowie die Anzahl der Ziffern (die Zeichen 0–9) zählt und als `int`-Wert zurückliefert.

Übung 2

Wir haben in diesem Kapitel ein Programm geschrieben, das Texte mit der Caesar-Verschlüsselung ver- und entschlüsseln kann. Die Bedingung war allerdings, dass der Text nur aus Großbuchstaben bestehen durfte.

Damit wir in unserem Verschlüsselungsprogramm keine ungültigen Texte bearbeiten, soll in dieser Übung eine Funktion `IstCaesartauglich` geschrieben werden. Dieser Funktion wird ein String übergeben, und sie liefert dann `true` zurück, wenn die Zeichenkette für die Ver- oder Entschlüsselung taugt (also nur aus Großbuchstaben besteht). Sollten in der Zeichenkette auch für die Verschlüsselung ungültige Zeichen enthalten sein, soll die Funktion `false` zurückliefern.

Übung 3

Schreibe eine Funktion `ErzeugeGrossbuchstaben`, die einen String übergeben bekommt, darin alle Buchstaben in Großbuchstaben umwandelt und die umgewandelte Zeichenkette wieder als Zeichenkette zurückliefert.

Übung 4

Schreibe eine Funktion `StringUmdrehen`, der eine Zeichenkette übergeben wird und die dann die umgedrehte Zeichenkette zurückliefert. Wird beispielsweise der String »Willms« übergeben, kommt ‚smlliW« zurück.

Übung 5

Schreibe eine Funktion `EntferneLeerzeichen`, die eine Zeichenkette übergeben bekommt, aus ihr alle Leerzeichen entfernt und sie dann wieder zurückgibt.

Diese Übung ist etwas schwerer, weil wir nicht besprochen haben, wie Zeichen aus einer Zeichenkette gelöscht werden. Das ist aber auch nicht notwendig, denn es gibt eine einfache Möglichkeit, das Löschen zu umgehen.

Übung 6

Um unser Verschlüsselungsprogramm vor falschen Eingaben zu schützen, soll eine Funktion `MacheTextGueltig` geschrieben werden. Diese Funktion bekommt eine Zeichenkette übergeben und filtert alle Zeichen raus, die nicht ver- oder entschlüsselt werden können. Des Weiteren wandelt sie alle Kleinbuchstaben automatisch in Großbuchstaben um.

Den so gereinigten und für die Verschlüsselung fit gemachten Text gibt die Funktion dann zurück.

Übung 7

Als vorbereitende Übung zu einem späteren Galgenmännchenspiel soll eine Funktion `ErzeugeLiniendarstellung` programmiert werden, die einen Text übergeben bekommt und die dann die Zeichen durch Linien ersetzt. Würde der Funktion beispielsweise der Text »Andre geht auf dem Eis« übergeben, dann würde sie diese Zeichenkette zurückliefern:

----- ---- --- --- ---

Übung 8

Für das Galgenmännchenspiel soll eine Funktion `FuelleZeichen` programmiert werden, die einmal den Originaltext übergeben bekommt, dann die Liniendarstellung und als dritten Parameter das zu füllende Zeichen. Wird als Originaltext »Andre geht auf dem Eis« übergeben, als Liniendarstellung

----- ---- --- --- ---

und als zu füllendes Zeichen »a«, dann kommt dies zurück:

A---- ---- a-- --- ---

Wird der obige Originalstring, die letzte Liniendarstellung und das zu füllende Zeichen »e« übergeben, dann kommt dies zurück:

A---e -e-- a-- -e- E--

12.5 Zusammenfassung

In diesem Kapitel drehte sich alles um Zeichen und Zeichenketten. Wir haben besprochen, wie Zeichen mit dem Datentyp `char` gespeichert werden, wie man sie in Werte umwandeln und mit ihnen rechnen kann und wie man feststellen kann, um welche Art von Zeichen es sich handelt.

Zum Speichern von Zeichenketten haben wir den Datentyp `string` eingesetzt. Dieser Datentyp stellt Funktionen zur String-Manipulation bereit, wie das Kopieren von Teilen der Zeichenkette, das Suchen innerhalb der Zeichenkette und das zeichenweise Ansprechen über einen Index.

Als Anwendungsbeispiel haben wir die Caesar-Verschlüsselung kennengelernt, die auch in der Geschichte eine Rolle gespielt hat.

In diesem Kapitel erfährst du, wie du eigene Datentypen erstellen kannst, um zusammengesetzte Daten einfacher speichern und bearbeiten zu können.

13 Strukturen

Scara wusste nicht, woher ihm die plötzliche Erleuchtung kam, aber mit einem Mal war ihm klar, was der seltsame Text auf dem Zettel bedeutete.

Er brauchte also nur geradeaus zu gehen, obwohl er dort keinen Stein sehen konnte. Langsam setzte er zum ersten Schritt an und ... zögerte. Sollte er wirklich dieses Risiko eingehen? Einen Schritt ins Bodenlose wagen? Aber was für eine Wahl hatte er schon? Der Zettel gab ihm den einzigen Hinweis, dieser Situation zu entkommen.

Er nahm seinen ganzen Mut zusammen und wagte den Schritt. Im ersten Moment dachte er, er fiele, weil der Weg nicht so hart war wie die Steine, auf denen er bisher immer gelaufen war. Aber dann trat er auf einen wattigen Untergrund, der sein Gewicht zu halten schien. Ohne weiter darüber nachzudenken machte er einen Satz und sprang auf das rettende Ankh.

Sein Herz raste vor Aufregung und Glück, dass er auch diese Prüfung gemeistert hatte. Hoffentlich ging es Neferu ebenso gut.

Das wuterfüllte Brüllen eines Tieres ließ Zweifel in ihm aufkeimen.

13.1 Zusammengesetzte Daten

Bevor wir uns anschauen, wie eigene Datentypen erstellt werden, sollten wir klären, was genau unter zusammengesetzten Datentypen zu verstehen ist. Stelle dir einmal vor, du möchtest ein Programm schreiben, das für jeden deiner Klassenkameraden die E-Mail-Adresse speichert. Um das zu programmieren, musst du für jeden Klassenkameraden drei Dinge speichern: Vorname, Nachname und die E-Mail-Adresse.

Es reicht aber auch nicht aus, diese Informationen nur einmal zu speichern, da es ja mehr als einen Klassenkameraden gibt. Wir benötigen also ein Array oder einen Vektor. Ein einzelner Vektor kann aber immer nur die Daten eines einzelnen Datentyps speichern. Wir brauchen daher jeweils einen Vektor für die Vornamen, die Nachnamen und die E-Mail-Adressen:

```
vector<string> vornamen;
vector<string> nachnamen;
vector<string> mailadressen;
```

Die Daten für den ersten Kontakt wären dann folgendermaßen gespeichert:

- Der Vorname in `vornamen[0]`.
- Der Nachname in `nachnamen[0]`.
- Die E-Mail-Adresse in `mailadressen[0]`.

Stelle dir vor, du müsstest jetzt eine Funktion `KontaktAusgeben` programmieren, die in der Lage ist, einen übergebenen Kontakt mit Vornamen, Nachnamen und E-Mail-Adresse auf dem Bildschirm auszugeben.

Bevor du weiterliest, versuche doch einmal, diese Funktion zu programmieren.

Der Funktion müssen alle drei Vektoren sowie die Position des auszugebenden Kontakts übergeben werden:

```
void KontaktAusgeben(vector<string> v,
                     vector<string> n,
                     vector<string> m,
                     int pos) {
```

```
    cout << n[pos] << ", ";
    cout << v[pos] << ", ";
    cout << m[pos] << endl;
}
```

Listing 13.1 Die Funktion »KontaktAusgeben«

Aus optischen Gründen habe ich die Funktionsparameter untereinandergeschrieben. Im Programm können sie natürlich wie bisher auch nebeneinander stehen.

Ein exemplarischer Funktionsaufruf könnte so aussehen (unter der Voraussetzung, dass die drei Vektoren wie weiter oben angegeben definiert sind; dazu müssen für die Vektoren die Header-Datei *vector* und für die Strings die Header-Datei *string* mit `#include` eingebunden werden):

```
vornamen.push_back("Darth");
nachnamen.push_back("Vader");
mailadressen.push_back("spassbremse@starwars.com");

KontaktAusgeben(vornamen, nachnamen, mailadressen, 0);
```

Ich denke, du merkst, dass es zum absoluten Alptraum werden kann, komplexere Daten auf diese Weise zu verwalten. Stelle dir nur vor, es kämen zusätzlich noch Straße, Hausnummer, Ort, Postleitzahl, Telefon, Handy, Homepage etc. hinzu. Du bräuchtest fast ein Dutzend Vektoren, die immer alle an eine Funktion übergeben werden müssen, wenn diese Funktion mit den Daten arbeiten will.

Ein weiterer Nachteil des bisherigen Ansatzes liegt darin, dass diese Art der Speicherung eine völlig falsche Gruppierung vermuten lässt. Über die Vektoren sieht es ja eher so aus, als würden alle Vornamen eine Gruppe bilden, die Nachnamen bilden eine andere Gruppe und die E-Mail-Adressen schließlich eine dritte Gruppe. Dabei gehoren ja eigentlich immer ein Vorname, ein Nachname und eine E-Mail-Adresse zusammen. Es muss also eine eingängigere Möglichkeit der Datenspeicherung her.

13.2 Definition einer Struktur

Um ein einfacheres Beispiel zu haben, rufen wir uns die letzte Übung aus Kapitel 11, »Arrays«, zurück ins Gedächtnis. Es ging darum, dass der Käfer sich seine Position merken musste, um wieder an den Ursprungsort zurückzuspringen, nachdem der Rückweg durch das Betreten der Fallensteine versperrt war. Die Position des Käfers war durch seine X- und Y-Position auf dem Spielfeld definiert. In meiner Beispiellösung habe ich zur Speicherung der Positionen zwei Vektoren verwendet:

```
vector<int> xpos;
vector<int> ypos;
```

Diese Problematik lässt sich mit der eben beschriebenen Problematik vergleichen, bei der Vorname, Nachname und E-Mail-Adresse gespeichert werden. Auch hier scheinen eher die X-Positionen und die Y-Positionen untereinander eine Gruppe zu bilden, obwohl eigentlich immer eine X- und eine Y-Position zusammengehören.

Und genau das ist ein *zusammengesetzter Datentyp*: eine Kombination aus bereits bestehenden Datentypen. In C++ werden solche zusammengesetzten Datentypen auch *Strukturen* genannt, deshalb heißt das Schlüsselwort zur Definition einer Struktur auch `struct`.

Hinter dem Schlüsselwort `struct` steht dann mit mindestens einem Leerzeichen getrennt der Name der Struktur. Da wir im Folgenden die Position des Käfers speichern wollen, nennen wir die Struktur `Position`:

```
struct Position
```

Das sieht bisher fast so aus wie die Definition einer Variablen namens `Position` vom Typ `struct`. Das liegt daran, dass noch die Angabe fehlt, aus was die Struktur zusammengesetzt sein soll, es handelt sich ja schließlich um einen zusammengesetzten Datentyp. Aus was die Struktur besteht steht in geschweiften Klammern hinter dem Strukturnamen:

```
struct Position {
};
```

Eine Besonderheit in C++ ist, dass bei der Definition einer Struktur hinter der schließenden geschweiften Klammer ein Semikolon stehen muss.

Und in die geschweiften Klammern fügen wir jetzt ein, aus was die Struktur bestehen soll. Im Falle der Position benötigen wir zwei `int`-Werte für die X- und die Y-Position:

```
struct Position {
  int x;
  int y;
};
```

Und damit wäre die Struktur bereits fertig. Bleibt nur noch zu klären, wo wir jetzt in unserem Programm die Struktur hinschreiben. In C++ steht eine Struktur üblicherweise in einer Header-Datei, die den Namen der Struktur trägt. In unserem Fall wäre das dann *Position.h*.

In den Abschnitten 2.2 und 9.3 haben wir besprochen, wie neue Quellcode- und Header-Dateien in einem Projekt angelegt werden. Falls du dir also nicht mehr sicher bist, wie du die Datei *Position.h* anlegen sollst, dann lies dort am besten noch einmal nach. Wenn du dann die Datei erstellt hast, schreibst du die Definition von `Position` dort hinein.

Damit wir unseren neuen Datentyp `Position` auch in der `main`-Funktion verwenden können, müssen wir ähnlich wie mit *scarafunktionen.h* die Datei *Position.h* in *main.cpp* mit Hilfe von `include` einbinden:

```
#include "Position.h"
```

Innerhalb der `main`-Funktion können wir die Struktur `Position` jetzt verwenden wie alle anderen Datentypen auch und eine Variable anlegen:

```
Position a;
```

Weil `Position` ein aus den beiden `int`-Werten `x` und `y` zusammengesetzter Datentyp ist, besitzt `a` ebenfalls die beiden Elemente `x` und `y`. Sie werden über den Element-Operator `.` angesprochen:

```
a.x=5;
a.y=7;
```

Hier der Vollständigkeit halber das gesamte Hauptprogramm:

```
#include <iostream>
#include "Position.h"

using namespace std;

int main() {

  Position a;
  a.x=5;
  a.y=7;
}
```

Listing 13.2 Die Verwendung von »Position«

Wenn wir bei dem Bild der Variablen als Schubladen bleiben, dann ist eine Strukturvariable nichts anderes als eine Schublade, die in verschiedene Fächer unterteilt ist, wie Abbildung 13.1 zeigt.

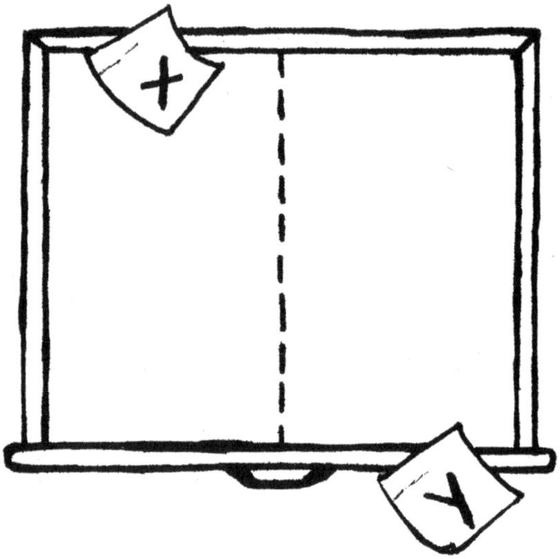

Abbildung 13.1 Der Aufbau einer Struktur

Jedes Fach der Schublade kann einen eigenen Datentyp mit einem eigenen Wert enthalten. Da die Struktur der Schublade aber über ihren Datentyp festgelegt ist, hat jede Schublade des Typs `Position` auch dieselbe Aufteilung, nur die enthaltenen Werte können andere sein.

13.3 Problem der Mehrfachdefinition

Bevor wir uns anschauen, wie mit Strukturen und deren Variablen gearbeitet werden kann, möchte ich noch auf ein Problem zu sprechen kommen, das beim Einbinden von Header-Dateien mit Strukturdefinitionen auftreten kann.

Häufig wird eine Struktur in verschiedenen Header-Dateien verwendet. Deshalb muss die Header-Datei, die die Strukturdefinition enthält, in jede dieser Header-Dateien mit `include` eingebunden werden. Wenn nun aber zum Beispiel in *main.cpp* mehrere dieser anderen Header-Dateien benötigt werden, haben wir die Header-Datei mit der Strukturdefinition auch mehrmals in *main.cpp* eingebunden.

Um zu sehen, was das für Folgen hat, können wir einfach in *main.cpp* die Header-Datei *Position.h* zweimal einbinden:

```
#include "Position.h"
#include "Position.h"
```

Das solltest du einmal machen und das Programm dann kompilieren. Es wird folgender Fehler angezeigt werden:

```
Fehler 1 error C2011: 'Position': 'struct' Typneudefinition
```

Der Grund liegt darin, dass eine Struktur genau wie eine Variable nicht mehr als einmal definiert werden darf. In diesem Fall ist das Problem natürlich schnell gelöst. Wir müssen einfach nur das zweite `include` wieder entfernen. In einem komplexen Projekt lässt sich das aber oft einfach nicht mehr verhindern,

Wir benötigen daher einen Mechanismus, der in der Header-Datei dafür Sorge trägt, dass bei einem mehrfachen Einbinden die Definition nur einmal kompiliert wird. Dieser Mechanismus funktioniert folgendermaßen: Es gibt einen Befehl namens `#ifndef`. Das ist die Abkürzung für *if not defined*, was so viel heißt wie »falls nicht definiert«. Wenn also der Name hinter `#ifndef` nicht definiert ist, dann werden alle Anweisungen bis zum `#endif` kompiliert.

Ein Beispiel:

```
#ifndef POSITIONEN_H

#endif
```

Wenn der Name `POSITIONEN_H` nicht definiert wurde (und wir haben ihn nicht definiert), dann wird alles bis zum `#endif` kompiliert.

So weit, so gut, aber wir haben jetzt das Problem ähnlich einer Endlosschleife. Jedes Mal, wenn der Compiler diesen Programmcode durchläuft, wird er alles zwischen `#ifndef` und `#endif` kompilieren, weil ja `POSITIONEN_H` nicht definiert ist. Wir müssen also innerhalb des `#ifndef ... #endif`-Konstrukts den Namen `POSITIONEN_H` definieren, und das machen wir mit dem Befehl `#define`:

```
#ifndef POSITIONEN_H
#define POSITIONEN_H

#endif
```

Jetzt ist sichergestellt, dass der Programmcode innerhalb des Konstrukts nur einmal kompiliert wird. Jetzt brauchen wir dieses Gerüst nur noch um unsere Struktur herumzupacken:

```
#ifndef POSITIONEN_H
#define POSITIONEN_H

struct Position {
  int x;
  int y;
```

```
};

#endif
```

Listing 13.3 Der Schutz vor Mehrfachdefinition

Dass der bei `#ifndef` und `#define` verwendete Name ähnlich dem Namen der Header-Datei ist, das ist Zufall, beziehungsweise ist diese Ähnlichkeit von der Programmiersprache nicht gefordert. Natürlich habe ich diesen Namen absichtlich ähnlich gewählt, denn wenn ich den Namen im Hinblick auf die Datei wähle und jede Struktur in einer eigenen Datei steht, dann kann ich mir sicher sein, diesen Namen nicht schon woanders verwendet zu haben.

13.4 Verwendung von Strukturen

Nachdem die Problematik der Mehrfachdefinition gelöst ist, kommen wir wieder zurück zum Einsatz von Strukturen.

13.4.1 Strukturen und Arrays/Vektoren

Ein riesiger Vorteil von Strukturen liegt darin, dass sie als eigenständiger Datentyp bei Arrays und Vektoren verwendet werden können. Schauen wir uns einmal ein Array von `Position`-Objekten an:

```
Position feld[10];
```

Die Definition sieht so aus wie bei jedem anderen Array auch, nur dass jetzt die Array-Elemente vom Typ `Position` sind. Jedes der zehn Array-Elemente besitzt nun (es sind ja Elemente vom Typ `Position`) ein Element `x` und ein Element `y`. Folgende Anweisungen weisen der fünften Position Werte zu:

```
feld[4].x=10;
feld[4].y=5;
```

Der eigene Datentyp `Position` kann auch in einem Vektor gespeichert werden. Folgende Anweisung legt einen entsprechenden Vektor an:

```
vector<Position> positionen;
```

Um eine Position in den leeren Vektor einzufügen, muss zuerst eine `Position`-Variable angelegt, diese mit Werten gefüllt und anschließend mit `push_back` dem Vektor hinzugefügt werden:

```
Position pos;
pos.x=10;
```

```
pos.y=8;
positionen.push_back(pos);
```

13.4.2 Strukturen als Funktionsparameter

Strukturen können auch hervorragend als Funktionsparameter eingesetzt werden. Die folgende Funktion `SpringeZu` bekommt eine Position übergeben und lässt den Käfer an die in der `Position`-Variablen gespeicherten Koordinaten springen:

```
void SpringeZu(Position p) {
  Scara::SpringeZu(p.x, p.y);
}
```

Listing 13.4 Die Funktion »SpringeZu«

Auch als Rückgabetyp lassen sich Strukturen einsetzen. Die nachstehende Funktion `ErmittlePosition` liefert eine Position zurück, deren Koordinaten der aktuellen Käferposition entsprechen:

```
Position ErmittlePosition() {
  Position p;
  p.x=Scara::ErmittleXPosition();
  p.y=Scara::ErmittleYPosition();
  return p;
}
```

Listing 13.5 Die Funktion »ErmittlePosition«

13.5 Ein Beispiel

Bevor wir zu den Übungen kommen, möchte ich die zu Beginn dieses Kapitels angesprochene Übung aus Kapitel 11, »Arrays«, lösen, indem ich unsere neue Struktur `Person` verwende. Die bereits im Lösungskapitel aufgeführten Kommentare lasse ich hier weg und markiere stattdessen die Teile, die sich geändert haben:

```
#include "scarafunktionen.h"
#include "Position.h"
#include <vector>

using namespace std;

int main() {
```

```
  vector<Position> positionen;

  Scara::Starten(26);

  Position pos;
  pos.x=Scara::ErmittleXPosition();
  pos.y=Scara::ErmittleYPosition();
  positionen.push_back(pos);

  while(Scara::IstVorneAbgrund()==false) {

    Scara::DreheNachLinks();
    if(Scara::IstVorneAbgrund()==false) {

      pos.x=Scara::ErmittleXPosition();
      pos.y=Scara::ErmittleYPosition();
      positionen.push_back(pos);

      while(Scara::IstVorneAbgrund()==false) {
        Scara::Gehen();
      }
      Scara::SpringeZu(positionen.back().x,
                       positionen.back().y);
      positionen.pop_back();
    }

    DreheNachRechts();
    Scara::Gehen();
  }

  Scara::SpringeZu(positionen.back().x,
                   positionen.back().y);
  DreheUm();
  Scara::Gehen();

  Scara::Beenden();
}
```

Listing 13.6 Scaras 26. Übung gelöst mit einer Struktur

Interessant ist vielleicht noch Folgendes: Wenn ein Strukturobjekt von einer Funktion zurückgeliefert wird (wie im Listing oben im Fall der Vektor-Funktion `back`), dann kann direkt auf ein Element zugegriffen werden (z. B. `back().x`), ohne dass das Objekt zuerst in einer Variablen gespeichert werden muss.

13.6 Übungen

Übung 1

Wir haben zu Beginn des Kapitels die Problematik besprochen, wie die E-Mail-Adressen deiner Klassenkameraden gespeichert werden könnten. Überlege dir dazu mit deinem jetzigen Wissen eine Struktur `Kontakt`, die die notwendigen Informationen speichern kann. Achte darauf, die Mehrfachdefinition zu verhindern.

Übung 2

Schreibe für die Struktur `Kontakt` eine Funktion `KontaktAusgeben`, die einen Kontakt in der Form »Nachname, Vorname, E-Mail-Adresse« ausgibt.

Übung 3

Wenn wir einmal zurückblicken, an welchen Stellen es ähnliche Probleme mit vielen Funktionsparametern gab, dann fallen einem schnell die Farben ein. Wir mussten immer mit den drei Komponenten Rot, Grün und Blau arbeiten. Da diese drei eigentlich immer zusammengehören, bietet sich auch hier eine Struktur an. Entwerfe dazu eine Struktur `Farbe`, die du in die Header-Datei *Farbe.h* packst.

Übung 4

Schreibe eine Funktion `ErmittleFarbe`, die die aktuelle Farbe des Zeichenbretts als `Farbe`-Objekt zurückliefert.

Übung 5

Schreibe eine Funktion `HalbiereHelligkeit`, die eine Farbe übergeben bekommt und eine Farbe zurückliefert, die nur halb so hell ist wie die übergebene.

13.7 Zusammenfassung

In diesem Kapitel haben wir uns angeschaut, wie wir mit Hilfe einer Struktur (Schlüsselwort `struct`) eigene Datentypen aus bestehenden Datentypen zusammensetzen können.

Ein weiterer Aspekt war die Technik, eine durch mehrmaliges Einbinden derselben Header-Datei vorhandene Mehrfachdefinition zu verhindern.

Dieses Kapitel vermittelt dir die Grundlagen der objektorientierten Programmierung und erklärt, wie sich daraus ergebende Vorteile genutzt werden können.

14 Klassen

Wir hatten im Übungsteil des letzten Kapitels eine Struktur `Farbe` programmiert. Diese sah so aus:

```
struct Farbe {
  int rot;
  int gruen;
  int blau;
};
```

Listing 14.1 Die Struktur »Farbe«

Erzeugt werden konnte eine Variable des Typs `Farbe` so:

```
Farbe f;
f.rot=200;
```

Im Beispiel oben wird exemplarisch die Rot-Komponente auf den Wert 200 gesetzt.

Eine Struktur hat aber zwei entscheidende Nachteile. Zum einen hindert uns (oder andere) niemand daran, die Strukturvariable mit ungültigen Werten zu bestücken:

```
f.rot=-50;
```

Diese Anweisung ist fatal, weil es keine negativen Farbwerte gibt.

Zum anderen ist es schon seltsam, dass ein Objekt existiert, das eigentlich nur Werte, aber keine Funktionalität besitzt. Die Funktionalität entsteht durch Funktionen, die zusätzlich programmiert werden, aber nicht direkt zum Objekt gehören. Das wäre vergleichbar mit einem Baum, der einfach nur rumstünde und sonst nichts könnte und es dann außenstehende Dinge gäbe, die den Baum zum Beispiel wachsen ließen. Aber solche Bäume gibt es ja nicht. Ein Baum weiß selbst, wie er zu wachsen hat, niemand muss ihn wachsen lassen.

Diese beiden geschilderten Nachteile werden mit den Klassen behoben.

14.1 Definition einer Klasse

Klassen werden eigentlich genauso definiert wie Strukturen, nur dass jetzt das Schlüsselwort `class` verwendet wird. Als erstes Beispiel wollen wir eine Klasse `CFarbe` programmieren, die noch keine Funktionalität besitzt:

```
#ifndef CFARBE_H
#define CFARBE_H

class CFarbe {
  int rot;
  int gruen;
  int blau;
};

#endif
```

Listing 14.2 Die Klasse »CFarbe«

Ich habe die Klasse `CFarbe` genannt, weil die Struktur bereits den Namen `Farbe` besitzt. Das »C« ist bei der Namensvergabe einer Klasse nicht zwingend.

Die Elemente einer Klasse (in diesem Fall `rot`, `gruen` und `blau`) nennt man *Attribute*. Variablen vom Typ einer Klasse werden *Objekte* genannt. Klassen wie Strukturen stehen in Header-Dateien, die denselben Namen besitzen. Hier heißt die Header-Datei deshalb *CFarbe.h*.

Klassen müssen ebenfalls vor Mehrfachdefinition geschützt werden, daher kommt auch hier ein `#ifndef ... #endif`-Konstrukt zum Einsatz.

Erzeugt wird ein Objekt der Klasse genauso wie ein Objekt einer Struktur:

```
CFarbe f;
```

Erstaunlich ist nur, dass wir die Elemente des Objekts nicht mehr ansprechen können:

```
f.rot=200;
```

Der Übersetzer wird die Kompilation mit einem Fehler abbrechen.

14.2 Zugriffsrechte

Dass wir die Elemente des Objekts nicht mehr ansprechen können, liegt an den sogenannten *Zugriffsrechten*. Für uns sind zwei Zugriffsrechte interessant:

- Elemente mit dem Zugriffsrecht `private` (privat) dürfen nur von Elementen der eigenen Klasse angesprochen werden.
- Elemente mit dem Zugriffsrecht `public` (öffentlich) dürfen von allen Elementen angesprochen werden.

Standardmäßig sind alle Elemente einer Klasse privat. Wir greifen von der `main`-Funktion aus auf das Element `rot` zu. Und `main` gehört nicht zur Klasse `CFarbe`. Deshalb ist der Zugriff nicht erlaubt.

Wir können den Attributen aber einfach öffentliches Zugriffsrecht geben, und schon ist der Zugriff wieder erlaubt. In der Klassendefinition wird das Zugriffsrecht mit einem Doppelpunkt beendet. Von da ab besitzen alle Elemente bis zur nächsten Angabe eines Zugriffsrechts oder bis zum Ende der Klassendefinition dieses Zugriffsrecht:

```
class CFarbe {
public:
  int rot;
  int gruen;
  int blau;
};
```

Listing 14.3 Attribute mit öffentlichem Zugriffsrecht

14.3 Methoden

Klassen besitzen die Fähigkeit, Funktionen enthalten zu können. Diese Funktionen werden *Methoden* genannt. Weil Methoden Bestandteil der Klasse sind, besitzen sie direkten Zugriff auf alle Elemente der Klasse.

Nehmen wir als Beispiel die Funktion `HalbiereHelligkeit` aus dem Übungsabschnitt des vorigen Kapitels. Diese Funktionalität können wir nun direkt als Methode in die Klasse einbauen:

```
class CFarbe {
public:
  int rot;
  int gruen;
  int blau;
```

```
  void HalbiereHelligkeit() {
    rot=rot/2;
    gruen=gruen/2;
    blau=blau/2;
  }

};
```

Listing 14.4 Die Methode »HalbiereHelligkeit«

Die Methode steht innerhalb der geschweiften Klammern der Klasse. Innerhalb der Methode kann direkt auf die Attribute `rot`, `gruen` und `blau` der Klasse zugegriffen werden.

Die Frage ist jetzt nur noch, von welchem Objekt wir in der Methode die Komponenten ansprechen. Ganz einfach: von dem Objekt, über das die Methode aufgerufen wird:

```
CFarbe f;
f.rot=200;
f.gruen=150;
f.blau=100;

f.HalbiereHelligkeit();
```

Die Methode `HalbiereHelligkeit` wird für `f` aufgerufen, deshalb spricht `HalbiereHelligkeit` die Rot-, Grün- und Blau-Komponente von `f` an.

14.4 Konstruktoren

Wir haben bereits gesehen, dass wir Klassen über Methoden mit Funktionalität ausstatten können. Bleibt nur noch das Problem zu lösen, dass jeder den Komponenten der Klasse ungültige Werte zuweisen kann. Der Schutz davor ist jedoch denkbar einfach. Wir geben den Attributen einfach privates Zugriffsrecht:

```
class CFarbe {
private:
  int rot;
  int gruen;
  int blau;

public:
  void HalbiereHelligkeit() {
```

```
    rot=rot/2;
    gruen=gruen/2;
    blau=blau/2;
  }
};
```

Listing 14.5 Private Attribute

Nun kann von außen niemand mehr die Attribute verändern. Die Methode `HalbiereHelligkeit` kann natürlich immer noch auf die Attribute zugreifen, weil `HalbiereHelligkeit` selbst ein Element der Klasse ist. Es ist wichtig, dass vor `HalbiereHelligkeit` das Zugriffsrecht `public` steht, weil die Methode sonst nicht von außen aufgerufen werden könnte.

Jetzt ist allerdings die Frage berechtigt, wie wir unserem Objekt vernünftige Werte mitgeben können. Und genau hier kommen die sogenannten *Konstruktoren* ins Spiel. Ein Konstruktor dient dazu, ein Objekt bei der Erzeugung mit vernünftigen Werten zu versehen. Das Besondere an einem Konstruktor ist, dass er genau wie seine Klasse heißt und keinen Rückgabetyp besitzt.

Die Werte, die der Konstruktor für die Initialisierung benötigt, werden ihm als Funktionsparameter mitgegeben:

```
class CFarbe {
private:
  int rot;
  int gruen;
  int blau;

public:
  CFarbe(int r, int g, int b) {
    rot=r;
    gruen=g;
    blau=b;

    if(rot<0) {
      rot=0;
    }
    if(rot>255) {
      rot=255;
    }

    if(gruen<0) {
      gruen=0;
    }
```

```
    if(gruen>255) {
      gruen=255;
    }

    if(blau<0) {
      blau=0;
    }
    if(blau>255) {
      blau=255;
    }
  }

};
```

Listing 14.6 Ein Konstruktor für »CFarbe«

Der Übersichtlichkeit wegen fehlt im obigen Listing die Methode `HalbiereHelligkeit`.

Der Konstruktor erwartet die Werte zur Initialisierung als Funktionsparameter. Zunächst weist er den Komponenten die übergebenen Werte zu, prüft dann aber, ob der gültige Wertebereich unter- oder überschritten wird, und korrigiert die Werte entsprechend. Bei der Erzeugung eines Objekts der Klasse `CFarbe` müssen jetzt die vom Konstruktor geforderten Parameter übergeben werden:

```
CFarbe f(200,150,100);
```

Konstruktoren und Methoden können genau wie Funktion überladen werden. Aus diesem Grund kann eine Klasse mehrere Konstruktoren besitzen, die alle denselben Namen haben. Falls du nicht mehr genau weißt, was »überladen« bedeutet, dann lies doch noch einmal in Abschnitt 12.3 nach.

14.5 Zugriffsmethoden

Wir können mit dem Konstruktor jetzt ein Objekt ordentlich erzeugen, und mit `HalbiereHelligkeit` besitzen wir ein Beispiel, wie Funktionalität in einer Klasse untergebracht wird.

Was aber, wenn wir nach dem Aufruf von `HalbiereHelligkeit` den neuen Wert der Rot-Komponente wissen möchten oder die Blau-Komponente später noch ändern wollen? Von außen haben wir keine Möglichkeit mehr, die Attribute anzusprechen, weil sie privat sind. Die Lösung liegt darin, die Klasse um Methoden zu erweitern, die uns diese Funktionalität bereitstellen. Methoden, die den Wert eines Attributs zurückliefern oder diesen ändern, nennt man *Zugriffsmethoden*.

Das folgende Listing zeigt zwei mögliche Zugriffsmethoden für das Attribut `rot`. Der Übersichtlichkeit wegen werden die anderen Methoden nicht mit aufgeführt:

```
class CFarbe {
private:
  int rot;
  int gruen;
  int blau;

public:
  int HoleRot() {
    return rot;
  }

  void SetzeRot(int r) {
    rot=r;
    if(rot<0) {
      rot=0;
    }
    if(rot>255) {
      rot=255;
    }
  }
};
```

Listing 14.7 Die Zugriffsmethoden für das Attribut »rot«

Weil für den Zugriff unsere Methoden aufgerufen werden müssen, können wir dort wieder prüfen, ob der übergebene Wert gültig ist.

14.6 Übungen

Übung 1

Ergänze die Klasse `CFarbe` aus dem vorigen Abschnitt um einen zweiten Konstruktor ohne Parameter, der die Komponenten des Objekts mit der aktuellen Zeichenfarbe des Zeichenbretts initialisiert.

Übung 2

Programmiere eine Klasse `Rechteck`, deren Objekte ein Rechteck repräsentieren. Und zwar soll jedes Objekt die Koordinaten der oberen linken Ecke sowie die Breite und Höhe speichern. Statte die Klasse mit einem sinnvollen Konstruktor aus.

Übung 3

Ergänze die Klasse `Rechteck` um folgende Zugriffsmethoden:

- `Oben` liefert die Y-Koordinate der oberen Kante des Rechtecks.
- `Unten` liefert die Y-Koordinate der unteren Kante des Rechtecks.
- `Links` liefert die X-Koordinate der linken Kante des Rechtecks.
- `Rechts` liefert die X-Koordinate der rechten Kante des Rechtecks.

Übung 4

Ergänze die Klasse `CFarbe` um die Methode `VerwendeFarbe`, die die Malfarbe des Zeichenbretts auf die im `CFarbe`-Objekt gespeicherten Farbkomponenten setzt.

Übung 5

Kommen wir wieder zu Scara und seinen kleinen Problemchen. Seine Fühler sind mittlerweile so trainiert, dass er über Abgründe hinweg erfühlen kann, wie weit der nächste Stein entfernt ist. Dazu dient die Funktion `Scara::Scanne()`, die die Entfernung des nächsten Steins bezogen auf den Käfer und seine Blickrichtung zurückliefert.

Würde `Scanne` für Abbildung 14.1 aufgerufen, dann käme der Wert 1 zurück, weil der nächste Stein direkt vor Scara ist. Würde Scara eine Position vorwärts laufen und dann `Scanne` aufrufen, käme 3 zurück, weil die Entfernung des nächsten Steins 3 beträgt. Sollte kein weiterer Stein mehr zu finden sein, dann liefert `Scanne` den Wert 0 zurück.

Abbildung 14.1 Scaras 27. Übung

Wegen dieser neuen Funktionalität ist Scara noch etwas eingeschränkt. Er kann nicht die Funktion `SpringeZu` verwenden, sondern muss sich mit der Funktion `Springe` begnügen, die eine bestimmte Anzahl an Schritten in Scaras Blickrichtung springt. Der Aufruf `Scara::Springe(8)` würde den Käfer in Abbildung 14.1 direkt auf das Ankh befördern.

Kommen wir damit auch zur in Abbildung 14.1 dargestellten 27. Übung von Scara. Das Ankh ist immer am Ende des Weges, aber der Weg ist unterschiedlich lang. Auf dem Weg kann eine unterschiedlich lange Lücke klaffen. Versuche einmal, diese Übung mit Hilfe der neuen Funktionen zu lösen.

Übung 6

Scaras 28. Übung ist der 27. Übung sehr ähnlich, wie Abbildung 14.2 zeigt.

Abbildung 14.2 Scaras 28. Übung

Ein Unterschied im Spielfeld besteht darin, dass der Pfad jetzt auch auf unterschiedlicher Y-Koordinate liegen kann. Des Weiteren steht `Springe` nicht mehr zur Verfügung, stattdessen jedoch `SpringeZu` und die beiden Funktionen `ErmittleXPosition` und `ErmittleYPosition`. Versuche einmal, diese Übung zu lösen.

Übung 7

Falls du es nicht bereits gemacht hast, wollen wir Scaras 28. Übung aus der vorigen Übung jetzt lösen, indem wir für die Verwaltung der Position eine Klasse `CPosition` programmieren, die folgende Eigenschaften besitzen soll:

- Sie speichert die Position in den Attributen `x` und `y`.
- Der Konstruktor ohne Parameter (`CPosition()`) initialisiert das Objekt mit der aktuellen Käferposition.

- Der zweiparametrige Konstruktor (`CPosition(int _x, int _y)`) initialisiert das Objekt mit den übergebenen Koordinaten.
- Die Methode `ErmittleX` gibt die X-Koordinate zurück.
- Die Methode `ErmittleY` gibt die Y-Koordinate zurück.
- Die Methode `SetzeX` setzt die X-Koordinate auf den übergebenen Wert.
- Die Methode `SetzeY` setzt die Y-Koordinate auf den übergebenen Wert.
- Die Methode `VerschiebePosition(int dx, int dy)` verschiebt die Position relativ um die für `x` und `y` angegebenen Werte. Wird beispielsweise die Position (2,2) um (–1,3) verschoben, dann ist die neue Position (1,5).
- Die Methode `Springe` lässt den Käfer an die im Objekt gespeicherte Position springen.

Programmiere die Klasse `CPosition`, so dass die obigen Bedingungen erfüllt sind, und setze sie ein, um Scaras 28. Übung zu lösen.

Übung 8

Wir werden später noch weitere Einsatzmöglichkeiten für die Klasse `CPosition` haben. Kommen wir jetzt aber wieder auf den Einsatz der Funktionen `Scanne` und `Springe` zurück. In Scaras 29. Übung, zu sehen in Abbildung 14.3, befinden sich vier Steine um den Käfer herum, jeweils immer einer oben, unten, links und rechts. Der Abstand dieser Steine ist immer unterschiedlich. Die Steine können auch direkt an Scaras Startstein anschließen. Auch die Position des Ankh-Kreuzes variiert immer. Versuche dich einmal an dieser Übung.

Abbildung 14.3 Scaras 29. Übung

Übung 9

Die 30. Übung von Scara ähnelt der vorigen, nur dass jetzt noch andere Steine auf dem Spielfeld sind, die zwischen Scaras Startstein und dem Ankh liegen können. Abbildung 14.4 zeigt ein entsprechendes Beispiel.

Abbildung 14.4 Scaras 30. Übung

14.7 Zusammenfassung

Dieses Kapitel hat sich mit Klassen beschäftigt und deren Vorteile aufgezeigt, nämlich, dass sie nicht nur mit Daten, sondern auch mit Funktionalität ausgestattet werden können.

Wir haben in diesem Zusammenhang die Methoden und Konstruktoren kennengelernt und erfahren, was genau Zugriffsmethoden sind.

In diesem Kapitel wird das bisher Gelernte an einem größeren Beispiel angewendet.

15 Spielereien II

Dracinu schlug das Zwölferspiel mit einer wütenden Armbewegung vom Tisch gegen die Wand. »Warum verliere ich immer?«

Neferu zuckte unsicher mit den Schultern. Aus Dracinus Nasenlöchern kam jeweils ein kleiner Rauchring. »Noch nie habe ich so oft bei diesem Spiel verloren.« Er furchte die schuppige Stirn. »Du schummelst, oder?«

Neferu schüttelte heftig den Kopf. »Wir können ja etwas anderes spielen.«, schlug sie vor, um ihn abzulenken.

Dracinu hob interessiert den Kopf. »Was denn für ein Spiel?«

Jetzt war Neferu unter Zugzwang. Ihr fiel auf die Schnelle kein Spiel ein. Ihr Blick wanderte durch das Zimmer, über die Formen und Zeichen an der Wand, und dann hatte sie eine Idee. »Wir können ja ›Sätze raten‹ spielen«.

Dracinu legte den Kopf schräg. »Sätze raten?«

»Ja.« antwortete Neferu. »Du rätst Buchstaben und ich zeige dir, wo im Satz sie vorkommen. Das Spiel ist zu Ende, wenn du entweder den Satz geraten hast und gewinnst oder zu viele Versuche gebraucht hast und verlierst.«

»Das klingt so langweilig.«, sagte Dracinu und gähnte demonstrativ. Neferu sah eine kleine Flamme in seinem Rachen lodern. Das erinnerte sie daran, wie ihr Vater mit ihr am Feuer ein Knobelspiel gespielt hatte, welches sie jetzt aus dieser prekären Situation retten könnte.

»Ich weiß ein Spiel«, grinste sie, »und du wirst begeistert sein!«

15.1 Galgenmännchen

Beginnen wir mit dem ersten Spiel von Neferu, welches uns unter dem Namen Galgenmännchen bekannt ist. Dabei muss ein Lösungswort oder -satz ermittelt werden, indem einzelne Buchstaben geraten und diese im Wort eingetragen werden, falls sie darin vorkommen. Bei jedem Fehlversuch wird das Galgenmännchen um einen Strich erweitert. Ist das Galgenmännchen komplett gezeichnet, bevor der Text erraten wurde, ist das Spiel verloren.

15.1.1 Das Grundgerüst der Klasse

Wir wollen das Spiel programmieren, indem wir unsere neuesten Erkenntnisse einfließen lassen. Das heißt, wir werden das Spiel in eine Klasse packen. Ich nenne sie passenderweise `Galgenmann`.

Das Grundgerüst der Klasse, die in der Header-Datei *Galgenmann.h* gespeichert wird, sieht so aus:

```
#ifndef GALGENMANN_H
#define GALGENMANN_H

#include "CFarbe.h"
#include <string>

using namespace std;

class Galgenmann {
```

```
private:
  string text;
  string linien;
  CFarbe bgfarbe;
  CFarbe mannfarbe;
  CFarbe textfarbe;
  int versuche;
};

#endif
```

Listing 15.1 Das Grundgerüst der Klasse »Galgenmann«

Ich handle hier gegen den von mir gegebenen Ratschlag, in Header-Dateien keine `using namespace`-Anweisungen hineinzuschreiben, aber aus dem einfachen Grund, dass der restliche Text dann für uns leichter lesbar ist. Sauber ist es nicht!

Die Attribute der Klasse haben folgende Bedeutung:

- `text` enthält den zu ratenden Text.
- `linien` ist der Text in der Liniendarstellung, der im Laufe des Ratens immer weiter mit richtigen Buchstaben gefüllt wird.
- `bgfarbe` ist die Hintergrundfarbe des Spiels.
- `mannfarbe` ist die Farbe, in der das Galgenmännchen gezeichnet wird.
- `textfarbe` ist die Farbe des Textes.
- `versuche` speichert die bisherige Anzahl der Fehlversuche des Spielers.

15.1.2 Der Konstruktor

Der Konstruktor der Klasse soll den zu ratenden Text übergeben bekommen. Basierend darauf initialisiert er dann die Attribute. Wichtig ist, dass er öffentliches Zugriffsrecht bekommt, damit er auch aus der `main`-Funktion heraus ansprechbar ist:

```
  Galgenmann(string t) {
    text=t;
    ErzeugeLiniendarstellung();
    bgfarbe=CFarbe(200,200,200);
    mannfarbe=CFarbe(0,0,80);
    textfarbe=CFarbe(0,0,0);
    versuche=0;
  }
```

Listing 15.2 Der Konstruktor von »Galgenmann«

Eine neue Schreibweise, die ich hier verwende, ist das Erzeugen eines namenlosen Objekts:

```
bgfarbe=CFarbe(200,200,200);
```

Es ist nichts anderes als die abgekürzte Schreibweise von

```
CFarbe f(200,200,200);
bgfarbe=f;
```

Das namenlose Objekt hat nur den Vorteil, dass eben keine Variable als Zwischenschritt verwendet werden muss.

Der Konstruktor macht von der privaten Methode `ErzeugeLiniendarstellung` Gebrauch:

```
void ErzeugeLiniendarstellung() {
  linien="";
  for(unsigned int i=0; i<text.size(); i=i+1) {
    if(isspace(text[i])==0) {
      linien=linien+"-";
    }
    else {
      linien=linien+" ";
    }
  }
}
```

Listing 15.3 Die private Methode »ErzeugeLiniendarstellung«

Die Methode hast du in ähnlicher Form bereits im Übungsteil von Kapitel 12, »Strings«, programmiert. Der einzige Unterschied besteht darin, dass die Methode den Originaltext nicht übergeben bekommt und das Ergebnis nicht zurückliefert, sondern sich die notwendigen Informationen direkt von den Attributen holt und das Ergebnis dort auch ablegt.

15.1.3 Das Zeichnen des Spielfeldes

Die Methode zum Zeichnen des Spielfeldes ist hauptsächlich Fleißarbeit. Zumindest ich musste etwas herumprobieren, bis das Galgenmännchen so aussah wie jetzt. Schaue dir die Methode zunächst einmal an, danach schreibe ich noch ein paar Worte dazu:

```
void ZeichneSpielfeld() {
  int x=60, y=60;
```

```
    Zeichenbrett::SetzeLiniendicke(2);

    bgfarbe.VerwendeFarbe();
    Zeichenbrett::PutzeZeichenbrett();

    mannfarbe.VerwendeFarbe();
    if(versuche>0) {
      Zeichenbrett::ZeichneLinie(x-10,y+100,x+85,y+100);
      Zeichenbrett::ZeichneLinie(x-10,y+120,x+85,y+120);
      Zeichenbrett::ZeichneLinie(x-10,y+100,x-10,y+120);
      Zeichenbrett::ZeichneLinie(x+85,y+100,x+85,y+120);
    }
    if(versuche>1) {
      Zeichenbrett::ZeichneLinie(x,y+100,x,y);
    }
    if(versuche>2) {
      Zeichenbrett::ZeichneLinie(x,y,x+60,y);
    }
    if(versuche>3) {
      Zeichenbrett::ZeichneLinie(x+60,y,x+60,y+20);
    }
    if(versuche>4) {
      Zeichenbrett::ZeichneEllipse(x+53,y+20,14,14);
    }
    if(versuche>5) {
      Zeichenbrett::ZeichneLinie(x+60,y+34,x+60,y+64);
    }
    if(versuche>6) {
      Zeichenbrett::ZeichneLinie(x+60,y+44,x+45,y+29);
    }
    if(versuche>7) {
      Zeichenbrett::ZeichneLinie(x+60,y+44,x+75,y+29);
    }
    if(versuche>8) {
      Zeichenbrett::ZeichneLinie(x+60,y+64,x+45,y+79);
    }
    if(versuche>9) {
      Zeichenbrett::ZeichneLinie(x+60,y+64,x+75,y+79);
    }

    textfarbe.VerwendeFarbe();
    Zeichenbrett::ZeichneText(x, y-50,
                              linien.c_str(), 16);
}
```

Listing 15.4 Die Methode »ZeichneSpielfeld«

Die Variablen x und y habe ich verwendet, um die gesamte Zeichnung einfacher auf dem Zeichenbrett zu verschieben. Dadurch fiel mir die Positionierung leichter. Für die CFarbe-Objekte wird die Methode VerwendeFarbe aufgerufen, damit die entsprechende Farbe zum Zeichnen verwendet wird. Die einzelnen Teile des Galgenmännchens stehen in if-Blöcken, damit je nach Anzahl der Fehlversuche immer mehr des Galgenmännchens gezeichnet wird.

Zum Schluss wird der Linientext ausgegeben. Die Funktion ZeichneText erwartet einen sogenannten *C-String*. Ohne hier weiter darauf einzugehen, soll nur erwähnt werden, dass du den C-String eines string-Objekts erhältst, indem du für das Objekt c_str aufrufst. Deshalb steht im Listing oben linien.c_str().

Die Methode bekommt privates Zugriffsrecht, weil sie nicht von außen aufgerufen werden soll. Stattdessen ergänzen wir den Konstruktor um einen Aufruf dieser Methode, damit gleich zu Beginn des Spiels zu sehen ist, was geraten werden soll.

Abbildung 15.1 zeigt das vollständig gezeichnete Galgenmännchen. Darüber ist der zu ratende Text zu sehen, von dem nichts geraten wurde.

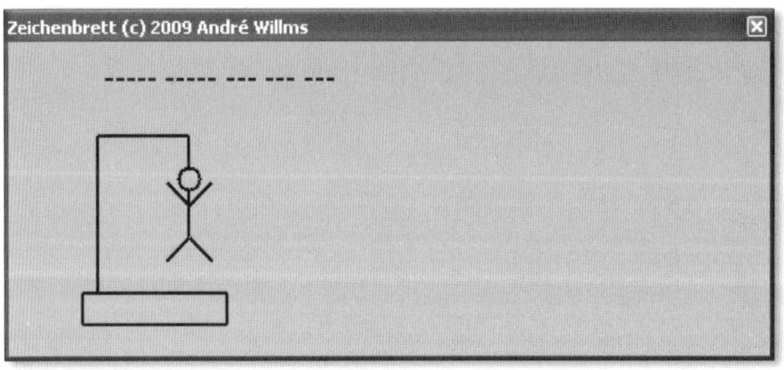

Abbildung 15.1 Das Galgenmännchen

15.1.4 Das Prüfen eines Zeichens

Jetzt ist das Raten eines Zeichens an der Reihe. Dazu programmiere ich die Methode PruefeZeichen, der das vom Anwender geratene Zeichen übergeben wird. Die Methode verwendet FuelleZeichen (eine leicht abgewandelte Variante der Funktion aus dem Übungsteil von Kapitel 12, »Strings«), um den neuen String zu erhalten.

Sollte der Anwender ein Zeichen angegeben haben, das im zu ratenden Text enthalten ist, aber bisher noch nicht zu sehen war, dann wird dieses Zeichen in den Linientext übertragen.

Anschließend wird geprüft, ob die alte Liniendarstellung mit der neuen übereinstimmt. Falls ja, hat der Anwender entweder einen Buchstaben angegeben, der bereits übernommen wurde, oder aber der angegebene Buchstabe ist überhaupt nicht im Text enthalten. In beiden Fällen wird die Anzahl der Fehlversuche um eins erhöht.

Wenn sich die beiden Liniendarstellungen unterscheiden, handelt es sich um keinen Fehlversuch, und die neue Liniendarstellung wird lediglich übernommen:

```
void PruefeZeichen(char z) {
  string neu=FuelleZeichen(z);
  if(neu==linien) {
    versuche=versuche+1;
  }
  else {
    linien=neu;
  }
  ZeichneSpielfeld();
}
```

Listing 15.5 Die Methode »PruefeZeichen«

Die abgewandelte private Methode `FuelleZeichen` sieht so aus:

```
string FuelleZeichen(char z) {
  string neu;
  z=toupper(z);
  for(unsigned int i=0; i<text.size(); i=i+1) {
    if(z==toupper(text[i])) {
      neu=neu+text[i];
    }
    else {
      neu=neu+linien[i];
    }
  }
  return neu;
}
```

Listing 15.6 Die Methode »FuelleZeichen«

Obwohl bisher noch nicht spielbar, lässt sich die bisherige Funktionalität schon gut testen. Nehmen wir folgende Anweisungen in der `main`-Funktion:

```
Zeichenbrett::Oeffnen(500,200);

Galgenmann spiel("Andre steht auf dem Eis");
```

```
spiel.PruefeZeichen('x');
spiel.PruefeZeichen('y');
spiel.PruefeZeichen('z');
spiel.PruefeZeichen('a');
spiel.PruefeZeichen('e');
spiel.PruefeZeichen('w');
```

Dann erhalten wir die in Abbildung 15.2 zu sehende Darstellung des Spielfeldes.

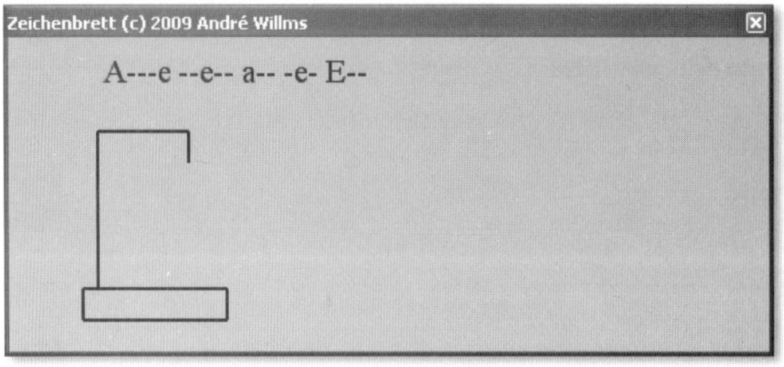

Abbildung 15.2 Das Spiel nach einem kleinen Testlauf

15.1.5 Das Prüfen auf Spielende

Wie bereits bei den Spielen in Kapitel 10, »Spielereien I«, benötigt auch das Galgenmännchen eine Spielschleife, die das Spiel so lange laufen lässt, wie es noch nicht beendet ist. Damit die spätere Spielschleife aber überhaupt wissen kann, ob das Spiel noch läuft oder nicht, müssen wir die Klasse `Galgenmann` um eine Methode `LaeuftSpielNoch` erweitern, die uns `true` zurückgibt, falls das Spiel noch läuft. Andernfalls liefert sie `false`.

Dazu muss erst einmal geklärt werden, in welchen Situationen das Spiel zu Ende ist. Zum einen ist das Spiel beendet, wenn das Galgenmännchen komplett gezeichnet wurde. Das ist beim zehnten Fehlversuch der Fall. Zum anderen ist das Spiel zu Ende, wenn der komplette Text erraten wurde. Im Umkehrschluss heißt das: Das Spiel läuft so lange, wie der Text noch nicht erraten wurde und der Spieler noch keine zehn Fehlversuche hat:

```
bool LaeuftSpielNoch() {
  return (linien!=text && versuche<10);
}
```

Listing 15.7 Die Methode »LaeuftSpielNoch«

Wenn das Spiel beendet wurde, muss das Hauptprogramm feststellen können, ob das Spiel gewonnen wurde oder nicht. Gewonnen ist das Spiel genau dann, wenn nach Spielende der geratene Text mit dem Originaltext übereinstimmt. Wir schreiben dazu eine Methode `SpielGewonnen`, die `true` zurückliefert, falls das Spiel gewonnen wurde, und `false`, falls es verloren wurde:

```
bool SpielGewonnen() {
  return linien==text;
}
```

Listing 15.8 Die Methode »SpielGewonnen«

15.1.6 Die Spielschleife

Mit den bisherigen Vorleistungen ist die Spielschleife nur noch ein Klacks:

```
int main() {
  Zeichenbrett::Oeffnen(500,200);

  Galgenmann spiel("Andre steht auf dem Eis");

  do {
    cout << "Welchen Buchstaben willst du? :";
    char buchstabe;
    cin >> buchstabe;

    spiel.PruefeZeichen(buchstabe);
    Zeichenbrett::FensterNachVorne();

  } while(spiel.LaeuftSpielNoch()==true);

  if(spiel.SpielGewonnen()==true) {
    cout << "Super! Du hast den Text erraten!" << endl;
  }

  else {
    cout << "Leider hast du es nicht geschafft!" << endl;
  }
}
```

Listing 15.9 Die Spielschleife des Galgenmännchens

Exemplarisch nehme ich hier den zu ratenden Text »Andre steht auf dem Eis«.

Innerhalb der Spielschleife wird der Spieler nach dem zu ratenden Buchstaben gefragt. Mit diesem Buchstaben wird dann `PruefeZeichen` aufgerufen und über `FensterNachVorne` die neue Ausgabe des Spielfeldes angezeigt.

Nach Beenden des Spiels wird mit Hilfe von `SpielGewonnen` in Erfahrung gebracht, ob das Spiel gewonnen oder verloren wurde, und das Ergebnis mit einem entsprechenden Text mitgeteilt.

15.2 Mastermind

Das zweite Spiel von Neferu, welches ihr Vater mit ihr am Feuer gespielt hatte, kennen wir unter dem Namen *Mastermind*, auch als *Superhirn* bekannt. Es geht darum, einen vierstelligen Farbcode, der aus sechs verschiedenen Farben bestehen kann, zu erraten.

Jedes Mal, wenn der Ratende einen Farbcode erraten hat, gibt der andere Spieler die Information, wie viele Farben richtig und an richtiger Position sind (schwarzer Stein) und wie viele Farben richtig sind, aber an falscher Position liegen (weißer Stein). Ziel ist es, den Farbcode mit möglichst wenigen Rateversuchen zu ermitteln.

15.2.1 Der Farbcode

Zunächst einmal entwerfen wir eine Klasse `Farbcode`, deren Objekte einen vierstelligen Farbcode des Spiels speichern. Um die Codes später einfacher über die Tastatur eingeben zu können, codieren wir die sechs Farben mit den Buchstaben »A« bis »F«. Als Zeichen für »richtige Farbe am richtigen Platz« nehmen wir »#«, und für »richtige Farbe am falschen Platz« dient »+«.

Es wird noch eine Header-Datei *Hilfsfunktionen.h* eingebunden, in der dem Namen entsprechend Hilfsfunktionen enthalten sind, die bereits in einer anderen Übung programmiert wurden. Der aus Buchstaben bestehende Code wird in einem Attribut namens `code` vom Typ `string` gespeichert.

```
#ifndef FARBCODE_H
#define FARBCODE_H

#include "Hilfsfunktionen.h"
#include <string>

using namespace std;

class Farbcode {
private:
  string code;
```

```
};

#endif
```

Listing 15.10 Das Grundgerüst der Klasse »Farbcode«

15.2.2 Die Konstruktoren

Dem ersten Konstruktor von `Farbcode` wird der Code in Form von Buchstaben als `string`-Objekt übergeben. Der Konstruktor stellt sicher, dass der Code genau vier Stellen besitzt. Damit nur Großbuchstaben verwendet werden, macht der Konstruktor Gebrauch von der Funktion `ErzeugeGrossbuchstaben`, die wir bereits in einer anderen Übung programmiert haben:

```
  Farbcode(string c) {
    string fuellung="AAAA";

// Sicherstellen, dass nur Großbuchstaben
// im Code enthalten sind
    code=ErzeugeGrossbuchstaben(c);

// Ist Code kleiner als vier Stellen, dann die
// fehlenden Stellen mit 'A' auffüllen
    if(code.size()<4) {
      code=code+fuellung.substr(0,4-code.size());
    }
    else {

// Ist Code größer als vier Stellen, dann nur
// die ersten vier Stellen verwenden
      if(code.size()>4) {
        code=code.substr(0,4);
      }
    }
  }
```

Listing 15.11 Der einparametrige Konstruktor von »Farbcode«

Der parameterlose Konstruktor von `Farbcode` erstellt einen zufälligen vierstelligen Farbcode. Dabei mache ich mir die Tatsache zunutze, dass mit Zeichen gerechnet werden kann. Ich verwende hier auch nicht mehr die Zufallszahlen von Mathemahotep, sondern die in Anhang B erklärte allgemeingültige Art der Zufallszahlengenerierung:

```
Farbcode() {
  srand((unsigned int)time(0));
  rand();

  code="";

  for(int i=1; i<=4; i=i+1) {
    int zufallszahl=(rand()%6);
    char zufallscode='A'+zufallszahl;
    code=code+zufallscode;
  }
}
```

Listing 15.12 Der parameterlose Konstruktor von »Farbcode«

Damit der oben eingesetzte Zufallszahlengenerator funktioniert, müssen zusätzlich noch die Header-Dateien *cstdlib* und *ctime* eingebunden werden.

15.2.3 Die Darstellung

Zur Darstellung verwenden wir wieder unser Zeichenbrett. Der vierstellige Code wird durch farbige Scheiben dargestellt, in die zur besseren Orientierung noch der dazugehörige Buchstabencode geschrieben wird. Abbildung 15.3 zeigt die Darstellung des Codes »ABCD«.

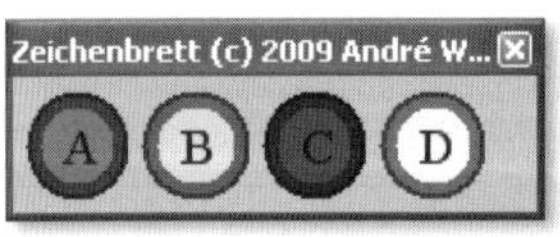

Abbildung 15.3 Die Darstellung eines Farbcodes

Als erste Maßnahme programmieren wir eine private Methode `ErmittleCodefarbe`, die uns zu einem entsprechenden Zeichencode (»A«, »B«, »C«, »D«, »E«, »F«, »#« oder »+«) eine Farbe liefert. Die Farben habe ich willkürlich gewählt, aber dadurch, dass sie zentral von einer Methode vergeben werden, sind sie dann innerhalb des Spiels einheitlich:

```
CFarbe ErmittleCodefarbe(char c) {
  if(c=='A') {
    return CFarbe(255,50,50);
  }
  if(c=='B') {
    return CFarbe(50,255,50);
  }
```

```
    if(c=='C') {
      return CFarbe(50,50,255);
    }
    if(c=='D') {
      return CFarbe(255,255,50);
    }
    if(c=='E') {
      return CFarbe(50,255,255);
    }
    if(c=='F') {
      return CFarbe(255,50,255);
    }
    if(c=='#') {
      return CFarbe(100,100,100);
    }
    if(c=='+') {
      return CFarbe(255,255,255);
    }
    return CFarbe(0,0,0);
  }
```

Listing 15.13 Die Methode »ErmittleCodefarbe« von »Farbcode«

Für den Fall, dass ein ungültiger Code übergeben wurde (eine Situation, die nie eintreffen dürfte, weil private Methoden nicht von außerhalb der Klasse aufrufbar sind), liefert die Methode die Farbe Schwarz zurück.

Als Nächstes wird die Methode `ZeichneStein` programmiert, die ein einzelnes Zeichen des Codes ausgibt. Dazu werden ihr das Zeichen des Codes und die Zielkoordinaten auf dem Zeichenbrett übergeben:

```
  void ZeichneStein(char stein, int x, int y) {
    CFarbe f1=ErmittleCodefarbe(stein);

    CFarbe f2=f1;
    f2.HalbiereHelligkeit();

    CFarbe f3=f2;
    f3.HalbiereHelligkeit();

    f3.VerwendeFarbe();
    Zeichenbrett::ZeichneGefuellteEllipse(x,y,40,40);

    f2.VerwendeFarbe();
    Zeichenbrett::ZeichneGefuellteEllipse(x+2,y+2,36,36);
```

```
    f1.VerwendeFarbe();
    Zeichenbrett::ZeichneGefuellteEllipse(x+6,y+6,28,28);

    CFarbe(0,0,0).VerwendeFarbe();
    Zeichenbrett::ZeichneText(x+12,y+10,stein,14);
  }
```

Listing 15.14 Die Methode »ZeichneStein« von »Farbcode«

Ich verwende die in einer früheren Übung programmierte Methode `HalbiereHelligkeit` der Klasse `CFarbe`, um den Stein etwas ansprechender zu zeichnen.

Zum Schluss fehlt noch die Methode, die den gesamten Code zeichnet, also alle vier Ziffern nebeneinander. Sie heißt passenderweise `ZeichneCode`. Da die einzelnen Ziffern im Objekt selbst gespeichert sind, benötigt die Methode nur noch die Koordinaten, an denen der Code gezeichnet werden soll. Die Methode behandelt den Sonderfall, dass Leerzeichen ein leeres Feld bedeuten:

```
  void ZeichneCode(int x, int y) {

// Alle vier Ziffern/Farben des
// Codes durchlaufen
    for(int i=0; i<4; i=i+1) {

// Gültiger Code?
// => ZeichneStein mit Code aufrufen
      if(code[i]!=' ') {
        ZeichneStein(code[i],x+i*45,y);
      }

// Leerzeichen?
// => Leeres Feld zeichnen
      else {
        CFarbe(80,80,80).VerwendeFarbe();
        Zeichenbrett::ZeichneEllipse(x+i*45+2,y+2,36,36);
      }
    }
  }
```

Listing 15.15 Die Methode »ZeichneCode« von »Farbcode«

15.2.4 Die Codeauswertung

Der schwierigste Teil bei den Farbcodes ist die Bestimmung des Ergebnisses eines Codevergleichs. Nehmen wir als Beispiel die Codes »AAAA« und »BBBB«. Bei diesen Codes gibt es keinerlei Übereinstimmungen, deshalb ist das Ergebnis »leer«, wie Abbildung 15.4 zeigt.

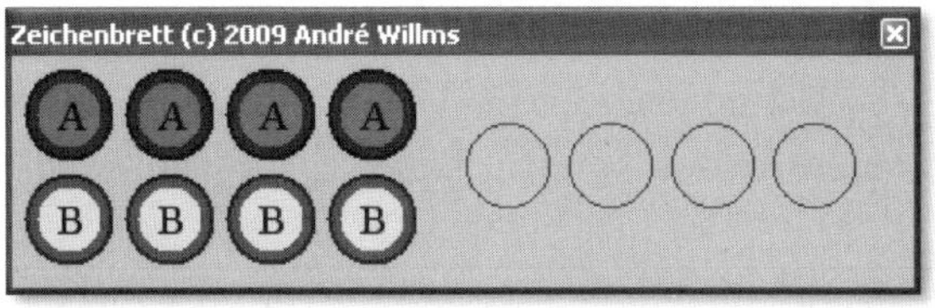

Abbildung 15.4 Das Ergebnis der Codes »AAAA« und »BBBB«

Werden die beiden Codes »ADAA« und »BDBB« verglichen wie in Abbildung 15.5, dann steht das »D« bei beiden an der gleichen Stelle. Deshalb ist das Ergebnis »#«.

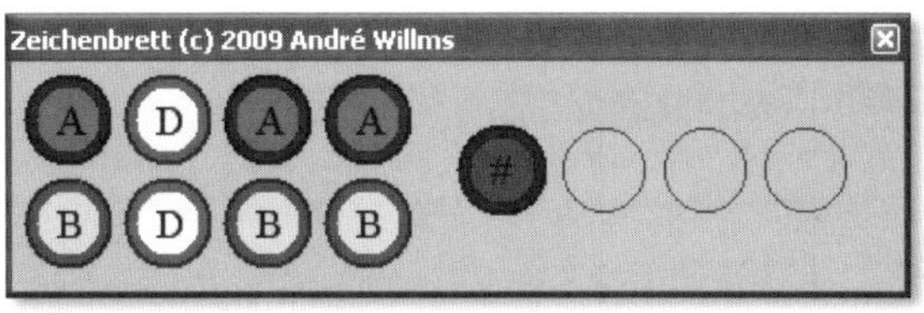

Abbildung 15.5 Das Ergebnis der Codes »ADAA« und »BDBB«

Abbildung 15.6 zeigt zwei Codes, bei denen das »D« an der gleichen Stelle steht. Zusätzlich kommt bei beiden Codes noch ein »F« und ein »E« vor, allerdings stehen sie nicht an der gleichen Stelle, deshalb ist das Ergebnis »#++«.

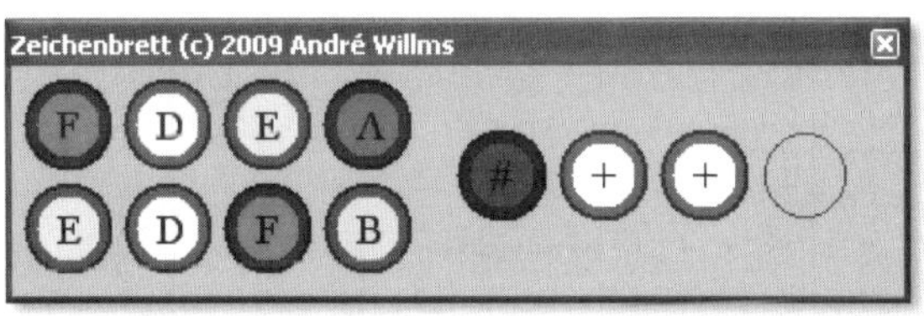

Abbildung 15.6 Das Ergebnis der Codes »FDEA« und »EDFB«

Schauen wir uns nun die Methode `BerechneErgebnis` an, die das Ergebnis berechnet. Zuerst werden zwei Zeichenketten mit Kopien der Codes angelegt, um Änderungen vornehmen zu können, ohne das Original zu beschädigen.

Die erste Schleife prüft, ob an der gleichen Stelle die gleiche Ziffer steht. Wenn ja, wird ein »#« dem Ergebnis hinzugefügt und die Ziffer mit unterschiedlichen ungültigen Ziffern (hier »1« und »2«) überschrieben, damit sie im weiteren Verlauf nicht nochmals in das Ergebnis einfließen.

Die zweite Phase der Prüfung testet, ob sich gleiche Ziffern an unterschiedlichen Stellen im Code befinden. Dazu benötigen wir zwei verschachtelte Schleifen, die für jede Ziffer des ersten Codes alle Ziffern des zweiten Codes durchlaufen. Sollten sie zwei gleiche Ziffern finden, wird ein »+« an das Ergebnis gehängt. Weil wir in der ersten Phase bei Übereinstimmung unterschiedliche Ziffern zum Überschreiben verwendet haben, kann hier keine Übereinstimmung mehr auftreten.

Zum Schluss wird das Ergebnis gegebenenfalls noch mit Leerzeichen auf eine Länge von vier Ziffern gebracht und dann als `Farbcode`-Objekt zurückgegeben:

```
  Farbcode BerechneErgebnis(Farbcode code2) {

// Strings als Kopien der Codes anfertigen
    string c1=code;
    string c2=code2.code;
    string erg;

// Schleife durchläuft alle vier Positionen
    for(int i=0; i<=3; i=i+1) {

// Gleiche Ziffer an gleicher Stelle?
// => '#' zum Ergebnis hinzufügen und
//    Ziffer in Kopie löschen, damit sie nicht
//    mehrfach gezählt wird.
      if(c1[i]==c2[i]) {
        erg=erg+'#';
        c1[i]='1';
        c2[i]='2';
      }
    }

// Die verschachtelten Schleifen durchlaufen für
// jede Ziffer des ersten Codes alle Ziffern des
// zweiten Codes
    for(int i=0; i<=3; i=i+1) {
      for(int j=0; j<=3; j=j+1) {

// Stimmen zwei an unterschiedlichen Positionen
// befindliche Ziffern überein?
// => '+' zum Ergebnis hinzufügen und
//    Ziffer in Kopie löschen, damit sie nicht
//    mehrfach gezählt wird.
        if(c1[i]==c2[j]) {
          erg=erg+'+';
          c1[i]='1';
```

```
          c2[j]='2';
        }
      }
    }

// Wenn Ergebnis noch keine vier Zeichen
// besitzt, mit Leerzeichen auffüllen
    string leer="    ";
    erg=erg+leer.substr(0,4-erg.size());

// Ergebnis als Farbcode zurückliefern
    return Farbcode(erg);
  }
```

Listing 15.16 Die Methode »BerechneErgebnis« von »Farbcode«

15.2.5 Lösung gefunden?

Damit später im Spiel leichter festgestellt werden kann, ob es sich bei einem Ergebnis um die Lösung handelt, programmiere ich noch die Methode `IstLoesung`, die `true` zurückliefert, wenn das Ergebnis der Lösung entspricht. Andernfalls liefert sie `false` zurück.

```
  bool IstLoesung() {
    return(code=="####");
  }
```

Listing 15.17 Die Methode »IstLoesung« von »Farbcode«

15.2.6 Die Klasse »Mastermind«

Es ist nun an der Zeit, die Klasse zu entwerfen, mit der die Spiellogik umgesetzt wird. Die Klasse wird Gebrauch von `Farbcode` machen, weshalb die entsprechende Header-Datei eingebunden wird. Zum Speichern der geratenen Codes und der Ergebnisse werden Vektoren eingesetzt:

```
#ifndef __MASTERMIND_H
#define __MASTERMIND_H

#include "Farbcode.h"
#include <vector>

using namespace std;

class Mastermind {
private:
```

```
  int x;
  int y;
  Farbcode code;
  vector<Farbcode> codes;
  vector<Farbcode> ergebnisse;
  vector<Farbcode> loesungen;
};

#endif
```

Listing 15.18 Das Grundgerüst der Klasse »Mastermind«

Die Bedeutung der Attribute im Einzelnen:

- `x` und `y` speichern die Koordinaten, an denen sich das Spiel auf dem Zeichenbrett zeichnen soll.
- `code` ist der zu ratende Code.
- `codes` enthält die geratenen Codes.
- `ergebnisse` sammelt die Ergebnisse der geratenen Codes.
- `loesungen` wird bei der Programmierung des Computerspielers noch eine wichtige Rolle spielen, bleibt aber erst einmal ungenutzt.

15.2.7 Der Konstruktor

Der Konstruktor von `Mastermind` bekommt die Zielkoordinaten für das spätere Zeichnen auf dem Zeichenbrett übergeben:

```
Mastermind(int _x, int _y) {
  x=_x;
  y=_y;
}
```

Listing 15.19 Der Konstruktor von »Mastermind«

15.2.8 Die Darstellung

Die Ausgabe des gesamten Spielfeldes erfolgt mit Hilfe der Methode `ZeichneSpielfeld`, die im Wesentlichen die zur Speicherung der Codes und Ergebnisse verwendeten Vektoren durchläuft und über die `Farbcode`-Methode `ZeichneCode` die Codes und Ergebnisse zeichnet.

Das Spielfeld besteht aus zwölf Reihen. Hat der Spieler nach dem zwölften Versuch den Code nicht erraten, dann hat er verloren. Noch nicht geratene Reihen werden als leere Felder gezeichnet.

```
  void ZeichneSpielfeld() {
    Zeichenbrett::AusgabeAnhalten();

// Zeichenbrett leeren
    CFarbe(200,200,200).VerwendeFarbe();
    Zeichenbrett::PutzeZeichenbrett();

// Trennstrich zwischen Codes und Ergebnissen
// zeichnen
    CFarbe(0,0,0).VerwendeFarbe();
    Zeichenbrett::SetzeLiniendicke(3);
    Zeichenbrett::ZeichneLinie(x+215,y,x+215,y+540);
    Zeichenbrett::SetzeLiniendicke(1);
    Farbcode leer("    ");

// Alle zwölf Positionen zeichnen
    for(unsigned int i=0; i<12; i=i+1) {
      CFarbe(0,0,0).VerwendeFarbe();
      Zeichenbrett::ZeichneText(x,y+10+45*i,(int)(i+1),14);

// Wurde Position bereits geraten?
// => Code und Ergebnis zeichnen
      if(i<codes.size()) {
        codes[i].ZeichneCode(x+30,y+45*i);
        ergebnisse[i].ZeichneCode(x+230,y+45*i);
      }

// Wurde Position noch nicht geraten?
// => Leere Felder zeichnen
      else {
        leer.ZeichneCode(x+30,y+45*i);
        leer.ZeichneCode(x+230,y+45*i);
      }
    }
    Zeichenbrett::AusgabeFortsetzen();
  }
```

Listing 15.20 Die Methode »ZeichneSpielfeld« von »Mastermind«

Abbildung 15.7 zeigt das gezeichnete Spielfeld vor Spielbeginn.

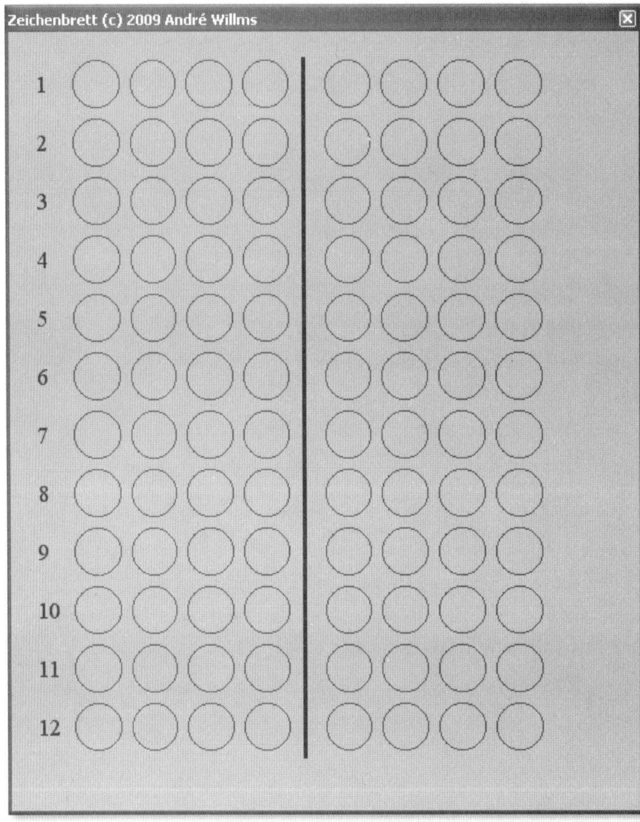

Abbildung 15.7 Das Spielfeld von Mastermind vor Spielbeginn

15.2.9 Der Mensch spielt

Kommen wir nun zur Spielschleife, bei der ein zufälliger Code vom Computer generiert wird, den der Spieler raten muss:

```
void Mensch() {
  string scode;         // code als Zeichenkette
  Farbcode fcode;       // code als Farbcode
  Farbcode fergebnis;   // Ergebnis als Farbcode

// Zu Beginn Spielfeld zeichnen
    ZeichneSpielfeld();
    Zeichenbrett::FensterNachVorne();

// Schleife läuft, bis entweder zwölfmal
// geraten wurde oder Lösung gefunden
    do {
```

```
// Spieler auffordern, einen Code einzugeben,
// und Code als Zeichenkette einlesen.
      cout << "Rate den Code (";
      cout << (codes.size()+1) << ". Versuch):";
      getline(cin,scode);

// Code in Farbcode umwandeln und Ergebnis
// bestimmen
      fcode=Farbcode(scode);
      fergebnis=fcode.BerechneErgebnis(code);

// Code und Ergebnis den Vektoren hinzufügen
      codes.push_back(fcode);
      ergebnisse.push_back(fergebnis);

// Spielfeld zeichnen
      ZeichneSpielfeld();
      Zeichenbrett::FensterNachVorne();
    } while(codes.size()<12 && fergebnis.IstLoesung()==false);

// Auswerten, ob eine Lösung gefunden wurde
// oder nicht, und entsprechend Text ausgeben
    cout << endl;
    if(fergebnis.IstLoesung()==true) {
      cout << "Klasse, du hast den Code geknackt!" << endl;
    }
    else {
      cout << "Leider hast du es nicht rechtzeitig geschafft"
           << endl;
    }
    cout << endl;
  }
```

Listing 15.21 Die Methode »Mensch« von »Mastermind«

Die Spielschleife läuft so lange, wie noch nicht alle Versuche aufgebraucht wurden (`codes.size()<12`) und der Code noch nicht geraten wurde (`fergebnis.IstLoesung()==false`).

Abbildung 15.8 zeigt einen meiner Spielverläufe. Mit den Versuchen 1–5 teste ich zuerst für jede Farbe, wie oft sie im Code vorkommt. Wenn ich die »Zusammensetzung« weiß, mache ich mich an das Herausfinden der Farbanordnung. Diese Methode führt zwar eigentlich immer innerhalb der zwölf Versuche zum Ziel, aber es geht ja darum, möglichst wenige Versuche zu brauchen.

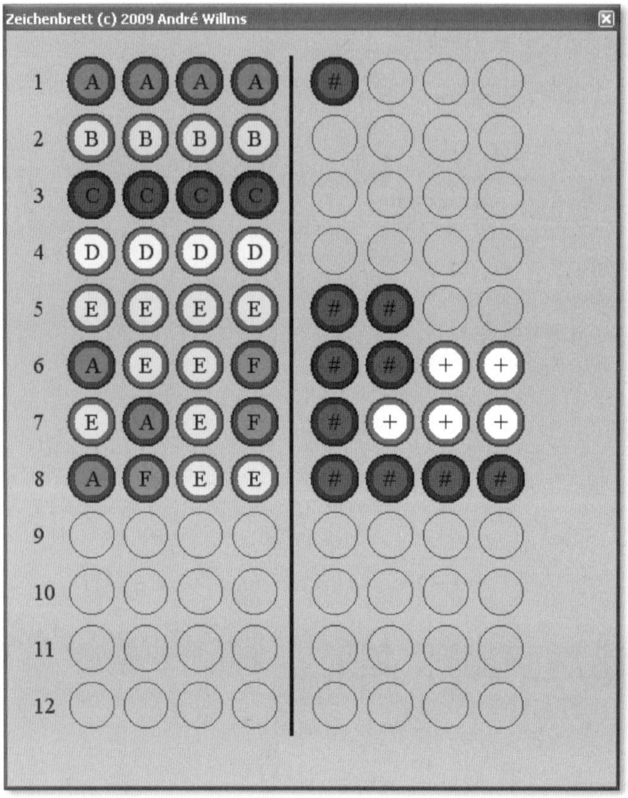

Abbildung 15.8 Ein Spielverlauf

15.2.10 Der Computer rät

Zum Schluss möchte ich noch zeigen, wie wir den Computer so fit machen, dass er den Code rät. Wir werden dazu den Computer nicht mit künstlicher Intelligenz ausstatten, sondern stattdessen einen Brute-Force-Ansatz wählen. »Brute Force« heißt auf Deutsch so viel wie »Rohe Gewalt« und bezeichnet Lösungsansätze, die Gebrauch von der enormen Rechenleistung des Computers machen. Meist geht es dabei um das Ausprobieren von sehr vielen Möglichkeiten.

Wir gehen folgendermaßen vor: Jeder Code besteht aus vier Ziffern. Jede Ziffer kann eine von sechs Farben haben. Dementsprechend gibt es 6*6*6*6 = 1.296 verschiedene Codes. Zu Beginn sind also noch alle Codes möglich. Stelle dir vor, du rätst als ersten Code »ABCD«, und als Ergebnis kommt »#+« zurück. Dann kannst du alle der 1.296 Codes löschen, bei denen das Ergebnis nicht »#+« ist, denn die können es mit Sicherheit nicht sein.

Dann suchst du von den verbleibenden Codes wieder einen aus und verwendest dieses Ergebnis, um wiederum alle Codes zu löschen, die ein anderes Ergebnis haben. Auf diese Weise reduziert sich die Menge der Codes immer weiter, bis schließlich die Lösung übrig bleibt.

Und genau diesen Ansatz möchte ich im Folgenden umsetzen. Dazu braucht die Klasse `Farbcode` noch eine Methode `IstErgebnisGleich`, die prüft, ob das Ergebnis mit dem übergebenen Code mit dem übergebenen Ergebnis übereinstimmt. Auf diese Weise lässt sich feststellen, ob der Code eine potentielle Lösung ist oder nicht:

```
bool IstErgebnisGleich(Farbcode c, Farbcode e) {
  return BerechneErgebnis(c).code==e.code;
}
```

Listing 15.22 Die Methode »IstErgebnisGleich« von »Farbcode«

Damit die Menge aller möglichen Codes reduziert werden kann, muss diese Menge erst einmal gebildet werden. Dazu dienen die vier verschachtelten Schleifen in der Methode `ErzeugeAlleCodes` der Klasse `Mastermind`, die sämtliche Codes erzeugt und im Vektor `loesungen` speichert:

```
void ErzeugeAlleCodes() {
  string s="    ";

  for(char c0='A'; c0<='F'; c0=c0+1) {
    for(char c1='A'; c1<='F'; c1=c1+1) {
      for(char c2='A'; c2<='F'; c2=c2+1) {
        for(char c3='A'; c3<='F'; c3=c3+1) {
          s[0]=c0;
          s[1]=c1;
          s[2]=c2;
          s[3]=c3;
          loesungen.push_back(s);
        }
      }
    }
  }
}
```

Listing 15.23 Die Methode »ErzeugeAlleCodes« von »Mastermind«

Als abschließende Vorbereitung brauchen wir noch eine Methode, die anhand eines geratenen Codes und dessen Ergebnisses die Lösungsmenge reduziert.

Dazu rufen wir für jeden Code in loesungen die Methode IstErgebnisGleich mit dem geratenen Code und dem erhaltenen Ergebnis auf. Sollte der Code ein anderes Ergebnis liefern, fällt er als mögliche Lösung raus und kann gelöscht werden.

Hier haben wir auf den ersten Blick ein Problem, denn wir haben nur gelernt, wie Elemente am Ende des Vektors gelöscht werden können, nicht aber mittendrin.

Um ein Element an beliebiger Stelle im Vektor löschen zu können, müssten wir uns mit dem Konzept der Iteratoren beschäftigen, was hier aber zu weit führen würde. Stattdessen behelfen wir uns mit einem Trick: Das zu löschende Element wird einfach mit dem letzten Element des Vektors überschrieben. Und dann kann das letzte Element des Vektors mit push_back gelöscht werden. Diese Methode des Löschens funktioniert allerdings nur, wenn die Reihenfolge der Elemente im Vektor keine Rolle spielt:

```
void ReduziereLoesungen(Farbcode c, Farbcode e) {
  unsigned int pos=0;
  while(pos<loesungen.size()) {

// Keine mögliche Lösung?
// => Code löschen
    if(loesungen[pos].IstErgebnisGleich(c,e)==false) {
      loesungen[pos]=loesungen.back();
      loesungen.pop_back();
    }

// Lösungscode überspringen
    else {
      pos=pos+1;
    }
  }
}
```

Listing 15.24 Die Methode »ReduziereLoesungen« von »Mastermind«

Nun ist das Kernstück für den Computerspieler an der Reihe, die in der Methode Computer enthaltene Spielschleife.

Das Prinzip der Schleife ist mit den bisherigen Vorarbeiten nicht mehr schwer. Der Computer wählt zufällig einen der möglichen Lösungscodes aus. Das vom Spieler gelieferte Ergebnis wird dazu verwendet, die unpassenden Codes zu löschen. Das läuft so lange, bis die Lösung gefunden wurde oder keine Codes mehr in loesungen enthalten sind. Der letztere Fall kann nur dann eintreten, wenn der menschliche Spieler ein Ergebnis falsch angegeben hat und der Computer deshalb die falschen Codes aus `loesungen` entfernt.

```
  void Computer() {
    string sergebnis;    // Ergebnis als Zeichenkette
    Farbcode fcode;      // code als Farbcode
    Farbcode fergebnis; // Ergebnis als Farbcode
    string leer="    ";

// Alle möglichen Codekombinationen erzeugen
    ErzeugeAlleCodes();

// Zufallszahlengenerator initialisieren
    srand((unsigned int)time(0));
    rand();

// Zu Beginn Spielfeld zeichnen
    ZeichneSpielfeld();
    Zeichenbrett::FensterNachVorne();

// Schleife läuft, bis Lösung geraten wurde oder
// eine Fehleingabe festgestellt wurde.
    do {

// Ausgabe der momentan noch möglichen Codes
      cout << "Momentan moegliche Codes:";
      cout << loesungen.size() << endl;

// Zufällig einen Code aus den möglichen auswählen
      fcode=loesungen[rand()%loesungen.size()];
      cout << "Computer raet Code ";
      cout << fcode.Textcode() << endl;

// Spieler nach dem Ergebnis für diesen Code fragen
      cout << "Dein Ergebnis:";
      getline(cin,sergebnis);

// Ergebnis ggfs. auf vier Stellen auffüllen
// und in Farbcode umwandeln
      sergebnis=sergebnis+leer.substr(0,4-sergebnis.size());
      fergebnis=Farbcode(sergebnis);

// Code und Ergebnis den Vektoren hinzufügen
      codes.push_back(fcode);
      ergebnisse.push_back(fergebnis);
```

```
      cout << "Reduziere moegliche Loesungen..." << endl;
      ReduziereLoesungen(fcode, fergebnis);

// Spielfeld zeichnen
      ZeichneSpielfeld();
      Zeichenbrett::FensterNachVorne();
    } while(sergebnis!="####" && loesungen.size()>0);

// Auswerten, ob eine Lösung gefunden wurde
// oder nicht, und entsprechend Text ausgeben
    cout << endl;
    if(sergebnis=="####") {
      cout << "Computer hat Code geknackt!" << endl;
    }
    else {
      cout << "Du hast dich bei den Ergebnissen vertan!" << endl;
    }
    cout << endl;
  }
```

Listing 15.25 Die Methode »Computer« von »Mastermind«

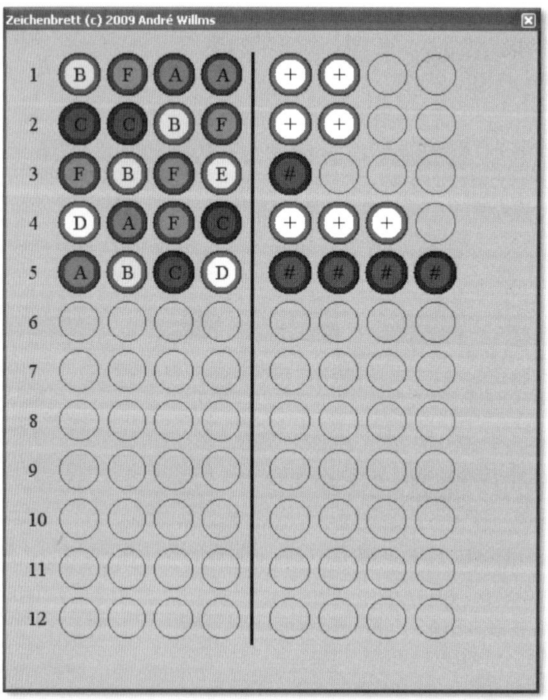

Abbildung 15.9 Der Computer rät den Code.

15.3 Übungen

Übung 1

Damit das Galgenmännchen-Spiel auch zu zweit gespielt werden kann, soll das Spiel zu Beginn den einen Spieler fragen, welchen Text der andere Spieler raten soll. Damit der zweite Spieler nicht den eingegebenen Text im Textfenster sehen kann, solltest du `Zeichenbrett::LoescheTextfenster` aufrufen. Diese Funktion löscht den Inhalt des Textfensters.

Übung 2

Ändere das Galgenmännchen-Spiel so ab, dass das Spiel zufällig einen zu ratenden Text aus einer Menge im Programm gespeicherter Vorlagen aussucht.

Übung 3

Das in diesem Kapitel programmierte Spiel Mastermind ermöglicht dem Spieler immer eine feste Anzahl von zwölf Versuchen für das Raten des Codes. Ändere das Spiel so ab, dass die Anzahl der Versuche im Konstruktor von `Mastermind` übergeben werden kann. Auf diese Weise kann das Spiel schwieriger gestaltet werden. Abbildung 15.10 zeigt eine Spielversion mit maximal sechs Versuchen.

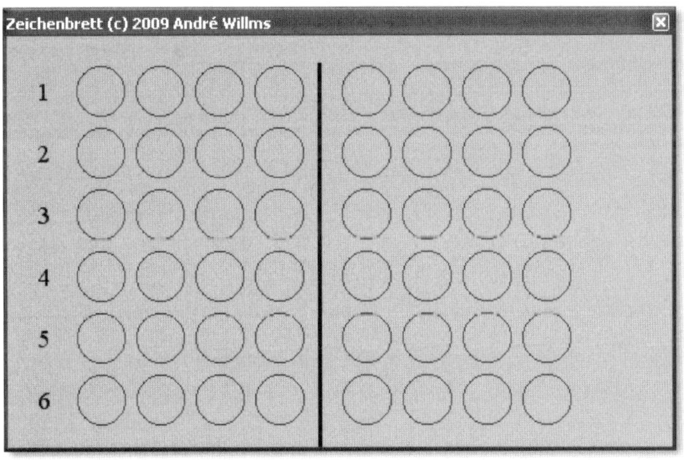

Abbildung 15.10 Mastermind mit maximal sechs Versuchen

Übung 4

Scara, der kleine Käfer, betritt in seiner 31. Übung ein Labyrinth. Das Spielfeld ist immer unterschiedlich groß, die Startposition und die Position des Ankh-Kreuzes variieren ebenfalls. Abbildung 15.11 zeigt ein typisches Szenario.

Abbildung 15.11 Scaras 31. Übung

Damit das Labyrinth nicht zu schwierig wird, gibt es keine Wege, die im Kreis führen. Schreibe ein Programm, das den Käfer zum Ankh-Kreuz führt.

Dies ist das letzte Kapitel der Geschichte.

16 Ende

Scara krabbelte mit letzter Kraft auf das Ankh-Kreuz. Die vielen Prüfungen hatten ihre Spuren hinterlassen. Er spürte Schmerzen in seinen sechs Beinen, die Fühler waren wund vom vielen Ertasten, und die lange Zeit ohne Nahrung und Wasser tat ihr Übriges. Er war erschöpft. Lange würde er sich nicht mehr aufraffen können. Die Zahl der Prüfungshallen schien endlos, er kämpfte sich von Ankh-Kreuz zu Ankh-Kreuz, nur um sich der nächsten Prüfung stellen zu müssen.

Ich bin gereinigt, formte Scara mit letzter Konzentration die Worte in seinem Geist und spürte, wie die fremde Macht an ihm riss und ihn in die nächste Halle transportieren wollte. Aber dieses Mal fühlte es sich anders an. Das Ziehen war stärker, schien ihn fast in Stücke zu reißen, und als der Transport beendet war, blendete ihn gleißendes Licht. Instinktiv schützte er seine Augen mit einer Hand.

Hand?, dachte er, und verlor das Gleichgewicht. Er war irritiert, normalerweise stand er sicher auf seinen sechs Beinen, aber wo waren sie? Er fiel nach vorn auf die Knie. *Knie?*, dachte er und versuchte, im hellen Schein etwas zu erkennen. Er war in einem Raum, dessen Boden komplett mit Sand bedeckt war. Keine Steine, keine Abgründe und keine Dunkelheit mehr.

Fackeln säumten die Wände, und er erkannte den Raum, in dem alles begonnen hatte. Dann blickte er an sich herab und sah seine Hände. Sie hingen an Armen. Er hatte Beine, Knie. Er tastete seinen Kopf ab. Keine Fühler mehr, ein menschliches Gesicht. Hatte er es endlich geschafft?

In der Wand hob sich auf einmal ein riesiger Stein und gab einen Gang frei, aus dem Ra trat. Dahinter erschien Neferu, von Mathemahotep geführt. Als Neferu ihren Nedjem in menschlicher Gestalt auf dem Boden kauern sah, riss sie sich los und rannte auf ihn zu.

»Nedjem!«, rief sie den Tränen nah und half ihm auf die Beine.

Mathemahotep und Ra blieben vor den beiden stehen. »Ihr habt uns zufriedengestellt«, sagte Ra. »Eure Schuld ist beglichen. Ihr dürft unser Reich als freie Menschen verlassen.«

Nedjem sah den beiden kurz in die Augen und verbeugte sich. »Wir danken euch.« Er klopfte sich den Staub von seinem Umhang. »So sehr mir dies auch eine Lehre war und so viel ich hier bei euch gelernt habe, werde ich doch ein ernstes Wort mit dem Händler reden müssen, der mich hierher geschickt hat.«

»Ach, weißt du«, sprach Ra ruhig und machte seltsame Zeichen mit der Hand. Der Sand wirbelte auf, umhüllte Ra und Mathemahotep mit einem stürmischen Zischen, und als er sich wieder legte, waren die beiden verschwunden. An ihrer Stelle standen dort nun der Händler und dessen Frau.

»Oh«, entfuhr es Neferu. »Das ward ihr?«

Ra in der Gestalt des Händlers lächelte. »Ja. Ihr schient würdig, die Prüfungen zu bestehen. Auf diesem Wege habt ihr viel gelernt. Ihr habt einen Einblick in das logische Denken bekommen, könnt rechnen und zeichnen. Vor allem aber habt ihr gezeigt, dass ihr vertrauenswürdige Menschen seid, die ihren Reichtum zum Wohle ihrer Mitmenschen einsetzen werden.

»Reichtum?«, fragte Nedjem, aber Mathemahotep als Frau des Händlers drückte Nedjem wortlos einen Beutel in die Hand. Neferu erkannte sofort, dass es sich um den Beutel mit den Goldmünzen handelte, und strahlte vor Freude. »Vielen Dank.«

»Ach was«, sprach Mathemahotep sanft. »Geht nun zurück in eure Welt, und setzt weise ein, was ihr gelernt und erhalten habt.«

»Und wer weiß«, sagte Ra und drückte Neferu einen goldenen Skarabäus in die Hand. »Vielleicht sehen wir uns bald wieder.«

»Ja, sonst steht irgendwann Dracinu in eurer Hütte und will Mastermind spielen«, ergänzte Mathemahotep und alle lachten.

Anhang

A Lösungen

Hier findest du die Lösungen zu den Übungen aus dem Buch.

A.1 Lösungen zu Kapitel 3

Übung 1

```
void Gehe4() {
  Gehe3();
  Scara::Gehen();
}

void Gehe5() {
  Gehe4();
  Scara::Gehen();
}

void Gehe6() {
  Gehe5();
  Scara::Gehen();
}

void Gehe7() {
  Gehe6();
  Scara::Gehen();
}

void Gehe8() {
  Gehe7();
  Scara::Gehen();
}
```

Listing A.1 Die Funktionen »Gehe4« bis »Gehe8«

Die Funktion `Gehe4` verwendet die Funktion `Gehe3`, deshalb müssen die Funktionen in Listing A.1 hinter der Funktion `Gehe3` und vor der `main`-Funktion stehen.

Übung 2

Die Funktion `DreheUm` ist simpel aufgebaut. Im Grunde handelt es sich nämlich um die `DreheNachRechts`-Funktion mit einer Linksdrehung weniger:

```
void DreheUm() {
  Scara::DreheNachLinks();
  Scara::DreheNachLinks();
}
```

Listing A.2 Die eigene Funktion »DreheUm«

Übung 3

In dieser Übung sollte die ägyptische Übung 4 mit den Szenarien 1, 4, 5 und 8 gelöst werden. Um die Lösungen einfacher zu gestalten, verwende ich hier folgende Hilfsfunktionen, die bereits besprochen wurden:

- die Funktion `DreheNachRechts` in Listing 3.4
- die Funktion `Gehe2` in Listing 3.7
- die Funktion `Gehe3` in Listing 3.10
- die Funktionen `Gehe4` bis `Gehe8` in Listing A.1
- die Funktion `DreheUm` in Listing A.2

Und nun kommen die Lösungen:

Ägyptische Übung 4, Szenario 1

```
int main() {
  Scara::Starten(4,1);
  DreheUm();
  Gehe3();
  DreheNachRechts();
  Gehe2();
  Scara::DreheNachLinks();
  Gehe3();
  Scara::DreheNachLinks();
  Gehe2();
  Scara::Beenden();
}
```

Listing A.3 Die Lösung zu Übung 4, Szenario 1

Die Lösung in Listing A.3 benötigt 17 Scara-Anweisungen.

Ägyptische Übung 4, Szenario 4

```
int main() {
  Scara::Starten(4,4);
  Scara::DreheNachLinks();
```

```
  Gehe5();
  Scara::DreheNachLinks();
  Gehe7();
  Scara::DreheNachLinks();
  Gehe2();
  Scara::DreheNachLinks();
  Gehe2();
  DreheNachRechts();
  Scara::Gehen();
  Scara::Beenden();
}
```

Listing A.4 Die Lösung zu Übung 4, Szenario 4

Die Lösung in Listing A.4 benötigt 24 Scara-Anweisungen.

Ägyptische Übung 4, Szenario 5

```
int main() {
  Scara::Starten(4,5);
  Scara::DreheNachLinks();
  Scara::Gehen();
  DreheNachRechts();
  Gehe2();
  Scara::DreheNachLinks();
  Gehe4();
  Scara::Beenden();
}
```

Listing A.5 Die Lösung zu Übung 4, Szenario 5

Die Lösung in Listing A.5 benötigt zwölf Scara-Anweisungen.

Ägyptische Übung 4, Szenario 8

```
int main() {
  Scara::Starten(4,8);
  DreheNachRechts();
  Gehe3();
  DreheNachRechts();
  Scara::Gehen();
  Scara::DreheNachLinks();
  Gehe2();
  DreheNachRechts();
  Gehe3();
```

```
  Scara::Beenden();
}
```

Listing A.6 Die Lösung zu Übung 4, Szenario 8

Die Lösung in Listing A.6 benötigt 19 Scara-Anweisungen.

A.2 Lösungen zu Kapitel 4

In diesem Kapitel ging es nur darum, die Zeichenfunktionen auszutesten. Der leicht missglückte Versuch eines Selbstbildnisses in Abbildung 4.11 wurde mit dem Programm aus Listing A.7 erstellt.

```
int main() {
  Zeichenbrett::Oeffnen(200,200);
  Zeichenbrett::ZeichneGefuelltesRechteck(50,50,40,50);
  Zeichenbrett::ZeichneGefuellteEllipse(55,20,30,30);
  Zeichenbrett::ZeichneGefuelltesDreieck(50,50,60,60,30,100);
  Zeichenbrett::ZeichneGefuelltesDreieck(90,50,80,60,110,100);
  Zeichenbrett::ZeichneGefuelltesDreieck(50,100,70,100,55,150);
  Zeichenbrett::ZeichneGefuelltesDreieck(90,100,70,100,85,150);
}
```

Listing A.7 Die Lösung zu Abbildung 4.11

A.3 Lösungen zu Kapitel 5

Übung 1

Zuerst kommen die Lösungen zu den Mathemahotep-Übungen. Vergiss nicht, dass es sich bei den Projekten um die ägyptischen Projekte aus Abschnitt 1.4 handeln muss.

Mathemahoteps Übung 2

```
#include <iostream>

using namespace std;

int main() {
  Mathemahotep::Starten(2);
  int a=Mathemahotep::ErmittleWert(1);
  int b=Mathemahotep::ErmittleWert(2);
  int c=Mathemahotep::ErmittleWert(3);
```

```
  int ergebnis=(a-b)*c;
  Mathemahotep::Ergebnis(ergebnis);
}
```

Listing A.8 Die Lösung zu Mathemahoteps Übung 2

Damit du noch einmal ein Beispiel siehst, wie so ein Programm komprimierter geschrieben werden kann, liste ich hier die entsprechende `main`-Funktion zur vorigen Übung auf:

```
int main() {
  Mathemahotep::Starten(2);
  Mathemahotep::Ergebnis((Mathemahotep::ErmittleWert(1)-
                         Mathemahotep::ErmittleWert(2))*
                         Mathemahotep::ErmittleWert(3));
}
```

Listing A.9 Die komprimierte Lösung zu Mathemahoteps Übung 2

Mathemahoteps Übung 3

```
#include <iostream>

using namespace std;

int main() {
  Mathemahotep::Starten(3);
  int a=Mathemahotep::ErmittleWert(1);
  int b=Mathemahotep::ErmittleWert(2);
  int c=Mathemahotep::ErmittleWert(3);

  int ergebnis=(a/b)+c;
  Mathemahotep::Ergebnis(ergebnis);
}
```

Listing A.10 Die Lösung zu Mathemahoteps Übung 3

Mathemahoteps Übung 4

```
#include <iostream>

using namespace std;

int main() {
  Mathemahotep::Starten(4);
```

```
  int a=Mathemahotep::ErmittleWert(1);
  int b=Mathemahotep::ErmittleWert(2);
  int c=Mathemahotep::ErmittleWert(3);
  int d=Mathemahotep::ErmittleWert(4);
  int e=Mathemahotep::ErmittleWert(5);

  int ergebnis=(a+b)*c*d+e;
  Mathemahotep::Ergebnis(ergebnis);
}
```

Listing A.11 Die Lösung zu Mathemahoteps Übung 4

Übung 2

Wenn die obere linke Ecke des Rechtecks in der oberen linken Ecke des Zeichenbretts liegen soll, dann hat diese Ecke die Koordinaten (0,0). Die Breite und die Höhe des Rechtecks werden zuerst in die Variablen `b` und `h` eingelesen und später dann der `ZeichneGefuelltesRechteck`-Funktion übergeben.

```
#include <iostream>

using namespace std;

int main() {
  cout << "Breite:";
  int b;
  cin >> b;
  cout << "Hoehe:";
  int h;
  cin >> h;

  Zeichenbrett::Oeffnen(600,400);
  Zeichenbrett::ZeichneGefuelltesRechteck(0,0,b,h);
  Zeichenbrett::FensterNachVorne();
}
```

Listing A.12 Die Lösung zu Übung 2, Kapitel 5

Übung 3

Die Höhe und Breite des blauen Rechtecks entspricht der doppelten Breite und Höhe des normal großen schwarzen Rechtecks. Wenn das schwarze Rechteck im unteren rechten Viertel des blauen Rechtecks liegen soll, dann befindet sich die obere linke Ecke des schwarzen Rechtecks an den Koordinaten (b,h), wie Abbildung A.1 zeigt.

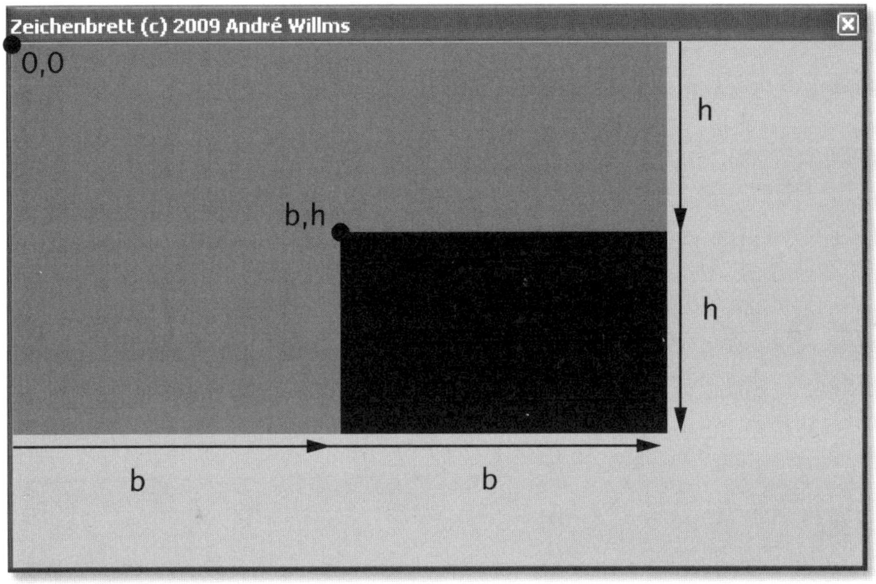

Abbildung A.1 Die Geometrie von Übung 3

```
#include <iostream>

using namespace std;

int main() {
  cout << "Breite:";
  int b;
  cin >> b;
  cout << "Hoehe:";
  int h;
  cin >> h;
  Zeichenbrett::Oeffnen(600,400);

  Zeichenbrett::SetzeRot(100);
  Zeichenbrett::SetzeGruen(100);
  Zeichenbrett::SetzeBlau(255);
  Zeichenbrett::ZeichneGefuelltesRechteck(0,0,b*2,h*2);

  Zeichenbrett::SetzeRot(0);
  Zeichenbrett::SetzeGruen(0);
  Zeichenbrett::SetzeBlau(0);
  Zeichenbrett::ZeichneGefuelltesRechteck(b,h,b,h);
```

```
  Zeichenbrett::FensterNachVorne();
}
```

Listing A.13 Die Lösung zu Übung 3, Kapitel 5

Übung 4

Um das Zentrieren besser zu verstehen, setzen wir das Rechteck zunächst in die obere linke Ecke, wie in Abbildung A.2 zu sehen. Unter der Voraussetzung, dass `b` die Breite des Rechtecks und `Breite` die Breite des gesamten Zeichenbretts ist, ergibt sich die Breite des Freiraums rechts neben dem Rechteck aus der Gesamtbreite abzüglich der Rechteckbreite, also `Breite - b`. Das Gleiche gilt für die Höhe unter dem Rechteck, sie berechnet sich aus `Hoehe - h`.

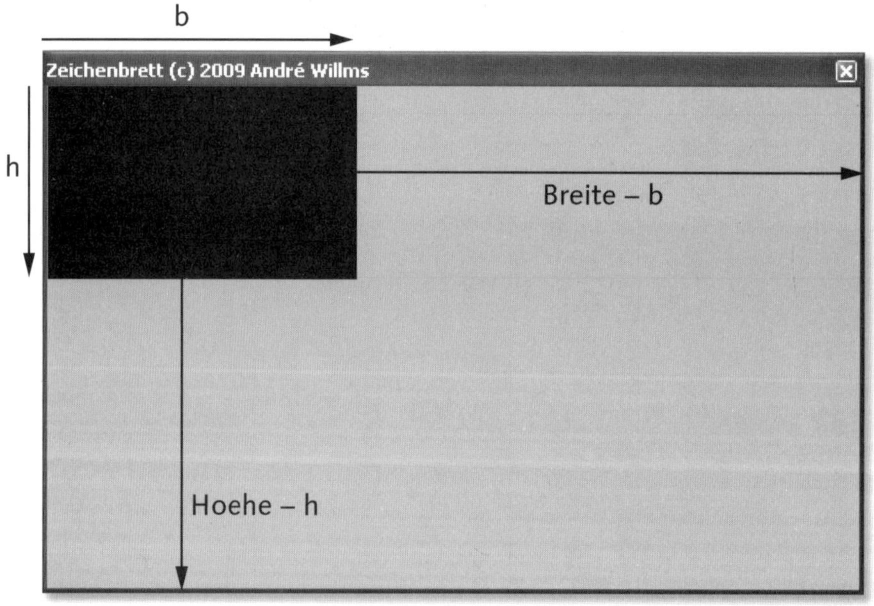

Abbildung A.2 Die Restbreite und -höhe

Zentrieren heißt letztlich nichts anderes, als das Rechteck so auf dem Zeichenbrett zu positionieren, dass rechts und links jeweils gleich viel Freiraum ist. Gleiches gilt natürlich für die Höhe. Ober- und unterhalb des Rechtecks muss gleich viel Luft sein.

Bezogen auf die Breite müssen wir nur die oben ermittelte Restbreite halbieren und jeweils eine Hälfte vor und eine Hälfte hinter das Rechteck bringen. Die Restbreite `Breite - b` halbiert ergibt `(Breite - b) / 2`. Die Klammerung ist wichtig, weil die Differenz durch zwei geteilt werden muss. Ohne die Klammern würde wegen der Punkt-vor-Strich-Regel nur das b durch zwei geteilt. Abbildung A.3 stellt das Erklärte grafisch dar.

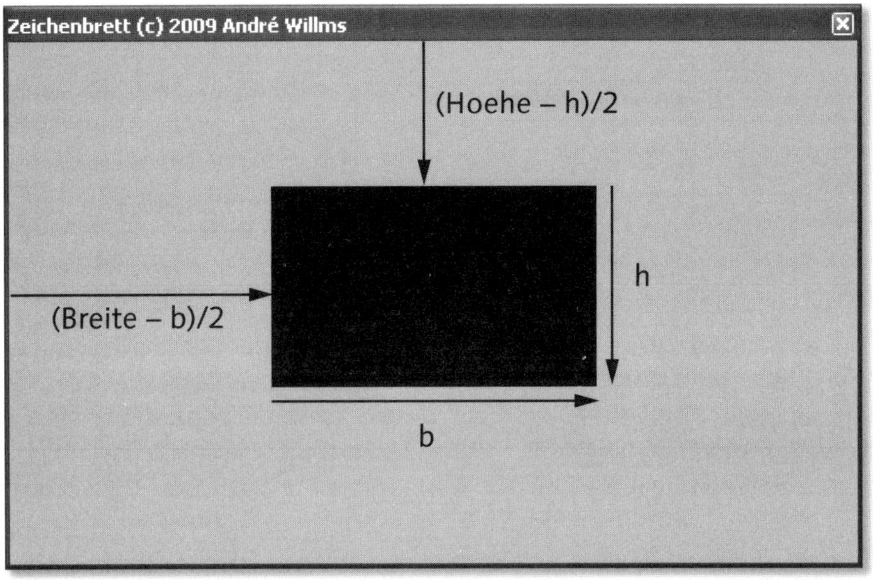

Abbildung A.3 Die Koordinaten des zentrierten Objekts

Damit ist auch die Position der linken oberen Ecke des zentrierten Rechtecks klar. Die X-Position lautet `(Breite - b) / 2`, und die Y-Position ist `(Hoehe - h) / 2`.

```
#include <iostream>

using namespace std;

int main() {
  cout << "Breite:";
  int b;
  cin >> b;
  cout << "Hoehe:";
  int h;
  cin >> h;
  Zeichenbrett::Oeffnen(600,400);

  int x=(Zeichenbrett::Breite()-b)/2;
  int y=(Zeichenbrett::Hoehe()-h)/2;

  Zeichenbrett::ZeichneGefuelltesRechteck(0, 0, b, h);
```

```
  Zeichenbrett::FensterNachVorne();
}
```

Listing A.14 Die Lösung zu Übung 4, Kapitel 5

A.4 Lösungen zu Kapitel 6

Übung 1

Die Funktion `ZeichneLinie` arbeitet mit X- und Y-Koordinaten. Die Breiten- und Höheninformation können wir daher nicht direkt nutzen. Vielmehr müssen wir zunächst die Koordinaten für die vier Punkte des Rechtecks bestimmen.

Abbildung A.4 zeigt, wie es geht. Für die obere linke Ecke sind die Koordinaten mit `x` und `y` bekannt. Um zur oberen rechten Ecke zu gelangen, fahren wir auf der X-Achse die gesamte Breite des Rechtecks ab. Demnach ist die X-Koordinate der oberen rechten Ecke `x+b`. Auf der Y-Achse haben wir uns nicht bewegt, also bleibt sie `y`. Die gleichen Überlegungen können für die anderen zwei Punkte angestellt werden.

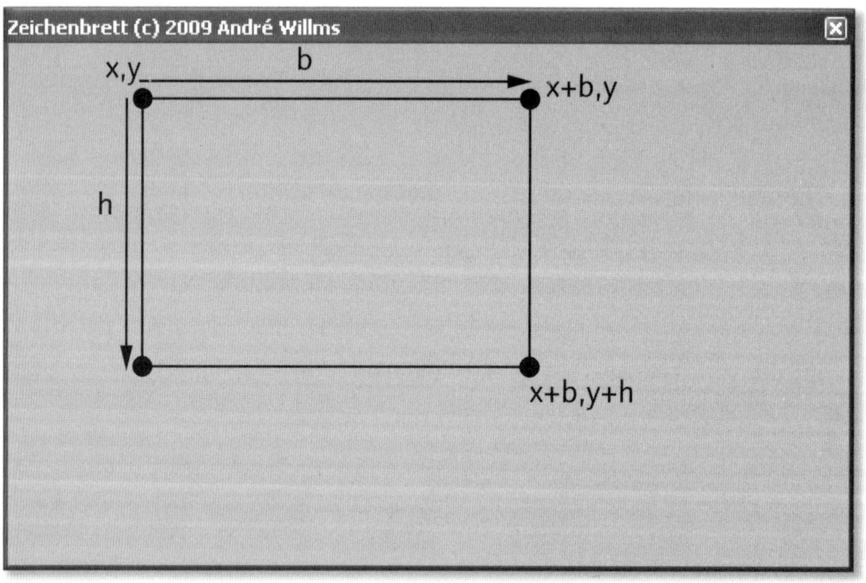

Abbildung A.4 Die vier Ecken des Rechtecks

Als C++-Programm sehen diese Überlegungen dann so aus:

```
void ZeichneRechteck(int x, int y, int b, int h) {
  Zeichenbrett::ZeichneLinie(x, y, x+b, y);
```

```
  Zeichenbrett::ZeichneLinie(x+b, y, x+b, y+h);
  Zeichenbrett::ZeichneLinie(x+b, y+h, x, y+h);
  Zeichenbrett::ZeichneLinie(x, y+h, x, y);
}

int main() {
  Zeichenbrett::Oeffnen(600,400);
  ZeichneRechteck(100,50,300,200);
}
```

Listing A.15 Die Funktion »ZeichneRechteck«

Übung 2

Diese Übung sollte nicht so schwer gewesen sein, weil über die obere linke und die untere rechte Ecke alle notwendigen Koordinaten bereits vorliegen:

```
void ZeichneRechteckXY(int x1, int y1, int x2, int y2) {
  Zeichenbrett::ZeichneLinie(x1, y1, x2, y1);
  Zeichenbrett::ZeichneLinie(x2, y1, x2, y2);
  Zeichenbrett::ZeichneLinie(x2, y2, x1, y2);
  Zeichenbrett::ZeichneLinie(x1, y2, x1, y1);
}
```

Listing A.16 Die Funktion »ZeichneRechteckXY«

Ich hatte ja schon erwähnt, dass Programmierer oft schreibfaul sind. Deswegen sind sie bestrebt, Probleme zu lösen, indem sie die Lösungen älterer Probleme mitverwenden. Das haben wir auch schon gemacht. Ein Beispiel ist die `Gehe4`-Funktion in Listing A.1. Anstatt sie komplett neu zu programmieren, haben wir die bereits programmierte `Gehe3`-Funktion verwendet.

Etwas Ähnliches können wir hier auch machen. Warum in der `ZeichneRechteckXY`-Funktion wieder vier `ZeichneLinie`-Anweisungen aufführen, wenn wir diese doch schon in der vorigen Übung mit der Funktion `ZeichneRechteck` geschrieben haben? Wir könnten stattdessen einfach aus den übergebenen Koordinaten die Breite und Höhe des Rechtecks berechnen und damit dann die Funktion `ZeichneRechteck` aufrufen:

```
void ZeichneRechteckXY(int x1, int y1, int x2, int y2) {
  ZeichneRechteck(x1, y1, x2-x1, y2-y1);
}
```

Listing A.17 »ZeichneRechteckXY« auf Basis von »ZeichneRechteck«

Die Berechnung der Breite und Höhe aus der unteren rechten Ecke ist letztlich nur die Umkehrung der Berechnung der unteren rechten Ecke aus Breite und Höhe aus Abbildung A.4.

Übung 3

Die beiden Funktionen sind schnell geschrieben – haben wir uns die Berechnung doch bereits im Übungsabschnitt des vorigen Kapitels erarbeitet. Die einzige Neuerung ist die Auslagerung der Berechnung in eine Funktion.

Betrachten wir exemplarisch die Funktion `ErmittleZentriertesX`. Sie bekommt die Breite als ganzzahligen Wert übergeben und liefert mit der `return`-Anweisung die X-Koordinate der zentrierten Position zurück. `ErmittleZentriertesY` arbeitet analog dazu.

```
int ErmittleZentriertesX(int b) {
  return (Zeichenbrett::Breite()-b)/2;
}

int ErmittleZentriertesY(int h) {
  return (Zeichenbrett::Hoehe()-h)/2;
}

int main() {
  Zeichenbrett::Oeffnen(600,400);
  int b=350;
  int h=250;
  int x=ErmittleZentriertesX(b);
  int y=ErmittleZentriertesY(h);
  Zeichenbrett::ZeichneGefuelltesRechteck(x,y,b,h);
}
```

Listing A.18 Die Funktionen »ErmittleZentriertesX« und »ErmittleZentriertesY«

Übung 4

Die Schwierigkeit dieser Übung besteht darin, aus der X- und Y-Koordinate des Mittelpunktes und dem Radius des Kreises Position und Ausmaße des für die `ZeichneEllipse`-Funktion erforderlichen umgebenden Rechtecks zu bestimmen.

Abbildung A.5 hilft, die Zusammenhänge zu erkennen. Der Mittelpunkt des Kreises ist automatisch auch der Mittelpunkt des umgebenden Rechtecks (in der Abbildung gestrichelt eingezeichnet).

Der Mittelpunkt markiert die halbe Breite und die halbe Höhe des Rechtecks, die dem Radius entspricht. Daher hat die Gesamtbreite und -höhe des Rechtecks den doppelten Radius. Entsprechend muss von der X- und Y-Koordinate des Kreismittelpunktes nur der Betrag des Radius abgezogen werden, um die Koordinaten der linken oberen Ecke des Rechtecks zu erhalten.

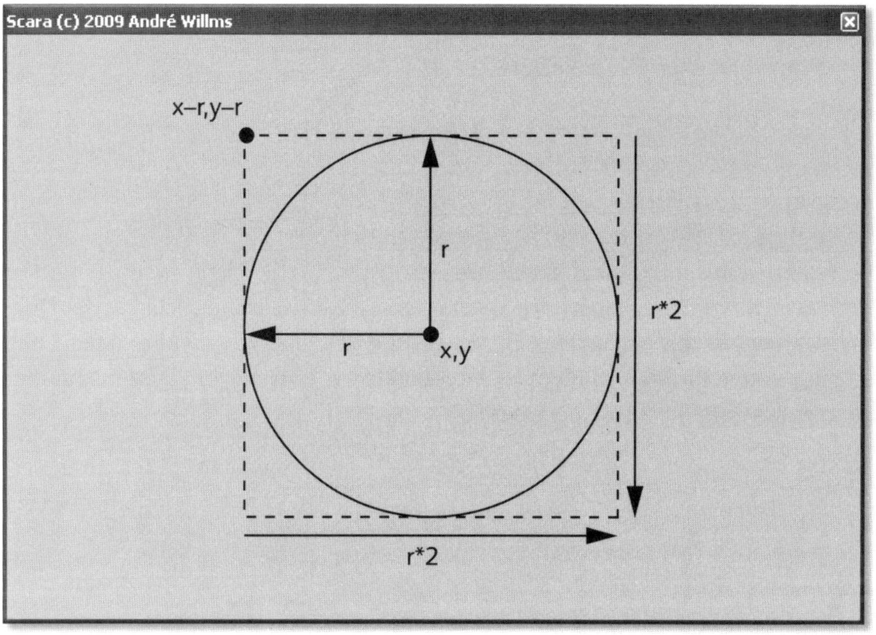

Abbildung A.5 Die Geometrie eines Kreises

```
void ZeichneKreis(int x, int y, int r) {
  Zeichenbrett::ZeichneEllipse(x-r, y-r, r*2, r*2);
}

int main() {
  Zeichenbrett::Oeffnen(600,400);
  ZeichneKreis(300,200,130);
}
```

Listing A.19 Die Funktion »ZeichneKreis«

Übung 5

Die Funktion `SetzeRGB` ruft lediglich die drei Funktionen für die einzelnen Farbkomponenten auf und übergibt ihnen die ihr übergebenen Werte:

```
void SetzeRGB(int r, int g, int b) {
  Zeichenbrett::SetzeRot(r);
  Zeichenbrett::SetzeGruen(g);
```

```
  Zeichenbrett::SetzeBlau(b);
}

int main() {
  Zeichenbrett::Oeffnen(600,400);
  SetzeRGB(100,200,250);
  Zeichenbrett::ZeichneGefuellteEllipse(50,50,300,200);
}
```

Listing A.20 Die Funktion »SetzeRGB«

Übung 6

Die Funktion macht Gebrauch von der in Listing A.15 aufgelisteten Funktion `ZeichneRechteck`. `ZeichneQuader` zeichnet zunächst das Hauptrechteck des Quaders. Die zweite `ZeichneRechteck`-Anweisung zeichnet das zweite, nach oben rechts versetzte Rechteck, indem es den Tiefenwert `t` als diagonalen Abstand der Ecken zum ersten Rechteck verwendet.

Die vier `ZeichneLinie`-Anweisungen zeichnen die diagonalen Linien zum Verbinden der Ecken.

```
void ZeichneQuader(int x, int y, int w, int h, int t) {
  ZeichneRechteck(x,y,w,h);
  ZeichneRechteck(x+t,y-t,w,h);

  Zeichenbrett::ZeichneLinie(x,y,x+t,y-t);
  Zeichenbrett::ZeichneLinie(x+w,y,x+w+t,y-t);
  Zeichenbrett::ZeichneLinie(x,y+h,x+t,y+h-t);
  Zeichenbrett::ZeichneLinie(x+w,y+h,x+w+t,y+h-t);
}

int main() {
  Zeichenbrett::Oeffnen(600,400);
  ZeichneQuader(100,100,150,100,20);
}
```

Listing A.21 Die Funktion »ZeichneQuader«

Übung 7

Die Lösung verwendet folgende Funktionen, die du bereits geschrieben hast:

- `SetzeRGB` aus Listing A.20
- `ZeichneRechteck` aus Listing A.15

Die Lösung ist recht einfach. Die Umrahmung wird mit `ZeichneRechteck` gezeichnet, die Füllung mit `Zeichenbrett::ZeichneGefuelltesRechteck`. Das füllende Rechteck muss dabei etwas kleiner und versetzt gezeichnet werden, damit es die Umrandung nicht übermalt.

```
void ZeichneGefuelltesRechteck(int x, int y, int w, int h,
                               int r1, int g1, int b1,
                               int r2, int g2, int b2) {
  SetzeRGB(r1,g1,b1);
  ZeichneRechteck(x,y,w,h);
  SetzeRGB(r2,g2,b2);
  Zeichenbrett::ZeichneGefuelltesRechteck(x+1,y+1,w-1,h-1);
}

int main() {
  Zeichenbrett::Oeffnen(600,400);
  ZeichneGefuelltesRechteck(100,100,280,200,0,0,0,255,255,100);
}
```

Listing A.22 Die Funktion »ZeichneGefuelltesRechteck«

Übung 8

Die Lösung verwendet folgende Funktionen, die du bereits geschrieben hast:

- `SetzeRGB` aus Listing A.20
- `ZeichneQuader` aus Listing A.21

Die Umrisse des Quaders werden mit der Funktion `ZeichneQuader` gezeichnet. Von dem Quader müssen dann noch ein Rechteck und zwei Parallelogramme gefüllt werden. Für das Rechteck verwende ich `ZeichneGefuelltesRechteck` und für die Parallelogramme die allgemeinere Funktion `ZeichneGefuelltesViereck`.

```
void ZeichneGefuelltenQuader(int x, int y, int w, int h, int t,
                             int r1, int g1, int b1,
                             int r2, int g2, int b2) {
  SetzeRGB(r1,g1,b1);
  ZeichneQuader(x,y,w,h,t);
  SetzeRGB(r2,g2,b2);
  Zeichenbrett::ZeichneGefuelltesRechteck(x+1,y+1,w-1,h-1);

  Zeichenbrett::ZeichneGefuelltesViereck(x+t, y-t+1,
                                         x+w+t-1, y-t+1,
                                         x+w, y,
                                         x+1, y);
```

```
  Zeichenbrett::ZeichneGefuelltesViereck(x+w+1, y,
                                          x+w+t, y-t+1,
                                          x+w+t, y+h-t-1,
                                          x+w+1, y+h-1);
}

int main() {
  Zeichenbrett::Oeffnen(600,400);
  ZeichneGefuelltenQuader(100,100,280,200,20,0,0,0,255,255,100);
}
```

Listing A.23 Die Funktion »ZeichneGefuelltenQuader«

A.5 Lösungen zu Kapitel 7

Übung 1

Um alle möglichen Positionen des Ankh-Kreuzes zu testen, muss sich der Käfer maximal dreimal drehen. Allerdings braucht er sich nur dann zu drehen, wenn vor ihm ein Abgrund ist:

```
int main() {
  Scara::Starten(6);
  if(Scara::IstVorneAbgrund()==true) {
    Scara::DreheNachLinks();
  }
  if(Scara::IstVorneAbgrund()==true) {
    Scara::DreheNachLinks();
  }
  if(Scara::IstVorneAbgrund()==true) {
    Scara::DreheNachLinks();
  }
  Scara::Gehen();
  Scara::Beenden();
}
```

Listing A.24 Die Lösung zu Übung 1, Kapitel 7

Sollte das Ankh beispielsweise zu Beginn schon vor dem Käfer liegen, dann würde `IstVorneAbgrund` in allen drei `if`-Anweisungen `false` liefern, und damit würde keine `DreheNachLinks`-Anweisung ausgeführt. Abbildung A.6 zeigt das Aktivitätsdiagramm dazu.

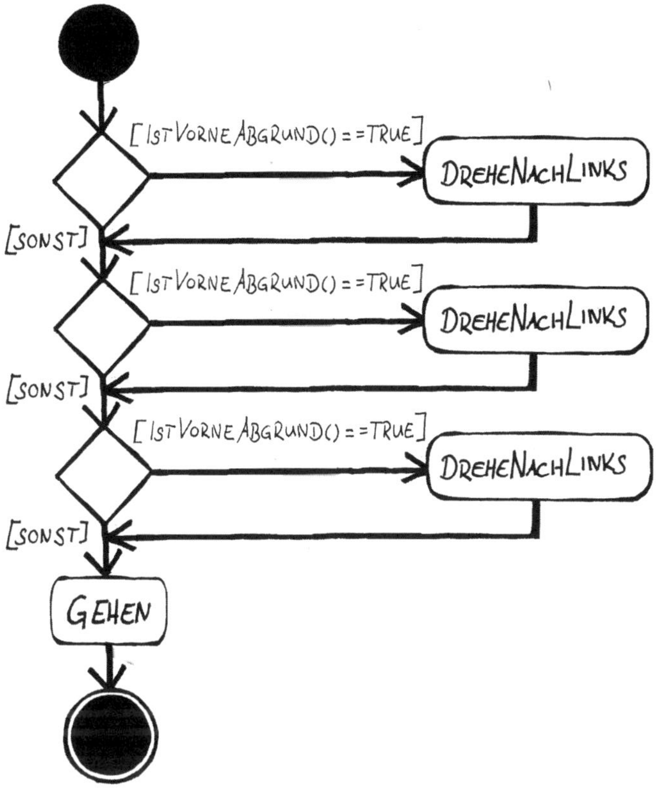

Abbildung A.6 Das Aktivitätsdiagramm zur Lösung von Übung 1, Kapitel 7

Übung 2

Die Übung ist ähnlich aufgebaut wie Übung 1, nur dass jetzt gegangen werden muss, wenn vor dem Käfer kein Abgrund ist:

```
int main() {
  Scara::Starten(7);

  if(Scara::IstVorneAbgrund()==false) {
    Scara::Gehen();
  }
  if(Scara::IstVorneAbgrund()==false) {
    Scara::Gehen();
  }
  if(Scara::IstVorneAbgrund()==false) {
    Scara::Gehen();
  }
```

```
  if(Scara::IstVorneAbgrund()==false) {
    Scara::Gehen();
  }

  Scara::Beenden();
}
```

Listing A.25 Die Lösung zu Übung 2, Kapitel 7

In dieser Übung steht viermal das gleiche `if`-Konstrukt. Eine Vereinfachung des Programms könnte daher im Einsatz einer Funktion liegen, die den Käfer einen Schritt gehen lässt, falls vor ihm kein Abgrund ist. Ich habe diese Funktion in meinem Beispiel `GeheWennMoeglich` genannt:

```
void GeheWennMoeglich() {
  if(Scara::IstVorneAbgrund()==false) {
    Scara::Gehen();
  }
}

int main() {
  Scara::Starten(7);

  GeheWennMoeglich();
  GeheWennMoeglich();
  GeheWennMoeglich();
  GeheWennMoeglich();

  Scara::Beenden();
}
```

Listing A.26 Eine Lösung mit Hilfsfunktion

A.6 Lösungen zu Kapitel 8

Übung 1

Die Übung ist recht leicht zu lösen. Einfach den Käfer laufen lassen, bis es nicht mehr geht, dann nach links drehen und wieder bis zum Ende durchmarschieren:

```
int main() {
  Scara::Starten(10);
  while(Scara::IstVorneAbgrund()==false) {
    Scara::Gehen();
  }
```

```
  Scara::DreheNachLinks();

  while(Scara::IstVorneAbgrund()==false) {
    Scara::Gehen();
  }

  Scara::Beenden();
}
```

Listing A.27 Die Lösung zu Scaras 10. Übung

Die Lösung enthält zweimal die gleiche `while`-Schleife, die den Käfer bis zum Ende des Weges gehen lässt. Das schreit förmlich nach einer Funktion:

```
void GeheBisAbgrund() {
  while(Scara::IstVorneAbgrund()==false) {
    Scara::Gehen();
  }
}

int main() {
  Scara::Starten(10);
  GeheBisAbgrund();
  Scara::DreheNachLinks();
  GeheBisAbgrund();
  Scara::Beenden();
}
```

Listing A.28 Die Lösung mit »GeheBisAbgrund«

Übung 2

Die Regelmäßigkeit liegt darin, dass zuerst ein Linksknick und dann zwei Rechtsknicke kommen. Die Übung verwendet folgende bereits programmierte Funktionen:

- `DreheNachRechts` aus Listing 3.4
- `GeheBisAbgrund` aus Listing A.28

```
int main() {
  Scara::Starten(11,3);

  GeheBisAbgrund();
  Scara::DreheNachLinks();
  GeheBisAbgrund();
```

```
  DreheNachRechts();
  GeheBisAbgrund();
  DreheNachRechts();
  GeheBisAbgrund();

  Scara::Beenden();
}
```

Listing A.29 Die Lösung zu Scaras 11. Übung

Übung 3

Die Schwierigkeit dieser Übung besteht darin, dass der Weg entweder nach oben oder nach unten abknickt. Die Lösung verwendet die bereits programmierte Funktion `GeheBisAbgrund` aus Listing A.28.

```
int main() {
  Scara::Starten(12);
  GeheBisAbgrund();
  Scara::DreheNachLinks();

  if(Scara::IstVorneAbgrund()==true) {
    Scara::DreheNachLinks();
    Scara::DreheNachLinks();
  }

  GeheBisAbgrund();
  Scara::Beenden();
}
```

Listing A.30 Die Lösung zu Scaras 12. Übung

Am Ende des horizontalen Weges dreht sich der Käfer zuerst nach links. Ist dort ein Abgrund, muss der Weg nach unten weitergehen, und der Käfer dreht sich weitere zweimal, um dann hinunterzulaufen. Andernfalls läuft er gleich nach oben.

Falls du es testen willst: Die Szenarien 2 und 3 haben jeweils einen Weg einmal nach oben und einmal nach unten.

Übung 4

Die Lösung ist ziemlich einfach. Solange der Käfer nicht auf dem Ankh-Kreuz steht, läuft er weiter:

```
int main() {
  Scara::Starten(13);
```

```
  while(Scara::StehtAufAnkh()==false) {
    Scara::Gehen();
  }

  Scara::Beenden();
}
```

Listing A.31 Die Lösung zu Scaras 13. Übung

Übung 5

Die Lösung verwendet `DreheNachRechts` aus Listing 3.4.

```
int main() {
  Scara::Starten(14);
  while(Scara::StehtAufAnkh()==false) {
    if(Scara::IstVorneAbgrund()==true) {
      DreheNachRechts();
    }
    Scara::Gehen();
  }
  Scara::Beenden();
}
```

Listing A.32 Die Lösung zu Scaras 14. Übung

Solange Scara nicht auf dem Ankh steht, läuft er geradeaus, bis er vor einem Abgrund steht. Da er sich auf einem Steinring befindet, geht es auf jeden Fall rechts weiter. Abbildung A.7 zeigt das Aktivitätsdiagramm zu der Lösung.

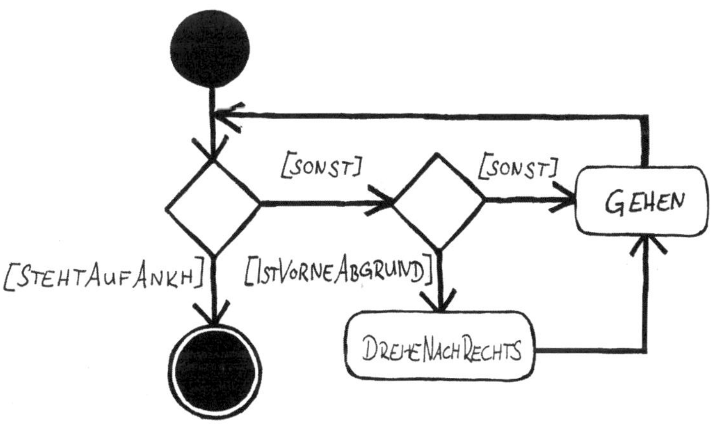

Abbildung A.7 Das Aktivitätsdiagramm zu Scaras 14. Übung

Übung 6

Erstaunlicherweise sieht die Lösung fast genauso aus wie die zur vorigen Übung, nur dass das Drehen des Käfers jetzt in einer `while`-Schleife steht. Am Ende eines Astes reicht es ja nicht aus, sich einmal zu drehen. Der Käfer muss sich so weit drehen, bis vor ihm wieder ein Weg ist. Und aus Optimierungsgründen habe ich anstelle von `DreheNachRechts` die Funktion `DreheNachLinks` verwendet. Mit `DreheNachRechts` hätte es aber genauso funktioniert.

```
int main() {
  Scara::Starten(15);
  while(Scara::StehtAufAnkh()==false) {
    while(Scara::IstVorneAbgrund()==true) {
      Scara::DreheNachLinks();
    }
    Scara::Gehen();
  }
  Scara::Beenden();
}
```

Listing A.33 Die Lösung zu Scaras 15. Übung

Übung 7

Meine Lösung besteht darin, jede Reihe des Spielfeldes einfach abzulaufen. So muss ich zwangsläufig auch über jeden Fallenstein gelaufen sein und habe damit die Aufgabe gelöst.

Der Käfer läuft die erste Reihe nach rechts, dann die zweite Reihe nach links. Das wiederhole ich dreimal und bin dann alle Reihen abgelaufen. Die Übung verwendet folgende bereits programmierte Funktionen:

- `DreheNachRechts` aus Listing 3.4
- `GeheBisAbgrund` aus Listing A.28

```
int main() {
  Scara::Starten(16);
  for(int i=1; i<=3; i=i+1) {

// Gehe Reihe nach rechts
    GeheBisAbgrund();

// Gehe eine Reihe nach unten
    DreheNachRechts();
    Scara::Gehen();
    DreheNachRechts();
```

```
// Gehe Reihe nach links
    GeheBisAbgrund();

// Den folgenden if-Anweisungsblock beim letzten
// Schleifendurchlauf nicht abarbeiten
    if(i!=3) {
// Gehe eine Reihe nach unten
      Scara::DreheNachLinks();
      Scara::Gehen();
      Scara::DreheNachLinks();
    }
  }
  Scara::Beenden();
}
```

Listing A.34 Die Lösung zu Scaras 16. Übung

Nachdem der Käfer beispielsweise die zweite Reihe zurückgelaufen ist, muss er, damit die Schleife wieder von vorn beginnen kann, hinunter zur dritten Reihe gehen. Das darf er aber im letzten Schleifendurchlauf nicht, weil er dann bereits auf dem Ankh steht. Deshalb stehen die Anweisungen dazu in einem `if`-Anweisungsblock, der beim letzten Schleifendurchlauf nicht abgearbeitet wird.

Übung 8

Stelle dir vor, du ständest auf diesem Spielfeld und hättest keinen Überblick darüber, wie die Wege verlaufen, müsstest aber den Ausweg finden – wie zum Beispiel in einem Labyrinth. Du weißt, dass es keine Schleifen gibt, die dich im Kreis führen könnten.

Die einfachste Möglichkeit – wenn auch nicht die schnellste – ist die, sich eine Seite auszusuchen, zum Beispiel die linke, und dann immer an dieser linken Wand entlangzulaufen. Knickt der Weg nach links ab, dann folge ihm. Erreichst du eine Sackgasse, dann drehe um. Früher oder später erreichst du den Ausgang.

Genau diese Strategie habe ich in meiner Lösung umgesetzt:

```
int main() {
  Scara::Starten(17);
  while(Scara::StehtAufAnkh()==false) {

// Ist auf der linken Seite eine Abzweigung?
// Wenn nein, dann drehe dich wieder zurück
// Wenn ja, folge der Abzweigung
```

```
    Scara::DreheNachLinks();
    if(Scara::IstVorneAbgrund()==true) {
      DreheNachRechts();
    }

// Geht es nach vorne weiter?
    if(Scara::IstVorneAbgrund()==true) {

// Wenn nein, dann drehe dich um
      Scara::DreheNachLinks();
      Scara::DreheNachLinks();
    }
    else {

// Wenn ja, dann gehe
      Scara::Gehen();
    }
  }

  Scara::Beenden();
}
```

Listing A.35 Die Lösung zu Scaras 17. Übung

A.7 Lösungen zu Kapitel 9

Übung 2

Die Lösung sieht so aus:

```
int main() {
  Scara::Starten(18,1);

// Zur Palette drehen
  Scara::DreheNachLinks();
  Scara::DreheNachLinks();

// Palette aufheben
  Scara::NimmPalette();

// In Richtung des Ankh drehen
  Scara::DreheNachLinks();
  Scara::DreheNachLinks();

// Bis zum Ankh laufen
```

```
  while(Scara::IstVorneAbgrund()==false) {
    Scara::Gehen();
  }

// Palette ablegen
  Scara::LegePaletteAb();

// Auf das Ankh laufen
  Scara::Gehen();
  Scara::Gehen();
  Scara::Beenden();
}
```

Listing A.36 Die Lösung zu Scaras 18. Übung

Übung 3

Ich habe die Übung derart optimiert, dass die Paletten nicht auf den Stapel ganz links gelegt werden, sondern auf die erste Palette auf dem Weg dorthin.

```
int main() {
  Scara::Starten(19);

  while(Scara::StehtAufAnkh()==false) {

// Versperrt Palette den Weg?
    if(Scara::IstVornePalette()==true &&
       Scara::ErmittlePalettenhoehe()>1) {

// Palette nehmen und umdrehen und zur nächsten Palette laufen
      Scara::NimmPalette();
      Scara::DreheNachLinks();
      Scara::DreheNachLinks();
      while(Scara::IstVornePalette()==false) {
        Scara::Gehen();
      }

// Palette ablegen und wieder in Ankh-Richtung drehen
      Scara::LegePaletteAb();
      Scara::DreheNachLinks();
      Scara::DreheNachLinks();
    }
    else {
      Scara::Gehen();
    }
  }
```

```
  Scara::Beenden();
}
```

Listing A.37 Die Lösung zu Scaras 19. Übung

Übung 4

Wenn der Käfer zurücklaufen muss, um eine weitere Palette zu holen, dann ist es bei der letzten Palette nicht möglich, zwischen der Palette ganz links oder einer anderen auf dem Weg zu unterscheiden. Deshalb merke ich mir in meiner Lösung die vom Stapel zurückgelegte Entfernung in der Variablen `distanz`. Damit kann ich dann immer gefahrlos zum Startpunkt zurücklaufen.

```
int main() {
  Scara::Starten(20);
  int distanz=0;
  while(Scara::StehtAufAnkh()==false) {

// Ist der Weg frei?
// -> laufen und Distanz erhöhen
    if(Scara::IstVorneAbgrund()==false) {
      Scara::Gehen();
      distanz=distanz+1;
    }

// Ist Abgrund?
// -> umdrehen und die Distanz zurücklaufen
    else {
      Scara::DreheNachLinks();
      Scara::DreheNachLinks();
      while(distanz>0) {
        Scara::Gehen();
        distanz=distanz-1;
      }

// Palette nehmen, zur Lücke laufen und Palette ablegen
      Scara::NimmPalette();
      Scara::DreheNachLinks();
      Scara::DreheNachLinks();
      while(Scara::IstVorneAbgrund()==false) {
        Scara::Gehen();
        distanz=distanz+1;
      }
      Scara::LegePaletteAb();
    }
```

```
  }
  Scara::Beenden();
}
```

Listing A.38 Die Lösung zu Scaras 20. Übung

Übung 5

In dieser Lösung habe ich eine unordentliche Vorgehensweise programmiert; der Käfer räumt die Paletten nicht auf den Stapel am Anfang des Weges, sondern legt sie einfach zur Seite.

Damit das funktioniert, müssen beim Wegräumen die Drehungen mitgezählt werden, um den Käfer wieder in die ursprüngliche Richtung drehen zu können. Andernfalls könnte das Programm die abgelegte Palette fälschlicherweise für den abgetragenen Palettenstapel halten.

```
int main() {
  Scara::Starten(21);
  while(Scara::StehtAufAnkh()==false) {

// Steht Scara vor einem Palettenstapel?
// -> wegräumen
    if(Scara::IstVornePalette()==true &&
       Scara::ErmittlePalettenhoehe()>1) {

// Palette nehmen
      Scara::NimmPalette();

// So lange drehen, wie keine Ablagemöglichkeit
// Dabei Anzahl der Drehungen mitzählen
      int drehungen=0;
      do {
        Scara::DreheNachLinks();
        drehungen=drehungen+1;
      } while(Scara::IstVorneAbgrund()==false &&
              Scara::IstVornePalette()==false);

// Palette ablegen und in Ursprungsrichtung drehen
      Scara::LegePaletteAb();
      for(int i=drehungen; i<4; i=i+1) {
        Scara::DreheNachLinks();
      }
    }
```

```
    else {

// Ist vor Scara ein Abgrund?
// => schauen, wo es weitergeht
      if(Scara::IstVorneAbgrund()==true) {
        Scara::DreheNachLinks();
        if(Scara::IstVorneAbgrund()==true) {
          DreheUm();
        }
      }

// Weder Palettenstapel noch Abgrund vor Scara?
// => Gehen
      else {
        Scara::Gehen();
      }
    }
  }
  Scara::Beenden();
}
```

Listing A.39 Die Lösung zu Scaras 21. Übung

Übung 6

In dieser Lösung habe ich die Lösung in einzelne Funktionen aufgeteilt, um sie übersichtlicher gestalten zu können. Die Hauptfunktion lässt den Käfer laufen, bis entweder das Ankh erreicht ist oder eine Lücke den Weg versperrt. Bei versperrtem Weg wird eine Palette vom Stapel geholt, die Lücke gefüllt und der Weg fortgesetzt.

```
int main() {
  Scara::Starten(22);
  while(Scara::StehtAufAnkh()==false) {

// Ist Weg von einer Lücke versperrt?
// => Palette holen und Lücke füllen
    if(GeheBisLueckeOderAnkh()==false) {
      HolePalette();
      LueckeFuellen();
    }
  }
  Scara::Beenden();
}
```

Listing A.40 Die Hauptfunktion zu Scaras 22. Übung

Die Methode GeheBisLueckeOderAnkh lässt den Käfer so lange geradeaus laufen, bis entweder das Ankh oder ein Abgrund erreicht ist. Bei einem Abgrund wird DreheZuAbzweigung aufgerufen, um zu prüfen, ob der Abgrund eine Lücke oder lediglich ein Abknicken des Weges ist. Bei Letzterem wird der Weg weitergelaufen. Die Funktion liefert false zurück, wenn das Laufen des Käfers wegen einer Lücke abgebrochen wurde. Hat Scara das Ankh erreicht, liefert die Funktion true zurück.

```
bool GeheBisLueckeOderAnkh() {
  do {

// Laufe geradeaus, bis zu Ankh oder Abgrund
// Steht Scara auf Ankh?
// -> Fertig!
    if(GeheBisAbgrundOderAnkh()==true) {
      return true;
    }

// Handelt es sich um Abzweigung?
// -> Zu Abzweigung drehen und weiterlaufen
  } while(DreheZuAbzweigung()==true);
  return false;
}
```

Listing A.41 »GeheBisLueckeOderAnkh« aus Scaras 22. Übung

```
bool GeheBisAbgrundOderAnkh() {

// Laufe bis Abgrund oder Ankh
  while(Scara::StehtAufAnkh()==false &&
    Scara::IstVorneAbgrund()==false) {
          Scara::Gehen();
  }

// Steht Scara auf Ankh?
// -> true zurückliefern
// Ist Abgrund erreicht?
// -> false zurückliefern
  return Scara::StehtAufAnkh();
}
```

Listing A.42 »GeheBisAbgrundOderAnkh« von Lösung 22

Die Funktion DreheZuAbzweigung prüft, ob der Weg einen Knick macht (und dreht den Käfer gegebenenfalls in diese Richtung) oder ob er von einer Lücke versperrt ist.

```
bool DreheZuAbzweigung() {

// Geht's vorne weiter?
  if(Scara::IstVorneAbgrund()==false) {
    return true ;
  }

// Geht's links weiter?
  Scara::DreheNachLinks();
  if(Scara::IstVorneAbgrund()==false) {
    return true;
  }

// Geht's rechts weiter?
  DreheUm();
  if(Scara::IstVorneAbgrund()==false) {
    return true;
  }

// Keine Abzweigung vorhanden
  Scara::DreheNachLinks();
  return false;
}
```

Listing A.43 »DreheZuAbzweigung« von Lösung 22

Mit der Funktion HolePalette läuft der Käfer zum Palettenstapel, nimmt eine Palette und läuft wieder zurück zur Lücke.

```
void HolePalette() {
  DreheUm();
  GeheBisStapel();
  Scara::NimmPalette();
  DreheUm();
  GeheBisLueckeOderAnkh();
}
```

Listing A.44 »HolePalette« von Lösung 22

Die Funktion GeheBisStapel lässt Scara zum Palettenstapel laufen.

```
void GeheBisStapel() {

// Laufe bis zum Stapel
  while(IstVorneStapel()==false) {

// Ist Abgrund erreicht?
// => Drehe zu Abzweigung
    if(GeheBisAbgrundOderStapel()==false) {
      DreheZuAbzweigung();
    }
  }
}
```

Listing A.45 »GeheBisStapel« von Lösung 22

Die Funktion `GeheBisAbgrundOderStapel` lässt den Käfer geradeaus laufen, bis er entweder vor einem Palettenstapel oder einem Abgrund steht.

```
bool IstVorneStapel() {
  return Scara::IstVornePalette()==true &&
         Scara::ErmittlePalettenhoehe()>1;
}

bool GeheBisAbgrundOderStapel() {
  while(Scara::IstVorneAbgrund()==false &&
        !IstVorneStapel()) {
    Scara::Gehen();
  }

// Steht Scara vor Stapel?
// => true zurückliefern, andernfalls false
  return IstVorneStapel();
}
```

Listing A.46 »GeheBisAbgrundOderStapel« von Lösung 22

Die Funktion `LueckeFuellen` legt die Palette testweise vor, links und rechts von Scara und prüft, ob dadurch ein Weiterkommen möglich ist.

```
void LueckeFuellen() {

// Liegt die Lücke vor Scara?
  if(PaletteAblegenUndWegTesten()==false) {
    PaletteVerlassenUndNehmen();
    Scara::DreheNachLinks();
```

```
// Liegt die Lücke links von Scara?
    if(PaletteAblegenUndWegTesten()==false) {
      PaletteVerlassenUndNehmen();
      DreheUm();

// Lücke kann nur rechts von Scara liegen
      Scara::LegePaletteAb();
    }
  }
}
```

Listing A.47 »LueckeFuellen« von Lösung 22

Die Funktion `LueckeFuellen` macht Gebrauch von zwei Hilfsfunktionen. Mit `PaletteAblegenUndWegTesten` wird die Palette vor Scara abgelegt, die Palette betreten und dann über `DreheZuAbzweigung` getestet, ob sich durch die Palette eine Verbindung zum weiteren Weg gebildet hat. Führt der Weg von der Palette aus nicht weiter, liefert `DreheZuAbzweigung` den Wert `false` zurück.

Mit Hilfe der Funktion `PaletteVerlassenUndNehmen` bewegt sich der Käfer von der Palette und nimmt sie auf.

```
bool PaletteAblegenUndWegTesten() {

// Palette ablegen und betreten
  Scara::LegePaletteAb();
  Scara::Gehen();

// Hat die Palette eine Verbindung hergestellt?
  return DreheZuAbzweigung();
}

// ------------------------------------------

void PaletteVerlassenUndNehmen() {

// Palette verlassen
  DreheUm();
  Scara::Gehen();

// Palette aufnehmen
  DreheUm();
  Scara::NimmPalette();
}
```

Listing A.48 Die Hilfsfunktionen von »LueckeFuellen«

A.8 Lösungen zu Kapitel 10

Übung 1

Damit am Ende die Anzahl der benötigten Versuche ausgegeben werden kann, müssen wir während des Spiels mitzählen, wie oft der Spieler geraten hat. Dazu benötigen wir eine zusätzliche Variable, die ich in meiner Beispiellösung `versuche` genannt habe. Die Lösung ist in Listing A.49 zu sehen. Die Änderungen und Ergänzungen gegenüber dem ursprünglichen Spiel habe ich fett markiert.

```
int main() {
  Mathemahotep::HilfMir();
  int zufallszahl=Mathemahotep::ErmittleZufallszahl(1,1000);
  cout << zufallszahl << endl;

  int versuche=0;

  int zahl;
  do {

    versuche=versuche+1;

    cout << "Rate die Zahl von 1 bis 1000:";
    cin >> zahl;
   if(zufallszahl < zahl) {
      cout << "Die gesuchte Zahl ist kleiner." << endl;
    }
    if(zufallszahl > zahl) {
      cout << "Die gesuchte Zahl ist groesser." << endl;
    }
  } while(zahl!=zufallszahl);

  cout << "Super! Du hast die Zahl geraten!" << endl;

  cout << "Benoetigte Versuche: " << versuche << endl;
}
```

Listing A.49 Das Zahlenratespiel mit Ausgabe der benötigten Versuche

Die Variable `versuche` wird zu Beginn auf null gesetzt, weil bei Spielstart noch kein Rateversuch des Spielers unternommen wurde.

Übung 2

Die Lösung ist recht einfach. In Listing A.49 aus der vorigen Übung muss lediglich die Zeile

```
cout << "Rate die Zahl von 1 bis 1000:";
```

durch die Zeilen

```
cout << "Rate die Zahl von 1 bis 1000";
cout << " (" << versuche << ". Versuch):";
```

ersetzt werden.

Übung 3

Damit die Spielschleife nicht nur beendet wird, wenn der Spieler die Zahl erraten hat, sondern auch, wenn die 15 Versuche aufgebraucht sind, muss die Bedingung der Spielschleife entsprechend ergänzt werden. Und zwar läuft die Spielschleife jetzt so lange, wie die Zahl noch nicht geraten wurde und die 15 Versuche noch nicht erreicht sind.

Weil es im Gegensatz zur vorigen Spielvariante jetzt zwei Möglichkeiten gibt, das Spiel zu beenden (Zahl erraten oder Versuche aufgebraucht), müssen wir hinter der Spielschleife abfragen, was der Grund für das Beenden des Spiels ist.

Es ist dabei wichtig, als Abfragekriterium das richtige Erraten der Zahl zu verwenden. Würde stattdessen geprüft, ob die Versuche aufgebraucht sind, dann wäre das Spiel auch verloren, wenn der Spieler mit dem 15. Versuch die richtige Zahl erriete.

Die neuen oder veränderten Stellen sind wieder fett hervorgehoben:

```
int main() {
  Mathemahotep::HilfMir();
  int zufallszahl=Mathemahotep::ErmittleZufallszahl(1,1000);
  cout << zufallszahl << endl;

  int versuche=0;
  int zahl;
  do {
    versuche=versuche+1;
    cout << "Rate die Zahl von 1 bis 1000";
    cout << " (" << versuche << ". Versuch):";
    cin >> zahl;

    if(zufallszahl < zahl) {
      cout << "Die gesuchte Zahl ist kleiner." << endl;
```

```
      }

      if(zufallszahl > zahl) {
        cout << "Die gesuchte Zahl ist groesser." << endl;
      }

    } while(zahl!=zufallszahl && versuche<15);

    if(zahl==zufallszahl) {
      cout << "Super! Du hast die Zahl geraten!" << endl;
      cout << "Benoetigte Versuche: " << versuche << endl;
    }
    else {
      cout << "Du hast das Spiel leider verloren!" << endl;
    }
  }
```

Listing A.50 Die Lösung zu Übung 3, Kapitel 10

Übung 4

Der Lösungsansatz ist recht einfach. Um zu entscheiden, ob der Computer oder der Mensch beginnen soll, müssen wir nur »eine Münze werfen«. Bei Zahl darf der Computer beginnen, ansonsten der Mensch.

Da wir in unserem Computerprogramm keine Münze werfen können, lassen wir uns einfach per Zufall die Zahlen 1 oder 2 von Mathemahotep geben. Ist die Zahl 1, dann beginnt der Computer, ist sie 2, dann beginnt der Mensch. Dazu muss in der ursprünglichen Spielversion die Zeile

```
bool computer=false;
```

ersetzt werden durch den Programmcode

```
bool computer;
int entscheidung;
entscheidung = Mathemahotep::ErmittleZufallszahl(1,2);

if(entscheidung==1) {
  cout << "Computer beginnt!" << endl;
  computer=true;
}

else {
  cout << "Mensch beginnt!" << endl;
  computer=false;
}
```

Übung 5

Zur Lösung dieser Übung brauchen wir eine weitere Variable, in der gespeichert wird, ob in der Spielschleife die Funktion `Computer` oder `ComputerStark` verwendet werden soll. Die Variable nenne ich in meiner Lösung `staerke`. Sie wird beschrieben über eine Eingabe des Spielers, der vorher aufgefordert wird, 1 für normale Spielstärke oder 2 für einen starken Computerspieler einzugeben.

Im folgenden Listing habe ich auf all die Kommentare, die in Listing 10.7 bereits abgedruckt wurden, aus Platzgründen verzichtet.

```
int main() {
  Mathemahotep::HilfMir();

  bool computer;
  int entscheidung;
  entscheidung = Mathemahotep::ErmittleZufallszahl(1,2);
  if(entscheidung==1) {
    cout << "Computer beginnt!" << endl;
    computer=true;
  }
  else {
    cout << "Mensch beginnt!" << endl;
    computer=false;
  }

  cout << "Wie gut soll der Computer spielen?" << endl;
  cout << "1 - normal" << endl;
  cout << "2 - stark" << endl;
  cout << "Deine Wahl:";
  int staerke;
  cin >> staerke;

  Zeichenbrett::Oeffnen(700,200);
  int steine=0;

  do {
    ZeichneSpielfeld(steine);
    Zeichenbrett::FensterNachVorne();

    if(computer==true) {
      int anz;

      if(staerke==1) {
        anz=Computer(steine);
      }
```

```
      else {
        anz=ComputerStark(steine);
      }
      cout << "Der Computer spielt ";
      cout << anz << " Stein(e)" << endl;
      steine=steine+anz;
    }

    else {
      steine=steine+Mensch(steine);
    }

    if(steine<12) {
      computer=!computer;
    }
  } while(steine<12);

  ZeichneSpielfeld(steine);

  if(computer==true) {
    cout << "Schade, du hast verloren!" << endl;
    Zeichenbrett::ZeichneText(225,140,"Gewinner: Computer!",20);
  }
  else {
    cout << "Super, du hast gewonnen!" << endl;
    Zeichenbrett::ZeichneText(225,140,"Gewinner: Mensch!",20);
    Zeichenbrett::FensterNachVorne();
  }
}
```

Listing A.51 Das Zwölferspiel mit Spielstärkenauswahl

A.9 Lösungen zu Kapitel 11

Übung 1

Schauen wir uns zunächst einmal eine ausführliche Lösung an:

```
#include <iostream>

using namespace std;

int main() {
  double werte[5];
```

```
// Werte einlesen
  for(int i=0; i<=4; i=i+1) {
    cout << "Bitte Zahl " << i+1 << " eingeben:";
    cin >> werte[i];
  }

// Summe bilden
  double summe=0;
  for(int i=0; i<=4; i=i+1) {
    summe=summe+werte[i];
  }

// Durchschnittswert berechnen
  double durchschnitt=summe/5;
  cout << "Durchschnittswert: " << durchschnitt << endl;
}
```

Listing A.52 Die Lösung zu Übung 1, Kapitel 11

Zuerst werden die Werte eingelesen, dann wird mit einer zweiten Schleife die Summe gebildet und zum Schluss dann der Durchschnittswert berechnet. Dieser Ansatz lässt sich natürlich noch vereinfachen. Zum Beispiel können das Einlesen der Werte und die Summenbildung gemeinsam in einer Schleife erledigt werden:

```
#include <iostream>

using namespace std;

int main() {

  double werte[5];
  double summe=0;

// Werte einlesen und Summe bilden
  for(int i=0; i<=4; i=i+1) {
    cout << "Bitte Zahl " << i+1 << " eingeben:";
    cin >> werte[i];
    summe=summe+werte[i];
  }

// Durchschnittswert berechnen
  double durchschnitt=summe/5;
  cout << "Durchschnittswert: " << durchschnitt << endl;
}
```

Listing A.53 Die Verbesserung der Lösung zu Übung 1, Kapitel 11

Übung 2

```
#include <iostream>
#include <vector>

using namespace std;

int main() {

  vector<double> werte;
  double summe=0;
  int anzahl;

// Anzahl bestimmen
  cout << "Wie viele Werte:";
  cin >> anzahl;

// Werte einlesen und Summe bilden
  for(int i=1; i<=anzahl; i=i+1) {
    cout << "Bitte Zahl " << i << " eingeben:";
    double tmp;
    cin >> tmp;
    werte.push_back(tmp);
    summe=summe+tmp;
  }

// Durchschnitt berechnen
  double durchschnitt=summe/anzahl;
  cout << "Durchschnittswert: " << durchschnitt << endl;
}
```

Listing A.54 Die Lösung zu Übung 2, Kapitel 11

Der interessante Teil der Lösung steht in der Schleife. Wir können den Wert nicht direkt in den Vektor einlesen, deshalb existiert eine Variable `tmp`, in die der vom Anwender eingegebene Wert eingelesen wird. Dann erst wird der Wert mit `push_back` an den Vektor gehängt und auf die Summe addiert.

Übung 3

Die Lösung ist ziemlich einfach. Direkt zu Beginn merken wir uns mit der neuen Funktion `MerkePosition` die Position von Scara. Dann laufen wir bis zum Ende des Weges durch und springen anschließend mit `SpringeZurueck` zurück. Zum Schluss muss sich der Käfer nur noch umdrehen und einen Schritt gehen.

```
#include "scarafunktionen.h"

int main() {
  Scara::Starten(23);

  Scara::MerkePosition();

  while(Scara::IstVorneAbgrund()==false) {
    Scara::Gehen();
  }

  Scara::SpringeZurueck();

  DreheUm();
  Scara::Gehen();
  Scara::Beenden();
}
```

Listing A.55 Die Lösung zu Scaras 23. Übung

Übung 4

Die Lösung dieser Übung funktioniert vom Ansatz her wie die der vorigen Übung, nur dass wir den Rücksprungtrick jetzt auf jede Abzweigung anwenden:

```
#include "scarafunktionen.h"

int main() {

  Scara::Starten(24);

// Laufen bis zum Ende des Hauptweges
  while(Scara::IstVorneAbgrund()==false) {

// Prüfen, ob Abzweigung vorhanden
    Scara::DreheNachLinks();
    if(Scara::IstVorneAbgrund()==false) {

// Wenn ja, Position merken und bis zum Ende
// der Abzweigung laufen
      Scara::MerkePosition();
      while(Scara::IstVorneAbgrund()==false) {
        Scara::Gehen();
      }
```

```
// Zurück zum Hauptweg springen
        Scara::SpringeZurueck();
      }

// Einen Schritt weiter auf dem Hauptweg gehen
      DreheNachRechts();
      Scara::Gehen();
    }

// Am Ende des Weges angelangt. Umdrehen und
// zurücklaufen
  DreheUm();
  while(Scara::StehtAufAnkh()==false) {
    Scara::Gehen();
  }
  Scara::Beenden();
}
```

Listing A.56 Die Lösung zu Scaras 24. Übung

Übung 5

Die Lösung ist der vorigen sehr ähnlich. Zu Beginn wird sich mit `MerkePosition` einfach Scaras Startposition gemerkt und am Ende des Hauptweges dann mit `SpringeZurueck` wieder dorthin gesprungen.

```
#include "scarafunktionen.h"

int main() {

  Scara::Starten(25);

// Startposition merken
  Scara::MerkePosition();

// Laufen bis zum Ende des Hauptweges
  while(Scara::IstVorneAbgrund()==false) {

// Prüfen, ob Abzweigung vorhanden
    Scara::DreheNachLinks();
    if(Scara::IstVorneAbgrund()==false) {

// Wenn ja, Position merken und bis zum Ende
// der Abzweigung laufen
      Scara::MerkePosition();
      while(Scara::IstVorneAbgrund()==false) {
```

```
        Scara::Gehen();
      }

// Zurück zum Hauptweg springen
      Scara::SpringeZurueck();
    }

// Einen Schritt weiter auf dem Hauptweg gehen
    DreheNachRechts();
    Scara::Gehen();
  }

// Am Ende des Weges angelangt. Zurückspringen
// umdrehen und einen Schritt gehen.

  Scara::SpringeZurueck();
  DreheUm();
  Scara::Gehen();

  Scara::Beenden();
}
```

Listing A.57 Die Lösung zu Scaras 25. Übung

Übung 6

Die Lösung basiert darauf, jeweils einen Vektor zur Speicherung der X- und Y-Positionen zu verwenden. Schaue dir erst einmal die komplette Lösung an. Danach werden wir die interessanten neuen Programmteile noch einmal detailliert betrachten.

```
#include "scarafunktionen.h"
#include <vector>

using namespace std;

int main() {

// Jeweils einen Vektor zur Speicherung
// der X- und Y-Position anlegen
  vector<int> xpos;
  vector<int> ypos;

  Scara::Starten(26);
```

```
// Startposition merken
  xpos.push_back(Scara::ErmittleXPosition());
  ypos.push_back(Scara::ErmittleYPosition());

// Laufen bis zum Ende des Hauptweges
  while(Scara::IstVorneAbgrund()==false) {

// Prüfen, ob Abzweigung vorhanden
    Scara::DreheNachLinks();
    if(Scara::IstVorneAbgrund()==false) {

// Wenn ja, Position merken und bis zum Ende
// der Abzweigung laufen
      xpos.push_back(Scara::ErmittleXPosition());
      ypos.push_back(Scara::ErmittleYPosition());

      while(Scara::IstVorneAbgrund()==false) {
        Scara::Gehen();
      }

// Zurück zum Hauptweg springen
      Scara::SpringeZu(xpos.back(), ypos.back());

// Zuletzt gespeicherte Positionen entfernen
      xpos.pop_back();
      ypos.pop_back();
    }

// Einen Schritt weiter auf dem Hauptweg gehen
    DreheNachRechts();
    Scara::Gehen();
  }

// Am Ende des Weges angelangt. Zurückspringen
// umdrehen und einen Schritt gehen.

  Scara::SpringeZu(xpos.back(), ypos.back());
  DreheUm();
  Scara::Gehen();

  Scara::Beenden();
}
```

Listing A.58 Die Lösung zu Scaras 26. Übung

Ein wichtiger Teil der Lösung ist die Speicherung der aktuellen Käferposition in den Vektoren:

```
xpos.push_back(Scara::ErmittleXPosition());
ypos.push_back(Scara::ErmittleYPosition());
```

Mit Hilfe der Funktionen `ErmittleXPosition` und `ErmittleYPosition` wird die Position des Käfers bestimmt und dann in den Vektoren gespeichert.

Ausführlicher geschrieben hätten wir zuerst die ermittelten Positionen in Variablen zwischenspeichern können. Dadurch wird der Ablauf – erst ermitteln, dann speichern – klarer:

```
int x,y;
x=Scara::ErmittleXPosition();
y=Scara::ErmittleYPosition();
xpos.push_back(x);
ypos.push_back(y);
```

Die zweite wichtige Stelle im Programm ist der Rücksprung an die zuletzt gespeicherte Position. Das geht mit der Vektor-Funktion `back` sehr leicht, denn sie liefert den zuletzt an den Vektor gehängten Wert – allerdings, ohne ihn aus dem Vektor zu entfernen, deshalb ist ein Aufruf von `pop_back` unbedingt erforderlich.

```
Scara::SpringeZu(xpos.back(), ypos.back());
xpos.pop_back();
ypos.pop_back();
```

Ausführlich mit Zwischenspeicherung in die Variablen `x` und `y` sieht das so aus:

```
    x=xpos.back();
    y=ypos.back();
    xpos.pop_back();
    ypos.pop_back();
    Scara::SpringeZu(x, y);
```

Zum Schluss können wir uns noch eine Vereinfachung in der Lösung anschauen, die uns dadurch möglich wird, dass wir die Positionen mit eigenem Programmcode gespeichert haben. Betrachte einmal das Ende der Lösung:

```
Scara::SpringeZu(xpos.back(), ypos.back());
DreheUm();
Scara::Gehen();
```

Nachdem der Käfer zurückgesprungen ist, drehen wir ihn einfach um und lassen ihn einen Schritt gehen, ohne zu prüfen, ob er überhaupt einen Schritt gehen kann. Das geht nur deshalb, weil wir wissen, dass das Ankh immer direkt links von der Startposition des Käfers liegt.

Aber warum überhaupt zur Startposition des Käfers zurückspringen und dann erst umdrehen und einen Schritt gehen? Wir wissen doch, dass das Ankh-Kreuz links neben der Startposition liegt. Wenn die Startposition zum Beispiel an der X-Koordinate `a` liegt, dann ist das Ankh an der X-Koordinate `a-1`, also eben links daneben. Dann können wir auch gleich dorthin springen:

```
Scara::SpringeZu(xpos.back()-1, ypos.back());
```

So haben wir uns das Umdrehen und den Schritt »Gehen« gespart.

A.10 Lösungen zu Kapitel 12

Übung 1

Die Funktion durchläuft die gesamte Zeichenkette und prüft mit Hilfe von `isdigit`, ob es sich bei dem Zeichen um eine Ziffer handelt. Wenn ja, wird die Variable `anz` um eins erhöht.

```
int ZaehleZiffern(string s) {
  int anz=0;
  for(unsigned int i=0; i<s.size(); i=i+1) {
    if(isdigit(s[i])!=0) {
      anz=anz+1;
    }
  }
  return anz;
}
```

Listing A.59 Die Funktion »ZaehleZiffern«

Übung 2

Bevor wir eine ganze Zeichenkette auf Gültigkeit überprüfen, schreiben wir zuerst eine Funktion `IstZeichenCaesartauglich`, die nur ein einzelnes Zeichen auf Gültigkeit (Großbuchstaben) überprüft. Ist das Zeichen gültig, wird `true` zurückgegeben, andernfalls `false`:

```
bool IstZeichenCaesartauglich(char c) {
  if(c!='A' && c!='B' && c!='C' &&
     c!='D' && c!='E' && c!='F' &&
     c!='G' && c!='H' && c!='I' &&
     c!='J' && c!='K' && c!='L' &&
     c!='M' && c!='N' && c!='O' &&
     c!='P' && c!='Q' && c!='R' &&
     c!='S' && c!='T' && c!='U' &&
```

```
      c!='V' && c!='W' && c!='X' &&
      c!='Y' && c!='Z') {
    return false;
  }
  else {
    return true;
  }
}
```

Listing A.60 Die Funktion »IstZeichenCaesartauglich«

Nun ist es keine Schwierigkeit mehr, die Prüfung auf eine ganze Zeichenkette auszuweiten. Die Funktion prüft für jedes Zeichen der Zeichenkette, ob es sich um ein gültiges Zeichen (Großbuchstaben) handelt. Wenn nicht, wird sofort `false` zurückgegeben.

Läuft die Schleife komplett durch, dann wurde kein ungültiges Zeichen gefunden, und die Funktion liefert `true` zurück.

```
bool IstCaesartauglich(string s) {
  for(unsigned int i=0; i<s.size(); i=i+1) {
    if(IstZeichenCaesartauglich(s[i])==false) {
      return false;
    }
  }
  return true;
}
```

Listing A.61 Die Funktion »IstCaesartauglich«

Die obige Version von `IstZeichenCaesartauglich` ist auf den ersten Blick etwas aufwendig, hat aber den Vorteil, dass die Menge der gültigen Zeichen leicht erweitert oder verändert werden kann.

In unserem konkreten Fall lässt sich aber mit der Funktion aufgrund der Tatsache, dass wir in C++ Zeichen als Werte betrachten können, eine Vereinfachung erzielen. Wir können davon ausgehen, dass die Buchstaben des Alphabets hintereinander liegen. Wenn also ein Zeichen kleiner als »A« oder größer als »Z« ist, dann kann es sich nicht um einen Großbuchstaben handeln:

```
bool IstZeichenCaesartauglich(char c) {
  if(c<'A' || c>'Z') {
    return false;
  }
  else {
```

```
    return true;
  }
}
```

Listing A.62 Die verbesserte Version von »IstZeichenCaesartauglich«

Übung 3

Die Lösung ist ziemlich simpel. Die gesamte Zeichenkette wird durchlaufen und für jedes Zeichen die Funktion `toupper` aufgerufen.

```
string ErzeugeGrossbuchstaben(string s) {
  for(unsigned int i=0; i<s.size(); i=i+1) {
    s[i]=toupper(s[i]);
  }
  return s;
}
```

Listing A.63 Die Funktion »ErzeugeGrossbuchstaben«

Übung 4

Zur Lösung dieser Aufgabe gibt es verschiedene Ansätze. Die erste Möglichkeit basiert darauf, dass eine Zeichenkette in umgekehrter Reihenfolge ausgegeben wird, wenn die Zeichen nicht von vorn nach hinten, sondern von hinten nach vorn ausgegeben werden. Aber statt die Zeichen auszugeben, hänge ich sie an einen leeren String an:

```
string StringUmdrehen(string s) {
  string gedreht;
  for(unsigned int i=s.size()-1; i<s.size(); i=i-1) {
    gedreht=gedreht+s[i];
  }
  return gedreht;
}
```

Listing A.64 Die Funktion »StringUmdrehen«

Interessant ist vermutlich noch die Bedingung der `for`-Schleife. Eigentlich müsste die Bedingung `i>=0` heißen. Da wir aber mit `unsigned` einen vorzeichenlosen Datentyp haben, sind alle Werte positiv. Nehmen wir zur Demonstration das folgende kleine Fragment:

```
unsigned int i=0;
i=i-1;
cout << i << endl;
```

Zu Beginn wird i mit null initialisiert. Die zweite Anweisung zieht eins ab, es müsste also bei einem vorzeichenbehafteten Datentyp –1 herauskommen – nicht aber bei einem vorzeichenlosen Datentyp, dort springt der Wert auf den größtmöglichen positiven Wert, der bei Visual C++ bei etwa 4,29 Milliarden liegt.

Deshalb wurde in der for-Schleife die Bedingung i<s.size() verwendet, denn sobald i eigentlich kleiner null werden müsste, wird es wie gerade gesehen sehr groß, so groß, dass es nicht mehr kleiner als s.size() sein kann und die Schleife damit abbricht.

Das Umdrehen des Strings kann aber auch anders gelöst werden. Zum Beispiel braucht immer nur das erste mit dem letzten Zeichen vertauscht zu werden, dann das zweite mit dem vorletzten, dann das dritte mit dem drittletzten usw. Dieser Ansatz ist in der folgenden Version umgesetzt:

```
string StringUmdrehen(string s) {
  for(unsigned int i=0; i<s.size()/2; i=i-1) {
    char c=s[i];
    s[i]=s[s.size()-1-i];
    s[s.size()-1-i]=c;
  }
  return s;
}
```

Listing A.65 Eine andere Version von »StringUmdrehen«

Die Schleife darf nur bis zur Mitte der Zeichenkette laufen. Würde sie über die komplette Zeichenkette laufen, würden manche Vertauschungen wieder rückgängig gemacht. Das kannst du gerne mal ausprobieren.

Übung 5

Der Trick, die Leerzeichen zu entfernen, besteht darin, nur die Zeichen in einen neuen String zu kopieren, die keine Leerzeichen sind:

```
string EntferneLeerzeichen(string s) {
  string str;
  for(unsigned int i=0; i<s.size(); i=i+1) {

// Ist Zeichen kein Leerzeichen?
// => An neuen String anhängen
    if(isspace(s[i])==0) {
      str=str+s[i];
    }
  }
```

```
  return str;
}
```

Listing A.66 Die Funktion »EntferneLeerzeichen«

Übung 6

Der hier gewählte Lösungsansatz ist eine Kombination aus bisherigen Lösungen:

```
string MacheTextGueltig(string s) {
  string text;
  for(unsigned int i=0; i<s.size(); i=i+1) {
    char c=toupper(s[i]);
    if(IstZeichenCaesartauglich(c)==true) {
      text=text+c;
    }
  }
  return text;
}
```

Listing A.67 Die Funktion »MacheTextGueltig«

Zuerst wird das aktuelle Zeichen als Großbuchstabe in die Variable `c` kopiert. (Wir erinnern uns: Sollte `toupper` keinen Kleinbuchstaben übergeben bekommen, dann liefert die Funktion das übergebene Zeichen unverändert zurück.)

Dann wird die in einer vorigen Übung programmierte Funktion `IstZeichenCaesartauglich` aufgerufen, um zu prüfen, ob es ein gültiger Buchstabe ist. Wenn ja, wird dieses Zeichen an die neue Zeichenkette angehängt. Andernfalls wird es ignoriert.

Übung 7

Die Funktion durchläuft den übergebenen Text zeichenweise und hängt ein »-« an den neuen String, falls es sich um kein Leerzeichen handelt. Andernfalls wird ein » « angehängt:

```
string ErzeugeLiniendarstellung(string s) {
  string linien;
  for(unsigned int i=0; i<s.size(); i=i+1) {
    if(isspace(s[i])==0) {
      linien=linien+"-";
    }
    else {
      linien=linien+" ";
    }
  }
```

```
  return linien;
}
```

Listing A.68 Die Funktion »ErzeugeLiniendarstellung«

Übung 8

Damit sowohl Klein- als auch Großbuchstaben berücksichtigt werden, findet der Zeichenvergleich immer zwischen Großbuchstaben statt. Deshalb wird das übergebene Zeichen erst einmal in einen Großbuchstaben umgewandelt.

Dann läuft die Funktion durch den Text. Entspricht das Zeichen im Originaltext dem übergebenen Zeichen, dann wird dieses Zeichen an den neuen String gehängt. Wenn nicht, wird das Zeichen aus der alten Liniendarstellung an den Text gehängt. Zum Schluss wird dann das Ergebnis zurückgegeben.

```
string FuelleZeichen(string org, string linien, char z) {
  string neu;
  z=toupper(z);
  for(unsigned int i=0; i<org.size(); i=i+1) {
    if(z==toupper(org[i])) {
      neu=neu+org[i];
    }
    else {
      neu=neu+linien[i];
    }
  }
  return neu;
}
```

Listing A.69 Die Funktion »FuelleZeichen«

A.11 Lösungen zu Kapitel 13

Übung 1

Schaue dir zunächst meine Lösung an. Danach erkläre ich, warum sie vermutlich etwas anders aussieht als deine.

```
#ifndef KONTAKT_H
#define KONTAKT_H

#include <string>

struct Kontakt {
  std::string vorname;
```

```
  std::string nachname;
  std::string mailadresse;
};

#endif
```

Listing A.70 Die Struktur »Kontakt«

Die Struktur `Kontakt` besteht aus drei Variablen des Typs `string`. Dazu muss natürlich die Header-Datei *string* eingebunden werden, das ist keine Überraschung. Die Header-Datei steht mit im `#ifndef ... #endif`-Konstrukt, denn es reicht, wenn sie nur dann eingebunden wird, wenn auch die Struktur kompiliert wird.

Eine Überraschung ist aber vielleicht, dass ich nicht wie sonst bei der `main`-Funktion mit `using namespace std` gearbeitet habe, sondern bei jeder Verwendung eines Elements aus der Standardbibliothek explizit `std::` davor geschrieben habe (wie z. B. `std::string`).

Das hat einen einfachen Grund. Wie du weißt, werden Header-Dateien in Quellcodedateien eingebunden. Würde ich in die Header-Datei eine `using namespace`-Anweisung schreiben, würde diese ebenfalls eingebunden, obwohl derjenige, der die Header-Datei verwenden möchte, diese globale Verfügbarkeit des Namensbereichs `std` vielleicht gar nicht will.

Deswegen sollte in Header-Dateien immer auf `using namespace`-Anweisungen verzichtet werden, auch wenn es erst einmal mehr Tipparbeit bedeutet.

Übung 2

Die Funktion ist ähnlich aufgebaut wie das Beispiel aus Kapitel 13, »Strukturen«. Der Vorteil ist allerdings, dass jetzt nur noch ein Funktionsparameter benötigt wird, nämlich der auszugebende Kontakt:

```
void KontaktAusgeben(Kontakt k) {
  cout << k.nachname << ", ";
  cout << k.vorname << ", ";
  cout << k.mailadresse << endl;
}
```

Listing A.71 Die Funktion »KontaktAusgeben« für Strukturen

Eingesetzt werden kann die Funktion beispielsweise so:

```
Kontakt k;
k.vorname="Darth";
k.nachname="Vader";
```

```
k.mailadresse="spassbremse@starwars.com";
KontaktAusgeben(k);
```

Auch wenn ein Kontakt in einem Array oder Vektor gespeichert ist, zeigt sich die Ausgabe weitaus einfacher als zuvor. Im Folgenden speichere ich den Kontakt in einem Vektor und gebe ihn über den Vektor aus:

```
vector<Kontakt> kontakte;
kontakte.push_back(k);
KontaktAusgeben(kontakte[0]);
```

Übung 3

Der Aufbau der Struktur ist relativ leicht, wenn man die vorige Übung mit der Struktur `Kontakt` verstanden hat:

```
#ifndef FARBE_H
#define FARBE_H

struct Farbe {
  int rot;
  int gruen;
  int blau;
};

#endif
```

Listing A.72 Die Struktur »Farbe«

Übung 4

Die Funktion `ErmittleFarbe` legt eine Variable vom Typ `Farbe` an und initialisiert die drei Komponenten mit den Rückgabewerten der entsprechenden Funktionen des Zeichenbretts:

```
Farbe ErmittleFarbe() {
  Farbe f;
  f.rot=Zeichenbrett::ErmittleRot();
  f.gruen=Zeichenbrett::ErmittleGruen();
  f.blau=Zeichenbrett::ErmittleBlau();

  return f;
}
```

Listing A.73 Die Funktion »ErmittleFarbe«

Folgendes Fragment gibt die Werte der Startmalfarbe aus:

```
Zeichenbrett::Oeffnen(600,400);

Farbe startfarbe=ErmittleFarbe();

cout << "Rot  :" << startfarbe.rot << endl;
cout << "Gruen:" << startfarbe.gruen << endl;
cout << "Blau :" << startfarbe.blau << endl;
```

Übung 5

Die Idee dieser Lösung basiert darauf, dass einfach der Wert jeder Komponente durch zwei geteilt wird:

```
Farbe HalbiereHelligkeit(Farbe f) {
  f.rot=f.rot/2;
  f.gruen=f.gruen/2;
  f.blau=f.blau/2;

  return f;
}
```

Listing A.74 Die Funktion »HalbiereHelligkeit«

A.12 Lösungen zu Kapitel 14

Übung 1

Der Konstruktor holt die Werte zur Initialisierung der Komponenten über die `ErmittleRot`-, `ErmittleGruen`- und `ErmittleBlau`-Funktion des Zeichenbretts:

```
  CFarbe() {
    rot=Zeichenbrett::ErmittleRot();
    gruen=Zeichenbrett::ErmittleGruen();
    blau=Zeichenbrett::ErmittleBlau();
  }
```

Listing A.75 Der parameterlose Konstruktor von »CFarbe«

Erzeugt wird ein Objekt mit diesem Konstruktor so:

```
CFarbe f;
```

Übung 2

Der Konstruktor der Klasse erhält die für die Initialisierung der Attribute notwendigen Parameter. Des Weiteren prüft er, ob die angegebene Breite und Höhe nicht kleiner als null sind.

```
#ifndef RECHTECK_H
#define RECHTECK_H

class Rechteck {
private:
  int x;
  int y;
  int b;
  int h;

public:
  Rechteck(int _x, int _y, int _b, int _h) {
    x=_x;
    y=_y;
    b=_b;
    h=_h;

    if(b<0) {
      b=0;
    }

    if(h<0) {
      h=0;
    }
  }
};

#endif
```

Listing A.76 Die Klasse »Rechteck«

Übung 3

Die Zugriffsmethoden sind eigentlich recht einfach:

```
  int Oben() {
    return y;
  }

  int Unten() {
    return y+h;
```

```
}

int Links() {
  return x;
}

int Rechts() {
  return x+b;
}
```

Listing A.77 Die Zugriffsmethoden »Oben«, »Unten«, »Links« und »Rechts« von »Rechteck«

Übung 4

Die Methode ist wieder sehr einfach, es müssen nur die Methoden `SetzeRot`, `SetzeGruen` und `SetzeBlau` von `Zeichenbrett` mit den entsprechenden Farbkomponenten aufgerufen werden:

```
void VerwendeFarbe() {
  Zeichenbrett::SetzeRot(rot);
  Zeichenbrett::SetzeGruen(gruen);
  Zeichenbrett::SetzeBlau(blau);
}
```

Listing A.78 Die Methode »VerwendeFarbe« von »CFarbe«

Übung 5

Die Lösung ist nicht schwer. Zuerst läuft der Käfer bis zur Lücke, dann scannt er, wie weit er springen muss, springt und läuft schließlich bis zum Ankh:

```
int main() {
  Scara::Starten(27);

// Bis zum Abgrund laufen
  while(Scara::IstVorneAbgrund()==false) {
    Scara::Gehen();
  }

// Abgrund überspringen
  int entfernung=Scara::Scanne();
  Scara::Springe(entfernung);

// Bis zum Ankh laufen
  while(Scara::StehtAufAnkh()==false) {
    Scara::Gehen();
  }
```

```
  Scara::Beenden();
}
```

Listing A.79 Die Lösung zu Scaras 27. Übung

Übung 6

Die Übung holt sich über `ErmittleXPosition` und `ErmittleYPosition` die aktuelle Position des Käfers. Zu der X-Koordinate wird dann die mit `Scanne` ermittelte Entfernung addiert, und anschließend wird mit `SpringeZu` gesprungen:

```
int main() {
  Scara::Starten(28);

// Bis zum Abgrund laufen
  while(Scara::IstVorneAbgrund()==false) {
    Scara::Gehen();
  }

// Aktuelle Position ermitteln
  int x=Scara::ErmittleXPosition();
  int y=Scara::ErmittleYPosition();

// Entfernung des anderen "Ufers" bestimmen
// und springen
  int entfernung=Scara::Scanne();
  Scara::SpringeZu(x+entfernung, y);

// Bis zum Ankh laufen
  while(Scara::StehtAufAnkh()==false) {
    Scara::Gehen();
  }
  Scara::Beenden();
}
```

Listing A.80 Die Lösung zu Scaras 28. Übung

Übung 7

```
#ifndef CPOSITION_H
#define CPOSITION_H

class CPosition {
private:
  int x;
```

```
  int y;

public:
  CPosition() {
    x=Scara::ErmittleXPosition();
    y=Scara::ErmittleYPosition();
  }

  CPosition(int _x, int _y) {
    x=_x;
    y=_y;
  }

  int ErmittleX() {
    return x;
  }

  int ErmittleY() {
    return y;
  }

  void SetzeX(int _x) {
    x=_x;
  }

  void SetzeY(int _y) {
    y=_y;
  }

  void VerschiebePosition(int dx, int dy) {
    x=x+dx;
    y=y+dy;
  }

  void Springe() {
    Scara::SpringeZu(x,y);
  }
};

#endif
```

Listing A.81 Die Klasse »CPosition«

Scaras 28. Übung ist damit leicht gelöst. Hier folgt jetzt nur der Teil der Lösung, der den Käfer den Abgrund überspringen lässt:

```
// Abgrund überspringen
  CPosition pos;

  int entfernung=Scara::Scanne();

  pos.VerschiebePosition(entfernung, 0);
  pos.Springe();
```

Listing A.82 Die Änderung zu Scaras 28. Übung

Übung 8

Das Problem lässt sich reduzieren auf die Anweisung »Prüfe, ob der nächste Stein in Blickrichtung des Käfers das Ankh ist«. Wenn ich diese Problematik mit einer Funktion löse, dann brauche ich diese Funktion nur noch maximal viermal für jede Himmelsrichtung aufzurufen.

In der folgenden Lösung heißt diese Funktion `SucheAnkh`. Die Lösung macht von der bereits programmierten Funktion `DreheUm` Gebrauch:

```
#include "Scarafunktionen.h"

bool SucheAnkh() {

// Sprungentfernung bestimmen und springen
  int entfernung=Scara::Scanne();
  Scara::Springe(entfernung);

// Steht Scara auf Ankh?
// -> mit true beenden
  if(Scara::StehtAufAnkh()==true) {
    return true;
  }

// Andernfalls umdrehen, zurückspringen,
// in Ausgangsrichtung drehen und mit false beenden
  DreheUm();
  Scara::Springe(entfernung);
  DreheUm();
  return false;
}

int main() {
  Scara::Starten(29);

// So lange eine weitere Richtung ausprobieren,
// bis Ankh gefunden
```

```
  while(SucheAnkh()==false) {
    Scara::DreheNachLinks();
  }

  Scara::Beenden();
}
```

Listing A.83 Die Lösung zu Scaras 29. Übung

Übung 9

```
bool SucheAnkh() {

// Vektor zum Speichern der
// Sprungentfernungen
  vector<int> entfernungen;

// Solange noch Steine angesprungen werden
// können, springe weiter
  while(Scara::Scanne()!=0) {

// Sprungentfernung bestimmen,
// in Vektor speichern und springen
    int entfernung=Scara::Scanne();
    entfernungen.push_back(entfernung);
    Scara::Springe(entfernung);

// Steht Scara auf Ankh?
// -> mit true beenden
    if(Scara::StehtAufAnkh()==true) {
      return true;
    }
  }

// Andernfalls umdrehen, alle gespeicherten
// Entfernungen zurückspringen,
// in Ausgangsrichtung drehen und mit false beenden
  DreheUm();
  while(entfernungen.size()!=0) {
    int entfernung=entfernungen.back();
    entfernungen.pop_back();
    Scara::Springe(entfernung);
  }
  DreheUm();
  return false;
}
```

A.13 Lösungen zu Kapitel 15

Übung 1

```
int main() {

  cout << "Welcher Text soll geraten werden? :";
  string text;
  getline(cin, text);

  Zeichenbrett::Oeffnen(500,200);
  Zeichenbrett::LoescheTextfenster();

  Galgenmann spiel(text);

  do {
    cout << "Welchen Buchstaben willst du? :";
    char buchstabe;
    cin >> buchstabe;
    spiel.PruefeZeichen(buchstabe);
    Zeichenbrett::FensterNachVorne();
  } while(spiel.LaeuftSpielNoch()==true);

  if(spiel.SpielGewonnen()==true) {
    cout << "Super! Du hast den Text erraten!" << endl;
  }
  else {
    cout << "Leider hast du es nicht geschafft!" << endl;
  }
}
```

Listing A.84 Die Lösung zu Übung 1, Kapitel 15

Übung 2

Die Lösung basiert auf einem Vektor mit Elementen des Typs `string`, der die verschiedenen Ratetexte speichert:

```
#include <iostream>
#include <string>
#include <vector>

#include "Galgenmann.h"

using namespace std;
```

```
int main() {
  vector<string> ratetexte;
  ratetexte.push_back("C plus plus ist super");
  ratetexte.push_back("Scara krabbelt in der Halle");
  ratetexte.push_back("Wo ist denn der Drache");
  ratetexte.push_back("Pyramidenkatakomben");
  ratetexte.push_back("Zytotoxizitaet");

  Mathemahotep::HilfMir();
  int index=Mathemahotep::ErmittleZufallszahl(0,
                              ratetexte.size()-1);
  string text=ratetexte[index];

  Zeichenbrett::Oeffnen(500,200);
  Zeichenbrett::LoescheTextfenster();

  Galgenmann spiel(text);

// Hier steht die Spielschleife
// mit Spielauswertung
}
```

Listing A.85 Die Lösung zu Übung 2, Kapitel 15

Damit der Ansatz unabhängig von der tatsächlichen Anzahl der Texte im Vektor bleibt, wird eine Zufallszahl im Bereich von null bis `ratetexte.size()-1` ermittelt. Diese Zahl ist damit zwangsläufig ein gültiger Index des Vektors `ratetexte`.

Übung 3

Als ersten Schritt ergänzen wir die Klasse `Mastermind` um ein Attribut `versuche`, das die maximale Anzahl an Versuchen speichert:

```
class Mastermind {
private:
  int x;
  int y;
  int versuche;
  Farbcode code;
  vector<Farbcode> codes;
  vector<Farbcode> ergebnisse;
  vector<Farbcode> loesungen;
};
```

Listing A.86 Die ergänzte Klasse »Mastermind«

Der Konstruktor braucht einen dritten Parameter, damit ihm die maximale Anzahl an Versuchen übergeben werden kann:

```
Mastermind(int _x, int _y, int _v) {
  x=_x;
  y=_y;
  versuche=_v;
}
```

Listing A.87 Der angepasste Konstruktor von »Mastermind«

In der Methode `ZeichneSpielfeld` von `Mastermind` muss die Schleife angepasst werden. Sie darf jetzt nur noch bis `i<versuche` laufen:

```
    for(unsigned int i=0; i<versuche; i=i+1) {
// ...
    }
```

Ebenso muss die Schleifenbedingung in der Methode `Mensch` angepasst werden:

```
    do {
// ...
    } while(codes.size()<versuche &&
            fergebnis.IstLoesung()==false);
```

In der Methode `Computer` gab es bisher noch keine Abfrage, ob der Computer die maximale Anzahl an Versuchen überschritten hat, weil er dazu viel zu gut ist. Wenn wir die Anzahl der Versuche nun aber reduzieren können, muss diese Abfrage noch eingebaut werden:

```
    do {
// ...
    } while(sergebnis!="####" &&
            loesungen.size()>0 &&
            codes.size()<versuche);
```

Es gibt nun in der Schleife drei Möglichkeiten, warum das Spiel beendet wird:

- Der Computer hat den Code geknackt.
- Der Computer hat die maximale Anzahl an Versuchen erreicht.
- Der Spieler hat falsche Ergebnisse angegeben.

Dementsprechend muss die Auswertung hinter der Spielschleife jetzt nicht mehr nur zwei, sondern auch drei Fälle unterscheiden:

```
    if(sergebnis=="####") {
      cout << "Computer hat Code geknackt!" << endl;
```

```
    }

    else {
      if(codes.size()>=versuche) {
        cout << "Der Computer hat es nicht geschafft!";
        cout << endl;
      }

      else {
        cout << "Du hast dich bei den Ergebnissen vertan!";
        cout << endl;
      }
    }
```

Übung 4

Die Übung ist vom Programmcode her recht elegant, obwohl es bestimmt Ansätze gibt, die den Käfer mit weniger Scara-Anweisungen ans Ziel bringen.

```
#include "Scarafunktionen.h"

int main() {
  Scara::Starten(31);

  Scara::Drehverzoegerung(false);

// Laufe so lange, wie Käfer nicht auf Ankh steht
  while(Scara::StehtAufAnkh()==false) {

//Drehe nach links
    Scara::DreheNachLinks();

// Teste, ob bezogen auf die Ausgangsrichtung
// ein Weg nach links, geradeaus oder rechts
// weiterführt. Die erste Möglichkeit nehmen
    while(Scara::IstVorneAbgrund()==true) {
      DreheNachRechts();
    }
    Scara::Gehen();
  }

  Scara::Beenden();
}
```

Listing A.88 Die Lösung zu Scaras 31. Übung

B Programmiertrick »Zufallszahlen«

In Kapitel 10, »Spielereien I«, haben wir bei der Programmierung der Spiele zum ersten Mal Zufallszahlen eingesetzt. Diese haben wir da noch von Mathemahotep geholt. Hier wollen wir uns aber anschauen, wie Zufallszahlen in reinem C++ erzeugt werden können.

Zunächst einmal muss geklärt werden, was überhaupt »zufällig« heißt. Man kann sagen, eine Zahl ist zufällig, wenn nicht vorhersagbar ist, welche Zahl kommen wird.

Andererseits, wenn ich auf einem Zettel eine Liste wild zusammengewürfelter Zahlen stehen habe und dir diese Zahlen vorlese, sind die Zahlen dann zufällig? Für dich schon, denn du erkennst keinen Zusammenhang. Für mich nicht, denn ich weiß genau, in welcher Reihenfolge die Zahlen kommen werden, da sie auf der Liste stehen.

Ein Computer kann nicht wirklich denken. Er kann nur rechnen. Deshalb ist ein Computer nicht in der Lage, eine Zufallszahl zu produzieren. Der Computer berechnet stattdessen diese Zahlen. Weil wir keinen Einblick in die Reihenfolge der Zahlen haben, sind sie für uns zufällig, das Programm weiß aber genau, in welcher Reihenfolge die Zahlen kommen werden.

Bei computergenerierten Zufallszahlen spricht man daher von *Pseudozufallszahlen*.

Die Funktion, mit der in C++ eine Pseudozufallszahl erzeugt wird, heißt `rand`. Sie ist in der Header-Datei *cstdlib* definiert, deshalb muss diese Datei dann mit `#include` eingebunden werden. Zusätzlich ist in dieser Header-Datei eine Konstante namens `RAND_MAX` definiert, die angibt, wie groß die größte von `rand` erzeugte Zufallszahl sein kann. Um diese Information zu bekommen, kann man die Konstante einfach ausgeben:

```
cout << RAND_MAX << endl;
```

Für Visual C++ beträgt der Wert 32.767.

Nun könnten wir eine Schleife programmieren, die zehn zufällige Werte ausgibt:

```
for(int i=0; i<10; i=i+1) {
  cout << rand() << endl;
}
```

Das klappt so weit. Die Sache hat nur einen Schönheitsfehler: Wenn du das Programm noch einmal startest, erscheinen exakt dieselben zehn Zufallszahlen wie zuvor. Das ist auch logisch, denn ich hatte ja erklärt, dass der Computer die Zufallszahlen nur berechnen kann. Bei gleicher Berechnung kommen auch die gleichen Werte heraus.

Zum Glück gibt es die Funktion `srand`, der ein Wert übergeben wird, der gewissermaßen die Grundlage für die Zufallszahlenberechnung ist. Schreibst du vor die Schleife beispielsweise

```
srand(55);
```

dann erscheint eine völlig andere Reihe von Zufallszahlen. Aber auch hier ist das Problem, dass diese Reihe für jedes `srand(55)` gleich ist. Wir brauchen also einen Mechanismus, der `srand` bei jedem Neustart immer mit einem anderen Wert initialisiert. Und was ist bei jedem Start des Programms anders? Die Zeit.

Dazu existiert die Funktion `time`, die in der Header-Datei *ctime* definiert ist und die die Anzahl der seit dem 1.1.1970 vergangenen Sekunden zurückliefert. Wir verwenden den Rückgabewert von `time` als Funktionsparameter für `srand`.

```
srand(time(0));
```

Die Funktion `time` muss mit dem Wert 0 aufgerufen werden. Andernfalls erwartet die Funktion die Übergabe einer bestimmten Zeit-Struktur, die wir hier aber nicht besprechen werden. Bei der Kompilation tritt eine Warnung auf. Diese Warnung ist für uns unerheblich, denn es geht uns nicht um den konkreten Wert, sondern um einen anderen Wert als vorher. Wenn dich die Warnung aber stört, kannst du vor `time` noch `(unsigned int)` schreiben:

```
srand((unsigned int)time(0));
```

Nachdem wir nun in der Lage sind, pseudozufällige Werte zu erhalten, müssen wir noch besprechen, wie wir diese Werte auf unsere Bedürfnisse zurechtschneiden. Das Zahlenratespiel aus Kapitel 10, »Spielereien I«, beispielsweise brauchte nur Zahlen zwischen 1 und 1000 und nicht zwischen 0 und 32767. Eine ziemlich simple Methode wäre, einfach so lange Zufallszahlen von `rand` zu holen, bis eine dabei ist, die unseren Anforderungen genügt:

```
int zufallszahl;

do {
  zufallszahl=rand();
} while(zufallszahl<1 || zufallszahl>1000);

cout << zufallszahl << endl;
```

Das funktioniert so weit ganz gut, hat nur einen Nachteil: Die von rand gelieferten Zahlen sind gewissermaßen zufällig. Es könnte also zufällig so sein, dass die nächsten fünf Millionen Zahlen alle nicht in unserem gewünschten Bereich liegen. Die Schleife würde also »etwas länger« brauchen.

Das wäre in der Spielpraxis undenkbar. Stelle dir vor, ein Spiel bleibt eine Sekunde lang hängen, weil eine Zufallszahl bestimmt werden muss. Wir brauchen eine andere Lösung. Stelle dir vor, du möchtest eine unbekannte Anzahl an Äpfeln an fünf Freunde verteilen, und zwar so, dass alle fünf gleich viele Äpfel haben. Wie viele Äpfel bleiben da mindestens oder maximal übrig?

Wenn die Anzahl der Äpfel glatt durch fünf teilbar ist (z. B. 20), dann bleibt kein Apfel übrig. Schlimmstenfalls bleiben vier Äpfel übrig, z. B. bei 19. Dann kannst du jedem drei Äpfel geben, das macht 15, und es bleiben vier übrig.

Das heißt, wenn wir eine unbekannte Zahl durch fünf teilen, dann liegt der Rest immer zwischen null und vier. Das können wir uns bei den Zufallszahlen zunutze machen. Zunächst einmal holen wir uns eine zufällige Zahl:

```
int zufallszahl=rand();
```

Wenn wir für diese Zahl jetzt den Rest einer Division durch 1.000 bestimmen

```
zufallszahl=zufallszahl%1000;
```

dann kann die aktuelle Zahl nur noch zwischen 0 und 999 liegen. Dann brauchen wir nur noch eins zu addieren:

```
zufallszahl=zufallszahl+1;
```

Und schon liegt die Zahl im Bereich von 1–1.000. Das Ganze geht auch in einer Anweisung:

```
int zufallszahl=(rand()%1000)+1;
```

Schauen wir uns das Ganze zum Schluss noch komplett mit #include-Anweisungen und der main-Funktion an:

```
#include <cstdlib>
#include <ctime>
#include <iostream>

using namespace std;

int main() {

  srand((unsigned int)time(0));
  rand();
```

```
  int zufallszahl=(rand()%1000)+1;
  cout << zufallszahl << endl;
}
```

Listing B.1 Die Bestimmung einer Zufallszahl

Eine Besonderheit ist noch der Aufruf von `rand` gleich hinter `srand`. Wenn ein Programm schnell hintereinander gestartet wird, dann unterscheidet sich der von `time` zurückgelieferte Wert nicht allzu sehr vom vorigen, und die jeweils ersten Zufallszahlen liegen dann dicht beieinander. Das ist speziell bei einem Zahlenratespiel nicht so schön. Deswegen wird die erste Zufallszahl einfach geholt, ohne tatsächlich verwendet zu werden.

C Nützliche Übersichten

C.1 Spezielle Befehle dieses Buchs

C.1.1 Scara-Befehle

Befehl	Bedeutung
`Beenden()`	Beendet eine Übung.
`DreheNachLinks()`	Dreht Scara nach links.
`Drehverzoegerung(bool)`	Schaltet Drehverzögerung ein oder aus
`ErmittlePalettenhoehe()`	Liefert die Anzahl der vor Scara gestapelten Paletten.
`ErmittleXPosition()`	Liefert Scaras X-Position.
`ErmittleYPosition()`	Liefert Scaras Y-Position.
`FensterNachVorne()`	Bringt das Spielfeld in den Vordergrund.
`Gehen()`	Lässt Scara einen Stein vorwärts gehen.
`IstVorneAbgrund()`	Prüft, ob vor Scara ein Abgrund ist.
`IstVornePalette()`	Prüft, ob vor Scara Paletten liegen.
`LegePaletteAb()`	Legt eine getragene Palette ab.
`MerkePosition()`	Speichert Scaras aktuelle Position.
`NimmPalette()`	Hebt Palette vor Scara auf.
`Scanne()`	Liefert die Entfernung des nächsten Steins in Blickrichtung.
`SindPositionenGespeichert()`	Prüft, ob mit `MerkePosition` gespeicherte Positionen vorhanden sind.
`Springe(d)`	Lässt Scara `d` Schritte in Blickrichtung springen.
`SpringeZu(x, y)`	Lässt Scara an die angegebenen Koordinaten springen.
`SpringeZurueck()`	Lässt Scara an die zuletzt mit `MerkePosition` gespeicherte Position springen.
`Starten(nr)`	Startet Übung `nr`.
`Starten(nr, szenario)`	Startet Übung `nr` mit Szenario `szenario`.
`StehtAufAnkh()`	Prüft, ob Scara auf Ankh steht.
`TempoLangsam()`	Scara bewegt sich langsam.
`TempoNormal()`	Scara bewegt sich in normaler Geschwindigkeit.
`TempoSchnell()`	Scara bewegt sich schnell.

Befehl	Bedeutung
`TempoSehrSchnell()`	Scara bewegt sich sehr schnell.
`TempoZeitlupe()`	Scara bewegt sich sehr langsam.

C.1.2 Zeichenbrett-Befehle

Befehl	Bedeutung
`AusgabeAnhalten()`	Hält die Ausgabe des Zeichnens an.
`AusgabeFortsetzen()`	Setzt die Ausgabe des Zeichnens fort.
`Ausgeben()`	Gibt bei angehaltener Ausgabe den aktuellen Stand des Zeichnens aus.
`Breite()`	Liefert Breite des Zeichenbretts.
`ErmittleBlau()`	Liefert den Wert der Blaukomponente der aktuellen Farbe.
`ErmittleGruen()`	Liefert den Wert der Grünkomponente der aktuellen Farbe.
`ErmittleRot()`	Liefert den Wert der Rotkomponente der aktuellen Farbe.
`FensterNachVorne()`	Bringt Zeichenbrettfenster in den Vordergrund.
`Hoehe()`	Liefert Höhe des Zeichenbretts.
`LoescheTextfenster()`	Löscht den Inhalt des Textfensters.
`Oeffnen(b, h)`	Öffnet das Zeichenbrett mit der angegebenen Breite und Höhe.
`PutzeZeichenbrett()`	Putzt das Zeichenbrett mit der aktuellen Farbe.
`SetzeBlau(wert)`	Setzt den Wert der Blaukomponente.
`SetzeGruen(wert)`	Setzt den Wert der Grünkomponente.
`SetzeLiniendicke(dicke)`	Setzt die Dicke des Zeichenstifts.
`SetzeRot(wert)`	Setzt den Wert der Rotkomponente.
`SpeichereBild(name)`	Speichert das Zeichenbrett als Bild im png-Format.
`ZeichneDreieck (x1, y1, x2, y2, x3, y3)`	Zeichnet ein Dreieck.
`ZeichneEllipse(x, y, b, h)`	Zeichnet eine Ellipse.
`ZeichneGefuelltesDreieck (x1, y1, x2, y2, x3, y3)`	Zeichnet ein ausgefülltes Dreieck.
`ZeichneGefuellteEllipse (x, y, b, h)`	Zeichnet eine ausgefüllte Ellipse.

Befehl	Bedeutung
`ZeichneGefuelltesRechteck (x, y, b, h)`	Zeichnet ein ausgefülltes Rechteck.
`ZeichneGefuelltesViereck (x1, y1, x2, y2, x3, y3, x4, y4)`	Zeichnet ein ausgefülltes Viereck.
`ZeichneLinie(x1, y1, x2, y2)`	Zeichnet eine Linie.
`ZeichnePunkt(x, y)`	Zeichnet einen Punkt.
`ZeichneText (x, y, text, groesse)`	Zeichnet Text.

C.2 Allgemeingültige C++-Befehle

C.2.1 Verwendete Schlüsselwörter und Elemente von C++

Begriff	Kurzbeschreibung
`#define`	Präprozessorbefehl zur Definition einer Konstanten
`#endif`	Präprozessorbefehl zur Beendigung einer bedingten Kompilation
`#ifndef`	Präprozessorbefehl für eine bedingte Kompilation
`#include`	Präprozessorbefehl zum Einbinden einer Datei
`back`	Element am Ende eines Vektors oder einer Deque ermitteln
`bool`	Datentyp zur Speicherung von `true` oder `false`
`break`	Abbruch einer Schleife oder Fallunterscheidung
`c_str`	C-String eines Strings
`case`	Fall einer Fallunterscheidung
`cctype`	Headerdatei für Zeichenfunktionen
`char`	Datentyp zur Speicherung eines Zeichens
`cin`	Eingabe über die Konsole
`class`	Definition einer Klasse
`cout`	Ausgabe über die Konsole
`default`	Standardfall der Fallunterscheidung
`deque`	An zwei Enden erweiterbarer Datencontainer
`do`	Fußgesteuerte Schleife
`double`	Datentyp für Fließkommazahlen
`else`	Alternativer Zweig für `if`-Anweisungen
`endl`	Neue Zeile beginnen

Begriff	Kurzbeschreibung
false	Schlüsselwort für »falsch« bei booleschen Werten
find	Sucht nach Text in einem String.
float	Datentyp für Fließkommazahlen
for	Schleife
front	Element am Anfang einer Deque ermitteln
getline	Einlesen einer Zeichenkette mit Leerzeichen
if	Verzweigung
int	Datentyp für Ganzzahlen
iostream	Headerdatei für die Ein- und Ausgabe
isalnum	Prüft auf Buchstabe oder Zahl.
isalpha	Prüft auf Buchstabe.
isdigit	Prüft auf Zahl.
islower	Prüft auf Kleinbuchstabe.
isspace	Prüft auf Whitespace-Zeichen.
isupper	Prüft auf Großbuchstabe.
main	Name der Hauptfunktion
npos	Wert für »nicht gefunden«
private	Zugriffsrecht für Klassenzugriff
public	Zugriffsrecht für uneingeschränkten Zugriff
pop_back	Element am Ende eines Vektors oder einer Deque entfernen
pop_front	Element am Anfang einer Deque entfernen
push_back	Element am Ende eines Vektors oder einer Deque anhängen
push_front	Element am Anfang einer Deque einfügen
rfind	Sucht rückwärts nach Text in einem String.
size	Anzahl der Zeichen in einem String oder der Elemente in einem Vektor oder einer Deque
static_cast	Explizite Typumwandlung
std	Namensbereich der Elemente der C++-Standardbibliothek
string	Datentyp zur Speicherung von Zeichenketten
struct	Definition einer Struktur
substr	Kopieren einer Teilzeichenkette
switch	Fallunterscheidung

Begriff	Kurzbeschreibung
`true`	Schlüsselwort für »wahr« bei booleschen Werten
`using namespace`	Elemente eines Namensbereichs direkt ansprechbar machen
`unsigned`	Vorzeichenlose Datentypen
`vector`	An einem Ende erweiterbarer Datencontainer
`void`	Datentyp für »Kein Rückgabewert«
`while`	Kopfgesteuerte Schleife

C.2.2 Verwendete Operatoren

Operator	Verwendung
`=`	Zuweisung
`+`	Addition
`-`	Subtraktion
`*`	Multiplikation
`/`	Division
`%`	Restwert bei Ganzzahlen (Modulo)
`+=`	Addition mit kombinierter Zuweisung
`-=`	Subtraktion mit kombinierter Zuweisung
`*=`	Multiplikation mit kombinierter Zuweisung
`/=`	Division mit kombinierter Zuweisung
`%=`	Restwert (Modulo) mit kombinierter Zuweisung
`<`	Kleiner
`<=`	Kleiner/gleich
`==`	Gleich
`!=`	Ungleich
`>=`	Größer/gleich
`>`	Größer
`&&`	Logisches Und
`||`	Logisches inklusives Oder
`!`	Negation
`( )`	Parameterliste oder mathematische Klammern
`[ ]`	Indexoperator
`{ }`	Anweisungsblock

D Hinweise zu den Code-Beispielen

Damit du möglichst einfach die Beispiele und Lösungen der Übungen ausprobieren kannst, findest du für jede Übung und für jedes größere Listing den Programmcode auf der beiliegenden DVD (oder beim Onlinebook als Download).

Die Lösungen der Übungen stehen dabei im Ordner *Übungen* und die Programmtexte aus dem Buch im Ordner *Beispiele*. Beide Ordner sind in Kapitel unterteilt. Innerhalb der Kapitel haben die Beispiele dieselben Nummern wie die entsprechenden Programmtexte im Buch. Die Lösungen beziehen sich immer auf die jeweilige Übungsnummer.

Ein gewisser Wendepunkt findet ab Kapitel 9, »Module«, statt, denn dort wird erklärt, wie Programme der Übersichtlichkeit wegen in verschiedene Dateien aufgeteilt werden können. Während *bis* Kapitel 9 alle benötigten Funktionen immer in der Datei *main.cpp* enthalten sind, finden sich *ab* Kapitel 9 die Funktionen für den Käfer in den Dateien *Scarafunktionen.h* und *Scarafunktionen.cpp* und die Funktionen für das Zeichenbrett in den Dateien *Zeichenfunktionen.h* und *Zeichenfunktionen.cpp*.

Index

A

B

C

D

E

F

G

H

I

T

U

V

W

Z

Professioneller Einstieg in die Programmierung

Inkl. Objektorientierung, Exceptions und Templates

Auf CD-ROM: Compiler, IDE und Beispiele

Arnold Willemer

Einstieg in C++

4. Auflage

Praxisnahe Beispiele und Übungen begleiten Sie bei Ihren ersten Schritten in die Programmierung mit C++. Kenntnisse in C oder einer anderen Sprache werden nicht vorausgesetzt. Das Buch behandelt alle wichtigen Themen wie Vererbung, Objektorientierung, Polymorphie, Exceptions und Templates. Darüber hinaus finden Sie einen leichten Einstieg in die STL.

507 S., 4. Auflage 2009, mit CD, 24,90 Euro, 42,90 CHF
ISBN 978-3-8362-1385-1

>> www.galileocomputing.de/2083

Eine leichte Einführung in die Programmierung

Keine Vorkenntnisse erforderlich

Mit Hilfe der Entwicklungsumgebung Visual C# Express

Bernhard Wurm

Programmieren lernen!

Schritt für Schritt zum ersten Programm

Sie wünschen sich einen leichten Einstieg in die Programmierung. Sie wollen kleine Programme schreiben und das Erfolgserlebnis haben, dass alles fehlerfrei läuft. Hier lernen Sie, wie ein Programm wirklich funktioniert. Ganz nebenbei lernen Sie die Syntax der Sprache C# kennen. So macht Programmieren Spaß!

ca. 350 S., mit DVD, 24,90 Euro, 42,90 CHF
ISBN 978-3-8362-1462-9, Dezember 2009

>> www.galileocomputing.de/2197

Das nächste Level für C++-Programmierer!

Spannende Programme verstehen und selbst entwickeln

Nachtfahrt, Frosch & Eichhörnchen, Eliza, Labyrinth, Navis u. v. m.

Arnold Willemer

Coding for Fun mit C++

Das Ü-Ei für C++-Programmierer! Wenn Sie Spiel und Spaß mögen, ist dieses Buch genau das Richtige für Sie! Angesichts von schrägen Jump'n'Run-Abenteuern oder komplett größenwahnsinnigen Programmen bleibt garantiert kein Auge trocken. Schokolade können wir Ihnen zwar leider nicht bieten, dafür aber immerhin ein überfahrenes Eichhörnchen.

354 S., mit CD, 24,90 Euro, 42,90 CHF
ISBN 978-3-8362-1512-1

>> www.galileocomputing.de/2259